Friedrich Nietzsche zur Einführung

AF642725

Werner Stegmaier

Friedrich Nietzsche zur Einführung

JUNIUS

Wissenschaftlicher Beirat
Michael Hagner, Zürich
Dieter Thomä, St. Gallen
Cornelia Vismann, Weimar †

Junius Verlag GmbH
Stresemannstraße 375
22761 Hamburg
Im Internet: www.junius-verlag.de

© 2011 by Junius Verlag GmbH
Alle Rechte vorbehalten
Umschlaggestaltung: Florian Zietz
Titelbild: akg-images
Satz: Junius Verlag GmbH
Printed in the EU 2024
ISBN 978-3-88506-695-8
4., erneuerte und erweiterte Aufl. 2024

Bibliografische Information der Deutschen Nationalbibliothek
Die Deutsche Nationalbibliothek verzeichnet diese Publikation in der Deutschen Nationalbibliografie; detaillierte bibliografische Daten sind im Internet über http://dnb.dnb.de abrufbar.

Zur Einführung ...

... hat diese Taschenbuchreihe seit ihrer Gründung 1978 gedient. Zunächst als sozialistische Initiative gestartet, die philosophisches Wissen allgemein zugänglich machen und so den Marsch durch die Institutionen theoretisch ausrüsten sollte, wurden die Bände in den achtziger Jahren zu einem verlässlichen Leitfaden durch das Labyrinth der neuen Unübersichtlichkeit. Mit der Kombination von Wissensvermittlung und kritischer Analyse haben die Junius-Bände stilbildend gewirkt.

Von Zeit zu Zeit müssen im ausufernden Gebiet der Wissenschaften neue Wegweiser aufgestellt werden. Teile der Geisteswissenschaften haben sich als Kulturwissenschaften reformiert und neue Fächer und Schwerpunkte wie Medienwissenschaften, Wissenschaftsgeschichte oder Bildwissenschaften hervorgebracht; auch im Verhältnis zu den Naturwissenschaften sind die traditionellen Kernfächer der Geistes- und Sozialwissenschaften neuen Herausforderungen ausgesetzt. Diese Veränderungen sind nicht bloß Rochaden auf dem Schachbrett der akademischen Disziplinen. Sie tragen vielmehr grundlegenden Transformationen in der Genealogie, Anordnung und Geltung des Wissens Rechnung. Angesichts dieser Prozesse besteht die Aufgabe der Einführungsreihe darin, regelmäßig, kompetent und anschaulich Inventur zu halten.

Zur Einführung ist für Leute geschrieben, denen daran gelegen ist, sich über bekannte und manchmal weniger bekannte Autor(inn)en und Themen zu orientieren. Sie wollen klassische

Fragen in neuem Licht und neue Forschungsfelder in gültiger Form dargestellt sehen.

Zur Einführung ist von Leuten geschrieben, die nicht nur einen souveränen Überblick geben, sondern ihren eigenen Standpunkt markieren. Vermittlung heißt nicht Verwässerung, Repräsentativität nicht Vollständigkeit. Die Autorinnen und Autoren der Reihe haben eine eigene Perspektive auf ihren Gegenstand, und ihre Handschrift ist in den einzelnen Bänden deutlich erkennbar.

Zur Einführung ist in verstärktem Maß ein Ort für Themen, die unter dem weiten Mantel der Kulturwissenschaften Platz haben und exemplarisch zeigen, was das Denken heute jenseits der Naturwissenschaften zu leisten vermag.

Zur Einführung bleibt seinem ursprünglichen Konzept treu, indem es die Zirkulation von Ideen, Erkenntnissen und Wissen befördert.

Michael Hagner
Dieter Thomä
Cornelia Vismann

Inhalt

Einleitung

Nietzsche ist gut zu lesen und dennoch schwer zu verstehen. Seine Texte fesseln und überraschen bis heute, in ihrem Stil und ihrem Gedankenreichtum, ohne dass man ihnen letztlich Glauben schenken könnte, sie irritieren mehr als sie überzeugen. Er wollte es so. Er hat das gesamte Feld der Philosophie neu umbrochen und alles untergraben, woran man Jahrhunderte und Jahrtausende lang glauben wollte: Wahrheit, Vernunft, Logik und Wissenschaft, Moral und Religion, Recht und Staat, Substanz und Subjekt, Ursache und Wirkung, Bewusstsein, Wille und Freiheit, Selbsterhaltung und Fortschritt usw., ohne einen neuen Halt in neuen Gewissheiten, einer Theorie, einem System, bieten zu wollen. Er hat mit schonungsloser Offenheit und Härte vor die Realitäten des menschlichen Lebens gestellt, im Wissen, dass sie nur scheinbar festzulegen und letztlich nicht zu bestimmen sind, und dafür auch Paradoxien in Kauf genommen. Er desorientiert, auch wo er orientiert. Die menschliche Orientierung lässt nach allem, was wir wissen, keine letzten Gewissheiten zu. Sie werden nur möglich, wenn man sich auf einen theoretischen (transzendenten oder transzendentalen) Standpunkt jenseits des Lebens stellt, um es in scheinbar reinen Begriffen zu fassen. Doch auch Philosophen sind lebendige Wesen mit Bedürfnissen und Nöten, die unwillkürlich ihre Betrachtungen leiten. Nietzsche hat den Willen zum Unbedingten wieder unter die Bedingungen des Lebens gestellt, sein Philosophieren geht buchstäblich unter die Haut. Man hat nach Nietzsche eine Philosophie im Leib, bevor man eine Theorie aus ihr macht, und man macht nur eine Theorie aus ihr, wenn man das nötig hat. Welche Theorie einer vorträgt, verrät darum, wer er ist; eine philosophische Theorie ist nicht wahr oder falsch, sondern ein Symptom von etwas, über das einer hinwegkommen will. Nietzsche hat auch sein eigenes Leben rückhaltlos daraufhin befragt. Philosophieren muss beim Philosophierenden selbst anfangen, seinen eigenen Horizonten, Perspektiven und Orientierungen; nur von ihnen aus kann er die anderer erschließen und oft auch nur erraten; philosophische Ansprüche auf Allgemeingültigkeit sind anmaßend. An die Stelle scheinbarer philosophischer Objektivität setzte Nietzsche den Reichtum an Perspektiven, die jemand einnehmen kann. Den Reichtum seiner Perspektiven erprobte er in immer neuen Kontexten und in einem Reichtum an Formen philosophischer Schriftstellerei, wie ihn keiner seiner großen Vorgänger entwickelt hatte. Vor allem das Aphorismen-Buch, das vielfältige für sich selbst stehende Texte in offenen Kontexten zusammenstellt, profilierte er zum Gegenentwurf gegen das in einem Prinzip zentrierte geschlossene System. Wer sich auf Nietzsche einlässt, kann keinen letzten, festen Halt in seiner Orientierung erwarten, aber umso mehr die Bedürfnisse und Nöte seiner Orientierung erfahren. Er (oder sie) kann bei der Lektüre an sich selbst beobachten, wie viel Nietzsche er erträgt, wie weit er mit seinem Argwohn gegen alle scheinbar letzten Gewissheiten mitgehen kann und wo er ihn nicht mehr verkraftet, wo er doch etwas Letztes, Festes, Zeitloses braucht, um sich daran zu halten, eine Metaphysik, die gar nicht als solche und systematisch formuliert auftreten muss, sondern auch in Religion, Moral, Politik, Wissenschaft und Logik und selbst in bloßer Ermüdung des Nachfragens versteckt sein kann. Nietzsches Philosophieren ist ein unablässiges Experiment darauf, wie weit die menschliche Orientierung ohne eine solche Metaphysik möglich ist, ihm selbst und seinen Leser(inne)n. Er treibt das kritische Philosophieren weiter, das nach den Bedingungen der Möglichkeit des scheinbar Selbstverständlichen fragt, um Alternativen dazu sichtbar zu machen und so die Spielräume der menschlichen Orientierung zu erweitern, und das wirkt ebenso beängstigend wie befreiend. Niemand ist darin bisher so weit gegangen wie Nietzsche. Er hat die Philosophie ernst genommen als Experiment rückhaltloser Selbstkritik des Menschen, das ihn dem Leben und seinem unablässigen Wandel nicht verschließt, sondern öffnet, das ihn nicht verdüsternd auf scheinbar feste Bestände fixiert, sondern auf seine Kräfte setzt, zuversichtlich, fröhlich mit der Zeit zu gehen und ihre Überraschungen zu Neuorientierungen zu nutzen.

Diese Einführung soll helfen, Nietzsche darin zu verstehen und entsprechend zu lesen und zu studieren. Sie legt ihn nicht auf Lehren fest, sondern versucht, sein Philosophieren selbst darzustellen, in den Quellen, aus denen er schöpfte, den Anschlüssen, die er suchte, den Formen seiner philosophischen Schriftstellerei, die er erprobte, seinen Erwartungen an die Leser ›beiderlei Geschlechts‹, der ›Aufgabe‹, die er sich stellte, und den leitenden Unterscheidungen, mit denen er sie anging, seiner Kritik illusionärer Orientierungen, die daraus folgte, den Anhaltspunkten und Maßstäben einer selbstkritischen Orientierung, den Wegen seiner ›Umwertung aller Werte‹ und seinen ›Bejahungen‹. Sie will deutlich machen, dass Nietzsches Philosophie sich nicht in den berühmten Lehren vom Übermenschen, vom Willen zur Macht und von der ewigen Wiederkunft erschöpft, die er seinem Zarathustra – unter sehr vielen anderen – in den Mund gelegt hat; auch sie können vielmehr aus seinem kritischen Philosophieren verstanden werden. Nietzsche soll dabei, soweit eine knappe Einführung das zulässt, selbst zu Wort kommen (zitiert wird nach KSA; Flexionsänderungen werden nicht angezeigt). Da sein Philosophieren nicht ohne Kenntnis seiner Lebensumstände und Erfahrungen zu verstehen ist, wenn auch sicherlich nicht allein aus ihnen, werden sie eingangs so umrissen, dass zugleich sein Charakter und seine ethische Grundhaltung erkennbar werden; dies wird von Anfang an noch immer gängige Interpretationen unwahrscheinlich machen, die Nietzsche zum besinnungslosen protofaschistischen Krieger stilisieren wollen. In einem zweiten Kapitel wird dann gezeigt, wie er selbst die Bedeutung seiner Erfahrungen für sein Werk eingeschätzt hat.

Verzichtet wird angesichts des knappen Raums auf Zusammenfassungen von Nietzsches Schriften: zum einen werden sie in Lexika und Handbüchern schon geboten; zum andern heben solche Zusammenfassungen unvermeidlich auf positive ›Lehren‹ ab, die Nietzsche gerade kritisch unterlaufen hat. Verzichtet wird auch weitestgehend auf Hinweise zur Forschung: die Nietzsche-Forschung ist inzwischen so vielfältig und verzweigt, dass auch nur die einflussreichsten Forschungsmeinungen in ihrem Für und Wider zum jeweiligen Thema anzuführen eine zweite Einführung erfordert hätte (für die französische, italienische und angelsächsische Forschung zwischen 1960 und 2000 liegt eine solche Einführung vor: s. RLN im Anhang, für die internationale bis zur Gegenwart NHB, 2. Aufl.). Selbst eine bloße Liste international bedeutsam gewordener Studien zur Nietzsche-Forschung im Anhang hätte den Band gesprengt. Stattdessen werden die wichtigsten Hilfsmittel zum eigenen wissenschaftlichen Nietzsche-Studium zusammengestellt. Dazu gehören neben den zitierfähigen Ausgaben, den Wörterbüchern, Handbüchern und Lexika, den Internet-Quellen und den Organen der Nietzsche-Forschung insbesondere die Weimarer Nietzsche-Bibliographie in fünf Bänden für den Zeitraum von 1867 bis 1998, die weiter aktualisiert wird, und die regelmäßigen Sammelbesprechungen zu aktuellen Feldern der Nietzsche-Forschung in den *Nietzsche-Studien*; Literaturhinweise zu den jeweiligen Stichworten finden sich ebenso im *Nietzsche-Wörterbuch* (NWB), im *Nietzsche-Handbuch* (NHB) und in den Nietzsche-Lexika (NLN, NLM).

I. Nietzsches Erfahrungen

1844-1864

1844: 15. Oktober: Friedrich Wilhelm Nietzsche (N) wird als erster Sohn des Pfarrers Carl Ludwig Nietzsche (1813-1849) und seiner Frau Franziska, geb. Oehler (1826-1897), in Röcken bei Lützen geboren. Auch beide Großväter waren Pfarrer. *1846*: 10. Juli: Geburt der Schwester Elisabeth (sie überlebt N um 35 Jahre, stirbt am 8. November 1935). *1849*: 27. Februar: Geburt des Bruders Ludwig Joseph. – 30. Juli: Tod des verehrten und geliebten Vaters an ›Gehirnerweichung‹. Der kleine Bruder stirbt am 4. Januar 1850. N träumt am Tag zuvor, der Vater werde ihn in sein Grab holen. Er lebt nun in ausschließlich weiblicher Umgebung (Mutter, Schwester, Großmutter, Tanten, Dienstmagd). *1850*: Übersiedlung der ganzen Familie nach Naumburg. – N besucht die Knaben-Bürgerschule, seine Mitschüler nennen ihn seines feierlichen Ernstes wegen den ›kleinen Pastor‹. Die Kehrseite wird, wie er es später nannte, das »Unpraktische« seiner Natur bleiben. *1851*: N wechselt mit den ähnlich strebsamen Freunden Gustav Krug und Wilhelm Pinder ins Privatinstitut des Kandidaten Weber. Er erhält Klavierstunden; später wird er ein guter Pianist werden und besonders gerne improvisieren. Gewöhnt sich den heimatlichen Dialekt ab. *1854*: N soll eine Freistelle im Halleschen Waisenhaus bekommen. Die Mutter lehnt ab. N geht stattdessen ins renommierte Dom-Gymnasium. Drang, selbst etwas zu schaffen. Erste Kompositionsversuche, Gedichte und Dramen.

Vorliebe für Festungs- und Soldatenspiele. Aufzeichnungen *Über Festungswesen.* N wirkt disziplinierend auf seine Mitschüler. Bleibt im Herzen einsam und liebt seine Einsamkeit. Beurlaubung von der Schule wegen Kopfschmerzen, die sich verschlimmern und sein geistig waches Leben lang wiederkehren werden. Lernt schwimmen und liebt das Schlittschuhlaufen. Die kleine Schwester vergöttert ihn. *1856*: Erste philosophische Abhandlung *Vom Ursprung des Bösen. 1858*: Erste Autobiografie *Aus meinem Leben.* N besteht die Schwimmprüfung. Die Familie zieht in das Haus am Weingarten 18, wo die Mutter bis zu ihrem Lebensende (1897) wohnen bleibt. *1858-1864*: Internat Königliche Landesschule Schulpforta (bei Naumburg) auf einer Freistelle. Die klassischen Sprachen nehmen fast die Hälfte des Unterrichts ein. Auf Philosophie wird wenig Wert gelegt. Genaueste, 247 §§ umfassende Schulordnung, strenge Tageseinteilung (spätestens 5 Uhr Aufstehen), vielfache soziale Pflichten der Schüler, Einteilung in ›Familien‹. Feinabgestimmtes Strafsystem (u.a. Auswendiglernen von achtzig Homerversen). Unter den 15 Lehrern wählt jeder Alumnus seinen Tutor. Ferien nur im Sommer und zu Weihnachten. Zum Totengedenken wird ein »Ecce« zelebriert. N lebt nun in ausschließlich männlicher Umgebung. Die Schüler siezen einander. N findet einen Duzfreund in Paul Deussen (1845-1919), der später in Bonn mit ihm studieren, wie er auf Schopenhauer schwören und, nachdem sich beide einander längst entfremdet haben, Philosophie-Professor und Spezialist für indische Philosophie werden wird. Immer wieder auf der Krankenstube. *1859*: An seinem 15. Geburtstag notiert N: »Mich hat jetzt ein ungemeiner Drang nach Erkenntniß, nach universeller Bildung ergriffen.« Ein Arzt teilt ihm mit, er könne einmal ganz erblinden. *1860*: Mit den Naumburger Freunden Krug und Pinder gründet N den Verein Germania, in dem sie sich zu regelmäßigen poetischen und wissenschaftlichen, später auch musikalischen und zeitgeschichtlichen Produktionen verpflichten, die sie wechselseitig kritisieren. Die Germania gibt sich strenge Statuten. Sie schafft einen Klavierauszug von Wagners *Tristan und Isolde* an, nach dem enthusiastisch gespielt und gesungen wird. Im Sommer 1863 läuft die Germania stillschweigend aus, nachdem die andern ihre Pflichtstücke nicht mehr geliefert hatten. *1861*: N rückt, auch unter dem Eindruck der historisch-kritischen Behandlung der Bibel, die ihm in Schulpforta beigebracht wurde, spätestens nach seiner Konfirmation vom Christentum ab. Sein »Lieblingsdichter« ist Hölderlin. Ein Lehrer ermahnt ihn, sich an einen »gesunderen, klareren, deutscheren Dichter zu halten«. Der späte N wird Hölderlin als pathologisch ungesund betrachten. *1862*: Hervorragende griechische und lateinische Arbeiten. In Mathematik notorisch schwach (»allzu verstandesmäßige Wissenschaft«, »allzu langweilig«, notiert er bei seinem Abgang von Schulpforta). Auch im Zeichnen nicht begabt. Vortrag in der Schule *Über das Dämonische in der Musik*. Aufsätze *Fatum und Geschichte* und *Willensfreiheit und Fatum*. Bei Primanerausflügen trinkt N in der Regel nicht Bier, sondern Schokolade. Er phantasiert meisterhaft am Klavier. Zum Schauspielern in Schüleraufführungen eignet er sich nicht. Einmal betrinkt er sich, wird bestraft und ist zerknirscht. *1863*: Abhandlung über die Ermanarich-Sage (die einzige Arbeit, »mit der ich in meiner Schullaufbahn fast zufrieden war«). Der Stoff des unglücklichen Königs der Ostgoten, die von den Hunnen unterworfen wurden, wird N noch lange fesseln. Beginn der Freundschaft mit Carl von Gersdorff (1844-1904), Sohn eines Gutsbesitzers. In Leipzig und Basel wird ihr Umgang besonders eng sein. N wird ihm mehrere seiner frühen Schriften diktieren. 1877 kommt es zum Bruch. 1878 wird G. das väterliche Gut übernehmen und Kgl. Kammerherr und Ehrenritter des Johanniterordens werden. N wird die Freundschaft stets hoch über »die scheußlich-gierige Geschlechtsliebe« stellen. *1864*: N schreibt seine lateinische Abschlussarbeit über den griechischen Elegiendichter Theognis, der sich in den Ständekämpfen des 6. Jh. v. Chr. auf die Seite des Adels stellt (mit Klagen darüber, dass die Edlen nichts mehr gelten), aber auch zu kluger Anpassung rät und dem Lebensgenuss und der Knabenliebe huldigt. Theognis wird N während seines Studiums weiter beschäftigen. Ns »Lieblingsdichtung« ist Platons *Symposion*.

1864-1865

Zwei Semester Studium der Theologie (auf Wunsch der Mutter) und Philologie (auf eigenen Wunsch) in Bonn. N lässt sich mit Deussen und weiteren Pförtnern zum Eintritt in die Burschenschaft Frankonia hinreißen, besteht auch eine (harmlose) Mensur, verfasst zu einem Stiftungsfest eine »Zauberposse mit patriotischer Schlußwendung«, fühlt sich aber nicht wohl und bleibt Außenseiter. Drängt auf mehr Wissenschaft in den Zusammenkünften. Meidet den Karneval. Anhaltende Geldnot, unerwünschte Schulden, wieder schwer krank (»Rheumatismus«). Hört bei Carl Schaarschmidt auch philosophische Vorlesungen, die jedoch kein allzu großes Gewicht für ihn gehabt zu haben scheinen. Fortsetzung der Theognis-Arbeiten. Gibt die Theologie auf, will auch das Komponieren lassen. Deussen berichtet, ein Kutscher habe N bei einer Rundfahrt durch Köln unvermutet in ein Bordell gebracht, in dem er sich vor den Damen durch Improvisieren am Klavier gerettet habe. Häufig wird der Bordellbesuch als Gelegenheit einer syphilitischen Infektion betrachtet. Während der Ferien in Naumburg begleitet N die Mutter nicht mehr zum Abendmahl. Dennoch fehlt ihm in Bonn die Familie. Er folgt seinem berühmten philologischen Lehrer Friedrich Ritschl (1806-1876) von Bonn nach Leipzig. Zum Abschied notiert N: »Alles war mir aufgenöthigt.«

In Leipzig, wo er sich sehr wohlzufühlen beginnt, bald ein geselliges Studentenleben führt und enge Freundschaften schließt, entdeckt er beim Antiquar Rohn, in dessen Haus er wohnt, Schopenhauers *Welt als Wille und Vorstellung*. Lässt sich von dem »energischen düsteren Genius« über Wochen hinweg in schwere »Selbstverachtung«, gewaltsame »Selbstzernagung« und selbst »leibliche Peinigungen« treiben: »Ich verstand ihn als ob er für mich geschrieben hätte.« In den Studienalltag zurückgekehrt, gründet er auf Anregung Ritschls einen Philologischen Verein, dessen Statuten durch den Universitätsrichter amtlich ratifiziert werden. Er trägt dort mit großem Erfolg seine Theognis-Arbeit vor, legt sie dann auch Ritschl vor, der erklärt, noch nie von einem Studenten des dritten Semesters etwas Ähnliches gesehen zu haben, und ihn zu einem Buch ermutigt. N schämt sich seines Stolzes. Nun auch enger persönlicher Anschluss an Ritschl, der »eine Art wissenschaftliches Gewissen« für ihn wird, ihn jedoch von der Philosophie abzuhalten versucht. N tritt auch Ritschls Philologischer Societät bei, in der wöchentlich Arbeiten eines Mitglieds in Latein besprochen werden. Macht unverdrossen »Propaganda« für Schopenhauer. Lebt wie ein Heiliger, gönnt sich an leiblichen Genüssen nur Kuchen und Torten. Freundschaft mit Heinrich Romundt (1845-1919), den N später nach Basel holt und zur Philosophie zu bringen sucht, der dann tatsächlich Privatdozent der Philosophie wird, ohne als Schopenhauerianer je eine Stelle zu bekommen, sich mit seinen Büchern über Kant aber einen Namen macht, und mit Erwin Rohde (1845-1898), der ebenfalls Ritschl von Bonn nach Leipzig gefolgt ist, ebenfalls Mitglied des Philologischen Vereins wird und ebenfalls Schopenhauer verehrt (N: »Ich habe es bis jetzt nur dies eine Mal erlebt, daß eine sich bildende Freundschaft einen ethisch-philosophischen Hintergrund hatte.« – »Für gewöhnlich lagen wir uns in den Haaren.«). Rohde, um den N in der Basler Zeit am innigsten werben wird, wird N immer wieder loyal und selbstlos unterstützen, zum engsten Kreis der Förderer Bayreuths gehören, sehr erfolgreicher Professor der Klassischen Philologie werden, sich von N aber nach dessen Bruch mit Wagner immer stärker entfremden. Ein Mann der »Kritik und Disciplin«, wie Nietzsche ihn charakterisiert, sind ihm die Abenteuer von dessen ›fröhlicher‹ Wissenschaft nur geistreiche Verirrungen – im Krieg Preußens und der kleineren norddeutschen Staaten gegen Österreich und die süddeutschen Staaten (»Niemals seit 50 Jahren sind wir der Erfüllung unserer deutschen Hoffnungen so nahe gewesen. Ich beginne allmählich zu begreifen, daß es doch wohl keinen anderen, milderen Weg gab, als den entsetzlichen eines Vernichtungskrieges.«) erklärt sich N für einen »enragirten Preußen«, ohne sich schon zu den Waffen zu melden (»Sodann dienen wir ja auch in unseren Studien unserem Vaterlande«); Bismarck bereitet ihm »unmäßiges Vergnügen«. *Die letzte Redaktion der Theognidea. Über die literarisch-historischen Quellen des Suidas. Zur Geschichte der theognideischen Spruchsammlung* wird im renommierten *Rheinischen Museum für Philologie* veröffentlicht. N liest Friedrich Albert Langes neu erschienene *Geschichte des Materialismus und Kritik seiner Bedeutung in der Gegenwart*, die eine seiner wichtigsten Quellen bleiben wird (»Kant, Schopenhauer und dies Buch von Lange — mehr brauche ich nicht.«). Untersuchungen zu den Quellen des Diogenes Laertios, die Ritschl zugleich als Preisaufgabe der Universität stellen lässt; N erhält den Preis. Als die Arbeit im *Rheinischen Museum* erscheint, macht sie ihm, wie die vorige, keine Freude (»So vielerlei ist geradezu falsch, nochmehr verwegene Stammelei und das Ganze unmündig ausgedrückt.«). Auf Anregung von Valentin Roses Buch über Aristoteles, dem er auch sein Motto »sibi quisque scribit« (jeder schreibt für sich) entnimmt, Vortrag im Philologischen Verein über Diogenes Laertios' *Pinakes* (Biobibliographien) der aristotelischen Schriften. Geht der Homer-Frage und dem angeblichen Wettkampf zwischen Homer und Hesiod nach, entdeckt dabei im Wettkampf (agon) einen Wesenszug der Griechen. Entschlossen, an seinem deutschen Stil zu arbeiten. Klagt über die Übersättigung mit Büchern. Nimmt mit Rohde Reitstunden. Studien zu den unechten Schriften Demokrits, den Lange stark bevorzugte.

1867-1868

Militärdienst als sog. freiwilliger »Einjähriger« Kanonier der reitenden Abteilung eines Feldartillerie-Regiments in Naumburg, der als »der schwerste Soldatendienst« gilt. Schlägt sich wacker durch, erweist sich als talentierter Reiter, genießt das Soldatenleben sogar als »Gegengift« gegen die »lähmende Skepsis« seiner Studien und den philologischen »Fabrikarbeiter« in sich. Nach einer schweren Brustbeinverletzung beim Sprung auf sein Pferd »schreckliche Schmerzen«; Morphium zur Milderung. Fünf Monate ärztliche Behandlung. Zurück bleibt eine »einzige tiefe mit dem Knochen verwachsene Narbe mitten auf der Brust«. Arbeitet weiter an seinen philologischen Studien. Beförderung zum Gefreiten, jedoch als »›zeitig unbrauchbar‹« für den Militärdienst erklärt, an seinem 24. Geburtstag aus dem Militärdienst entlassen.

1868-1869

Wieder in Leipzig. Rezensionen zu philologischen Neuerscheinungen im *Literarischen Centralblatt*. Plan einer philologischen Dissertation über die Gleichzeitigkeit Homers und Hesiods, auf die Lektüre von Kuno Fischers Kant-Darstellung und (teilweise) Kants *Kritik der Urteilskraft* hin einer philosophischen Dissertation *Zum Begriff des Organischen seit Kant.* Beide gibt er rasch wieder auf. Klare Absage an die Metaphysik, die durch Kant in eine Reihe mit Poesie und Religion gerückt worden sei; Schopenhauer habe lediglich den Willen an die Stelle des Kantischen X gesetzt, das notwendig undenkbar bleibe; N achtet jedoch an Schopenhauer weiter den »großen Menschen«, seine Wahrhaftigkeit, seinen Mut und seinen Stil. Aus lebenspraktischen Gründen Entschluss, Professor der Philologie zu werden, zugleich Pläne, mit Rohde noch ein Studienjahr in Paris zu verbringen. Hört entrückt das *Tristan-* und das *Meistersinger-*Vorspiel und lernt im Haus des Orientalisten Hermann Brockhaus, der mit Wagners Schwester verheiratet ist, die wiederum mit Ritschls Frau befreundet ist, der N schon aus den *Meistersingern* vorgespielt hat, was Wagner auf ihn neugierig macht, den »Meister« selbst kennen. Richard Wagner (1813-1883) spielt seinerseits aus den *Meistersingern*, man unterhält sich über Schopenhauer, die »Sternen-Freundschaft«, wie N sie später nennen wird (FW 279), keimt auf. Beim Abschied lädt Wagner N zu sich ein, N liest Wagners Dichtungen und ästhetische Schriften, erkennt in ihm den Genius im Sinn Schopenhauers, schreibt an Rohde: »Dies ist nun das zweite Beispiel, wo wir, fast unbekümmert um die herrschende und gerade unter Gebildeten gültige Meinung, uns unsre eigenen Götzen aufstellen«. Er behält sich ironische Distanz vor (»der alte Oberpriester Schopenhauer schwenkt dazu den Weihkessel seiner Philosophie«), schlichte Schopenhauerianer und Wagnerianer verabscheut er. Wird ein gefragter Mann in der Leipziger Gesellschaft, zugleich, so Ritschl, »der Abgott und (ohne es zu wollen) Führer der ganzen jungen Philologenwelt hier in Leipzig«. N wird sich weiterhin nur in ›gehobener Gesellschaft‹ bewegen, unter Akademikern, Patriziern, Adligen,

Künstlern, und wird besonders den vertrauten Umgang mit vornehm zurückhaltenden, gebildeten, oft älteren Frauen lieben.

1869

Als N die Klassische Philologie schon innerlich aufgegeben hat und stattdessen moderne Naturwissenschaften, möglichst in Paris, studieren will, betreibt Ritschl insgeheim Ns Berufung auf den Lehrstuhl für griechische Sprache und Literatur an der Universität Basel. Die Universität hat damals mit erheblichen Schwierigkeiten zu kämpfen (sie hatte 1870 insgesamt nur 116 Studenten), wird jedoch von der Industrie-, Handels- und Bildungsaristokratie der Stadt nachhaltig unterstützt. Sie galt als Sprungbrett für junge Dozenten; auch Ns Vorgänger war bei seiner Berufung erst 25 Jahre alt. N wird zunächst als außerordentlicher Professor berufen mit der Verpflichtung, auch die oberste Klasse des Pädagogiums, des Basler Gymnasiums, zu unterrichten. Er wird gefeiert (die Schwester: alle »tanzten um den so sehr jungen Gott oder Professor einen wahren Jubel- und Verehrungstanz«), fürchtet selbst jedoch die »Philisterei« des Berufs, nimmt sie als Entsagung wahr. Die Philosophische Fakultät der Universität Leipzig promoviert ihn aufgrund seiner bisher veröffentlichten Arbeiten ohne Prüfung. Deussen, der in den Jubel nicht einstimmt, wirft N in einem nicht abgesandten Briefentwurf »lächerlichen Bauernstolz« vor, »einen Höheren nicht anerkennen zu wollen«, und kündigt ihm auf einer Visitenkarte die Freundschaft, lässt sich aber wieder versöhnen. Rauschhaftes Erlebnis der *Meistersinger*-Aufführung in Dresden. N schließt unter Mitarbeit der Schwester unter viel Gelächter ein Register des *Rheinischen Museums* ab, mit dem ihn Ritschl beauftragt hatte. Er gibt die preußische Staatsbürgerschaft auf, um im Kriegsfall nicht eingezogen werden zu können, bleibt nun staatenlos oder, mit dem Schweizerischen Terminus, »heimatlos«. Verlässt Deutschland Mitte April per Bahn und Schiff über Köln, Heidelberg und Karlsruhe, wo er nochmals die *Meistersinger* hört, und schreibt unterwegs seine Antrittsrede über *Homer und die klassische Philologie* nieder. Er schließt sie mit einem »Glaubensbekenntnis«, mit dem er sich zugleich aus Ritschls Schule verabschiedet: »›philosophia facta est quae philologia fuit‹ (Philosophie ist geworden, was Philologie gewesen ist)«.

Einführung in die Basler Gesellschaft, deren Biederkeit ihn bald anödet; dennoch nimmt er immer wieder an Gesellschaftsabenden teil. N zieht es nach Tribschen am Vierwaldstätter See, wo Richard Wagner mit Cosima von Bülow (1837-1930) und ihren Kindern in herrschaftlichem Stil residiert. Als er, unangemeldet, zögernd vor dem Haus stehenbleibt, hört er, wie er später berichtet, die Akkorde zu den Versen »Verwundet hat mich, der mich erweckt!« aus *Siegfried*. Enger Anschluss an die Familie, »beglückende Annäherung der wärmsten und gemüthvollsten Art an Richard Wagner, das will sagen: den größten Genius und größten Menschen dieser Zeit, durchaus incommensurabel! Alle zwei, drei Wochen verlebe ich ein paar Tage auf seinem Landgute am Vierwaldstätter See und erachte diese Annäherung als die größte Errungenschaft meines Lebens, nächst dem, was ich Schopenhauer verdanke.« Lernt »den geistvollen Sonderling« Jacob Burckhardt (1818-1897) kennen, der den Lehrstuhl für Geschichte und Kunstgeschichte einnimmt und mit seiner *Cultur der Renaissance in Italien* Epoche gemacht hat, entdeckt »eine wunderbare Congruenz unsrer aesthetischen Paradoxien« und sucht seine Freundschaft; auch Burckhardt hat früh den Vater verloren, komponiert und gedichtet, sich Schopenhauer zugewandt, zunächst Theologie studiert, blieb zeitlebens unverheiratet und hält auf Distanz (Wagner war ihm jedoch ein Gräuel). Der weltgewandte und ein gepflegtes Haus führende Johann Jakob Bachofen (1815-1887), der, damals ebenfalls sehr jung, eine Professur für römisches Recht eingenommen und bald wieder aufgegeben hatte, sucht in seiner berühmt gewordenen Untersuchung zum *Mutterrecht* in der alten Welt über historisch ausweisbare Rechtsnormen hinaus deren vorhistorische Ursprünge zu erschließen. Beide entstammen alten Basler Familien, beide wirken bahnbrechend für N. In Ludwig Rütimeyer (1825-1895), dem Kollegen für vergleichende Anatomie und Zoologie, lernt er einen entschiedenen Gegner Darwins im Verständnis der Evolution kennen. Weiter in Geldnöten, die Mutter fordert strenge Sparsamkeit. Melancholische Grundstimmung: »Zum Glück und zur Heiterkeit bin ich wohl nicht geboren.« Wagner redet N das Vegetariertum aus, obwohl es seinem »schlechten Magen recht gut thut«. Seine Schüler schätzen N; er wirkt ohne Lob und Tadel disziplinierend; Studenten lehrt er nicht systematisch genug; sein Lehrprogramm richtet er zunehmend auf seine eigenen Interessen aus. Der Index zum *Rheinischen Museum* wird endlich fertig. Wagner sendet N in einem »Akt des ausschweifendsten Vertrauens« die Anfänge seiner »Lebenserzählung«, für Cosima macht er Besorgungen, in Tribschen wird eine »Denkstube« für ihn eingerichtet. Gemeinsames Weihnachtsfest dort.

1870

Vorträge über *Das griechische Musikdrama* und *Sokrates und die Tragödie*, die »Schrecken und Missverständnisse« erregen, v.a. bei Ns philosophischem Kollegen Karl Steffensen; den zweiten lässt N als Privatdruck erscheinen. Zweifel an der »Philologenexistenz«. Wagner: »Sie könnten mir nun viel, ja ein ganzes Halbtheil meiner Bestimmung abnehmen. Und dabei gingen Sie vielleicht ganz I h r e r Bestimmung nach.« N wird zum ordentlichen Professor ernannt. Reisen mit Mutter und Schwester zum Genfer See und, in Begleitung von Rohde, ins Berner Oberland. Hört drei Mal Bachs *Matthäus-Passion* »mit demselben Gefühl der unermeßlichen Verwunderung. Wer das Christenthum völlig verlernt hat, der hört es hier wirklich wie ein Evangelium«. Der in St. Petersburg geborene, sieben Jahre ältere Kaufmannssohn Franz Overbeck (1837-1905), als Professor für ältere Kirchengeschichte und Neues Testament nach Basel berufen, zieht in das Haus ein, in dem N wohnt (Schützengraben 45, jetzt 47, die später sog. »Baumanns-Höhle«), bis zu Overbecks Heirat leben sie fünf Jahre zusammen. Overbeck, der seine Antrittsvorlesung *Über Entstehung und Recht einer rein historischen Betrachtung der neutestamentlichen Schriften* hält und sich bald sehr kritisch *Ueber die Christlichkeit unserer heutigen Theologie* äußert und schließlich aus der Kirche austritt, wird Ns zuverlässigster und unentbehrlichster Freund. Plan Ns, seine Professorentätigkeit für ein paar Jahre einzustellen, um Wagners neuen Bayreuther Plänen zu dienen. Führt seine Schwester in Tribschen ein, die wegen der unziemlichen Verhältnisse dort zögert. Cosima nennt sie »ein bescheidnes artiges Mädchen«. Während des Deutsch-Französischen Krieges Entwurf der Abhandlung *Die dionysische Weltanschauung*, der Vorstufe zu *Die Geburt der Tragödie*. Gegen Cosimas dringenden Rat will N, da ihm die Schweiz nicht mehr gestatten kann, »wenigstens als Krankenpfleger nach dem Kriegsschauplatz ziehen«. Sanitätsausbildung in Erlangen zusammen mit dem Maler Adolf Mosengel. Einsatz in Weissenburg im Elsass, Betreuung von Verwundeten und Sterbenden. Inzwischen heiraten Richard Wagner und Cosima von Bülow. N infiziert sich nach einer Woche auf den Schlachtfeldern bei einem zweitägigen Verwundetentransport nach Karlsruhe mit Ruhr und Rachendiphtherie, womit sein Einsatz beendet ist. Sein kurzes Kriegsabenteuer bleibt Ns engste persönliche Berührung mit der Geschichte. Fragment eines Dramas *Empedokles*, das in manchem *Also sprach Zarathustra* präfiguriert. Neues Konzept zur griechischen Metrik und Vorlesung darüber. Hört mit »Genuß« eine freie Rede Burckhardts über »Historische Größe« und besucht sein Colleg »Über das Studium der Geschichte«, die später zusammen als *Weltgeschichtliche Betrachtungen* herausgegeben werden. N hält das jetzt so siegreiche Preußen »für eine der Kultur höchst gefährliche Macht«, »wir müssen Philosophen genug sein, um in dem allgemeinen Rausch besonnen zu bleiben«: »Für die kommende Culturperiode sind die Kämpfer von Nöthen: für diese müssen wir uns erhalten«. Will mit Freunden ein Kloster für die »Freiheit des Geistes« gründen. Liest begeistert Wagners Manuskript zu *Beethoven*, überwacht den Druck seiner Memoiren (für »bewährte treue Freunde« in 15 Exemplaren). Drückende Berufsarbeit, wird auch noch zum Sekretär des Rektors gewählt. Weihnachten wieder in Tribschen. N schenkt Wagner Dürers Stich »Ritter, Tod und Teufel«, Cosima das Manuskript *Die Entstehung des tragischen Gedankens*, Wagner lässt für Cosima das »Siegfried-Idyll« aufführen, N erhält eine Montaigne-Ausgabe und einen Klavierauszug des I. Akts des *Siegfried.*

1871

Bewerbung des philosophischen Autodidakten und bekennenden Schopenhauerianers N um Gustav Teichmüllers (1832-1888) frei gewordene Professur für Philosophie, die zuvor Wilhelm Dilthey (1833-1911) innegehabt hatte, mit der Begründung, er habe in der Philosophie stets seine »eigentliche Aufgabe« gesehen, der Zufall habe ihm lediglich »einen bedeutenden und wahrhaft anregenden philosophischen Lehrer« versagt. »Von Natur auf das Stärkste dazu gedrängt, etwas Einheitliches philosophisch durchzudenken und in langen Gedankenzügen andauernd und ungestört bei einem Problem zu verharren«, überanstrenge ihn seine jetzige Tätigkeit, lasse ihn zu »keiner gleichmäßig-heiteren Berufserfüllung« kommen und mache ihn mehr und mehr physisch krank. Zugleich schlägt er Rohde als seinen Nachfolger auf seiner jetzigen Position vor. Bricht zusammen, wird beurlaubt und erholt sich sechs Wochen im Luganer Hôtel du Parc, zusammen mit seiner Schwester, die den Aufenthalt als fröhlichen »Carnevalstraum« beschreibt. N arbeitet währenddessen in einer »übermüthigen Entfremdung« von der Philologie an der Schrift *Die Geburt der Tragödie aus dem Geiste der Musik* (noch unter dem Titel *Ursprung und Ziel der Tragödie*), mit der er sich »philosophisch etwas ausweisen und legitimieren« will. »So lebe ich mich allmählich in mein Philosophenthum hinein und glaube bereits an mich; ja wenn ich noch zum Dichter werden sollte, so bin ich selbst hierauf gefaßt. Einen Kompaß der Erkenntniß, wozu ich bestimmt sei, besitze ich ganz und gar nicht«, doch füge sich alles schon überraschend gut zusammen. Auch die mögliche philosophische Professur betrachtet er »nur als etwas Provisorisches«. Das Gesuch wird nicht bewilligt, berufen wird Teichmüllers Schüler Rudolf Eucken (1846-1926), was N v.a. wegen Rohde bestürzt. In der Geschichte der Philosophie wenig versiert, wird er nicht *Lehrer* der Philosophie, sondern unmittelbar *Philosoph*. Seine *Geburt der Tragödie* propagiert die Wiedererweckung der – aus dem ästhetischen Gegensatz des Dionysischen und Apollinischen tiefgreifend neu gedeuteten – griechischen Kultur im betont germanischen Wagnerschen Gesamtkunstwerk. Der deutsche Kriegstriumph macht N an der Erneuerung der deutschen Kultur irre, der Brand der Tuilerien (und, wie N glaubte, auch des Louvre) während der Pariser Commune entsetzt ihn (»Es ist der schlimmste Tag meines Lebens.«). Weitere Erholungsreisen. Erste Entfremdung in Tribschen; Cosima beklagt »eine nicht ganz natürliche Zurückhaltung« in Ns Benehmen: »Es ist gleichsam, als ob er sich gegen den überwältigenden Eindruck von Wagner's Persönlichkeit wehrte«. Spiel mit dem Gedanken, mit einem jungen Fürsten auf Bildungsreise zu gehen. Wachsende Distanz zur Philologie, auch in den Lehrveranstaltungen. Komponiert wieder (*Nachklänge einer Sylvesternacht*, Cosima Wagner gewidmet): »Was tut es und wem schadet es, wenn ich mich alle 6 Jahre einmal durch eine dionysische Weise von dem Banne der Musik freikaufe!« Als Wagner einige Tage in Mannheim dirigiert, tritt N als Cosimas Begleiter auf. Weihnachten bleibt er dieses Mal in Basel, vielleicht, weil er in Tribschen das Urteil über seine Komposition fürchtet, über die in der Tat gelacht wird.

1872

Im Auftrag der Basler Freiwilligen Akademischen Gesellschaft fünf Vorträge *Ueber die Zukunft unserer Bildungsanstalten*, in denen N für die gezielte Heranbildung einer Geistesaristokratie zur Schaffung einer neuen, staatsfernen, an keinem Nutzen orientierten ›wahrhaft deutschen‹ Kultur plädiert; den sechsten und abschließenden Vortrag bleibt N schuldig. Bescheidet eine Anfrage, ob er nach Greifswald wechseln wolle, abschlägig, erhält ein höheres Gehalt. *Die Geburt der Tragödie aus dem Geiste der Musik* erscheint 1872 bei Wagners Verleger Ernst Fritzsch (1840-1902) mit dem von seinen Fesseln befreiten Prometheus auf dem Titelblatt, wird von Wagner, an den die Schrift gerichtet ist, Liszt, von Bülow u.a. emphatisch begrüßt, ruiniert aber seinen Ruf als Philologe. Sie mache, so sein um vier Jahre jüngerer Mitschüler in Schulpforta und spätere führende Klassische Philologie Ulrich von Wilamowitz-Möllendorf (1848-1931) in seinem Pamphlet *Zukunftsphilologie! eine erwidrung auf Friedrich Nietzsches geburt der tragödie*, der »Mutter Pforte« Schande; N solle seinen Lehrstuhl aufgeben. N reagiert mit »Kampf, Kampf, Kampf! Ich brauche den Krieg.« Ritschl konstatiert Dritten gegenüber »Größenwahnsinn« und »Religionsstifterei«, Hermann Usener, ein von N »sehr geachteter Philologieprofessor« in Bonn, äußert in seinem Kolleg, »jemand, der so etwas geschrieben habe, sei wissenschaftlich todt«, Jacob Bernays erklärt, N habe seine Anschauungen übernommen, »nur stark übertrieben«, was N »göttlich frech von diesem gebildeten und klugen Juden« nennt. Die Studenten bleiben aus, was N der Universität wegen schmerzt. Rohde und Wagner stehen ihm mit öffentlichen Entgegnungen zur Seite (»ich lebe wirklich inmitten eines Sonnen-Systems von Freundesliebe«); eine Übersetzung ins Französische entsteht. Familie Wagner siedelt nach Bayreuth über, »schwermuthsvolle Tage« über den Verlust der »Tribschener Welt«. N will an der Universität pausieren, für Wagner werben, dann für zwei Jahre »nach dem Süden« gehen und währenddessen Rohde seine Stellung überlassen. Er fährt zur Grundsteinlegung des Festspielhauses nach Bayreuth. Lernt Malwida von Meysenbug (1816-1903) kennen, Schopenhauerianerin *und* bekennende »Idealistin«, enge Bekannte Wagners und anderer führender Köpfe Europas, Vorkämpferin der Frauenemanzipation und der demokratischen Bewegung in Deutschland; wie N von einem schweren Augen- und Kopfleiden gequält, ist sie ebenfalls ständig auf der Suche nach einem für sie günstigen Klima; sie wird ihm zur engen Vertrauten und mütterlichen Freundin (»sehen Sie in mir einen, der als Sohn einer solchen Mutter bedarf, ach so sehr bedarf«). N hört in München zum ersten Mal *Tristan und Isolde.* Hans von Bülow (1830-1894), der erste Ehemann Cosimas, der die Aufführung dirigiert und dem N seine *Manfred-Meditation* schickt, kritisiert diese als gänzlich unprofessionell und »bloße Erinnerungsschwelgerei an Wagnersche Klänge«, N pflichtet ihm gegenüber Freunden bei (»Ich bin ohne Illusionen – jetzt wenigstens«, »habe keinen guten Geschmack«, »bin jetzt nur soviel Musiker, als zu meinem philosophischen Hausgebrauche eben nöthig ist.«) und antwortet von Bülow, er habe keine Ahnung von dem »absoluten Unwerthe« seiner Musik gehabt, niemand habe ihn bisher aus seiner »harmlosen Einbildung aufgerüttelt«: »Sie haben mir sehr geholfen«. Gleichwohl urteilt Liszt, wie N zu Ohren kommt, »sehr günstig« über seine »Sylvesternachtsmusik«. Arbeit an *Homer's Wettkampf* und an *Die Philosophie im tragischen Zeitalter der Griechen.* Romundt, nun Privatdozent für Philosophie in Basel geworden, zieht mit in die »Baumanns-Höhle« ein. Zudem bleibt die Schwester vier Monate in Basel. Wohltuende Reise allein, aber mit Krankheitsanfällen, nach Graubünden und weiter nach Bergamo und dann überstürzt zurück (»ekelhafte weichliche Luft, keine Beleuchtungen!«). Ende November Treffen mit Wagners in Straßburg. Über Weihnachten in Naumburg, nicht in Bayreuth. Unfertige *Fünf Vorreden zu fünf ungeschriebenen Büchern* als (verspätetes) Geburtstagsgeschenk für Cosima Wagner; sie kommen nicht gut an. N pointiert u.a. die »hellenische Wettkampf-Vorstellung« so: »sie verabscheut die Alleinherrschaft und fürchtet ihre Gefahren, sie begehrt, als Schutzmittel gegen das Genie – ein zweites Genie.«

1873

Nun entschieden philosophisches und, im Sinne Wagners, kulturrevolutionäres Programm: Arbeit an *Ueber Wahrheit und Lüge im aussermoralischen Sinne* und an *Unzeitgemässen Betrachtungen.* In ihrem *Ersten Stück: David Strauss der Bekenner und Schriftsteller* greift N die selbstgefällige »Bildungsphilisterei« in Deutschland als Zeichen des Wahns an, der Triumph im Krieg gegen Frankreich sei auch ein Sieg seiner Kultur. Strauß (1808-1874) hatte mit seinem *Leben Jesu, kritisch betrachtet* die Evangelien historisch-kritisch entmythologisiert und Christus zugleich hegelisch als »Idee der Menschheit« idealisiert, war zum skandalösesten Theologen seiner Zeit geworden und hatte damit seine theologische Laufbahn ruiniert; zuletzt, 1872, hatte er in *Der alte und der neue Glaube* die christlichen Dogmen vollends destruiert und einen neuen Glauben an die Wissenschaft und vor allem an die Evolutionstheorie Darwins ausgerufen. Einige Jahre zuvor hatte er sich öffentlich gegen Wagner gewandt, der seinerseits nun Strauß' Buch, das N in vielem entgegenkam, »entsetzlich seicht« fand; N will mit seiner Kampfschrift Wagner zum 60. Geburtstag überraschen. Er legt es nun bewusst auf öffentlichen »Angriff und Streit« an und hat Erfolg damit. Karl Hillebrand (1829-1884), der als Student am badischen Aufstand teilgenommen hatte, eine Zeit lang Privatsekretär Heinrich Heines, später eine Pariser intellektuelle Größe, Professor und Diplomat war, alle Berufungen an deutsche Universitäten ablehnt und als freier Schriftsteller für die bedeutendsten europäischen Journale Essays schreibt, erkennt Ns Begabung und würdigt nicht nur die erste, sondern auch die folgenden beiden *Unzeitgemässen Betrachtungen* seiner Kritik, was N noch in *Ecce homo* mit Stolz erfüllen wird. Beide lernen sich auch persönlich kennen und korrespondieren, manchmal in jahrelangen Abständen, miteinander; Hillebrand lädt ihn auch zur Mitarbeit an einer italienischen Zeitschrift ein, was N, wie jede Mitarbeit an einer Zeitschrift, ablehnt. Erste Bekanntschaft mit Paul Rée (1849-1901), der Ns Vorlesung über die vorplatonischen Philosophen hört. Rée, Sohn eines Rittergutsbesitzers, jüdischer Herkunft, Protestant, gutmütig und liebenswürdig und mit feinem Humor begabt, studierte zuerst auf Wunsch des Vaters Rechtswissenschaft, dann Philosophie, nahm wie N als Einjährig-Freiwilliger am Deutsch-Französischen Krieg teil, wurde bald verwundet und schied aus dem Heer aus, wird später noch Medizin studieren und als Arzt einfacher Leute arbeiten, zunächst im Umkreis des väterlichen Gutes, zuletzt im Oberengadin, der Landschaft Ns. Verschlimmerung des Augenleidens; N kann kaum noch lesen und schreiben; Gersdorff unterstützt ihn, die Schwester kommt wieder auf einige Monate. Arbeit an der Komposition des *Hymnus an die Freundschaft*. Fritzsch ist bereit, die erste *Unzeitgemässe Betrachtung* zu verlegen. Die Abhandlung *Ueber Wahrheit und Lüge im aussermoralischen Sinne*, die für Ns eigene Philosophie grundlegend wird, bleibt unveröffentlicht. Das »Gespenst« Rosalie Nielsen, ein »schon recht ältliches und halb wahnsinnig aussehendes Frauenzimmer aus Holstein« (Overbeck), eine glühende Verehrerin der *Geburt der Tragödie* und »dionysische Person« (Carl Albrecht Bernoulli), bedrängt N und verbreitet beunruhigende Gerüchte über Fritzsch und Wagner; N setzt sie buchstäblich vor die Tür. Ferien mit Gersdorff und Romundt; neue Pläne zu einer klösterlichen Bildungsanstalt. Im Auftrag Wagners rasch fabrizierter leidenschaftlicher *Mahnruf an die Deutschen* zur finanziellen Förderung Bayreuths, zur »Anspannung« der »höchsten und edelsten Kunst- und Culturkräfte« der »deutschen Nation«; wird vom Wagner-Verein jedoch als zu kühn abgelehnt. Gottfried Keller nennt N »durch Wagner-Schopenhauerei verrannt«, einen »Spekulierburschen« aus »Großmannssucht«; von anderen, darunter Strauß, wird N Hass und Wut attestiert; er sieht selbst seine »Unmässigkeit«, betrachtet Overbeck und sich als »seltsame Käuze«, nur »nach aussen hin greuliches Mord- und Raubgethier«. Über Weihnachten wieder in Naumburg, nicht in Bayreuth. In seiner zweiten *Unzeitgemässen Betrachtung: Vom Nutzen und Nachtheil der Historie für das Leben* zielt N auf den hypertrophen Historismus seiner Zeit, der »die plastische Kraft eines Menschen, eines Volkes, einer Cultur« schwäche und zu vernichten drohe. Das schließt sein eigenes Fach ein. Zugleich attackiert er die im Geist Schopenhauers, aber auch Hegels verfasste und sehr erfolgreiche *Philosophie des Unbewussten* des 25-jährigen Eduard von Hartmann (1842-1906), eines Offizierssohns und philosophischen Autodidakten wie er, der im »Weltprozess« über den blinden Willen die logische Vorstellung und mit ihr die »Bejahung des Willens zum Leben« obsiegen sah und mit dem er nicht verwechselt werden will. Die Abwehr von Verwechslungen wird ihn immer wieder zu scharfer Polemik treiben. Schreibt den Schlussteil der Abhandlung, als die ersten Kapitel schon in Druck gegangen sind; dies wird kennzeichnend für seinen Produktionsstil bleiben.

1874

Wird, zu seinem Verdruss, Prodekan seiner Fakultät; stimmt gegen die Mehrheit für die Zulassung von Frauen zur Promotion. Studiert zahlreiche naturwissenschaftliche Werke, v.a. den genialischen Physiker Rugjer Josip Boscovich (1711-1787), entwirft eine Zeitatomenlehre. Plant eine Unzeitgemäße Betrachtung zur Lage und Aufgabe der Philosophie unter dem Titel »Die falsche Trennung der Philosophie«: »Von aussen: Naturwissenschaft Geschichte«, »Von innen: der Muth, eine Philosophie zu leben, ist gebrochen«. Arbeitet stattdessen als dritte *Unzeitgemässe Betrachtung Schopenhauer als Erzieher* aus, die statt von Lehren vom Leben des Philosophen handelt (»es ist gleichgültig, wie die Sätze lauten, die Natur des Mannes steht uns für hundert Systeme ein«); »Leben überhaupt heißt in Gefahr sein«, und die Gefahren des wahrhaften Philosophen sind Vereinsamung, Verzweiflung an der Furchtbarkeit der Wahrheit und Verhärtung gegenüber dem eigenen Schicksal; er muss »Gesetzgeber für Maass, Münze und Gewicht der Dinge« und als solcher frei von allen Institutionen sein; »Erzieher« anderer wird er als »Befreier« zum eigenen »Selbst«. N fühlt sich über Monate hinweg gesund. Weiß, dass er es mit seinen »Ergüssen ziemlich dilettantisch unreif« treibt, will aber »erst einmal den ganzen polemisch-negativen

Stoff« in sich ausstoßen; er »suche weiter nichts als etwas Freiheit«, empöre sich »gegen das viele, unsäglich viele Unfreie«, das ihm anhafte. Wagner beklagt sich, dass N sich entziehe, und drängt ihn zu heiraten; N wird mehrere halbherzige Versuche in dieser Richtung machen und sie dann aufgeben (»Ein verheiratheter Philosoph gehört in die Komödie, das ist mein Satz.« Marie Baumgartner aus Lörrach (1831-1897), die Mutter eines Schülers, übersetzt die dritte (und später auch die vierte) *Unzeitgemässe Betrachtung* ins Französische, hegt eine kaum verhohlene Zuneigung zu ihm – und wird für ihn »die beste Mutter, die ich kenne«. Die Schwester kommt wieder auf Monate nach Basel. N plant erneut, sich »von aller offiziellen Beziehung zu Staat und Universität in die unverschämteste Singulärexistenz zurückzuziehen, miserabel-einfach, aber würdig«. Spielt Brahms in Wahnfried, was Wagner toben lässt. Nach Fritzschs Bankrott neuer Verleger Ernst Schmeitzner (1851-1895), der mit N wenig verdient und ab 1880 massiv in die antisemitische Agitation einsteigt, worauf N wieder, teils mit Hilfe von Prozessen, von ihm loszukommen versucht. Geselliger »Dienstagsverein« mit den Freunden, dem Kollegen für Nationalökonomie August von Miaskowski und seiner Frau. Weihnachten wieder in Naumburg, sichtet abschließend seine Kompositionen.

1875

Freund Romundt, der nicht Nachfolger des nach Jena berufenen Eucken wird, will katholischer Priester werden und verlässt Basel; N entsetzt. Die Schwester leitet während einer mehrwöchigen Tournee der Wagners deren Bayreuther Haushalt und wird dabei bald eigenmächtig. N wieder quälend krank, unklare Diagnose (»Der Magen war gar nicht mehr zu bändigen, auch bei der lächerlich strengsten Diät, mehrtägige Kopfschmerzen der heftigsten Art, in wenig Tagen wieder kommend, stundenlanges Erbrechen, ohne etwas gegessen zu haben, kurz, die Maschine schien in Stücke gehen zu wollen und ich will nicht leugnen, einige Male gewünscht zu haben, sie wäre es«). Will Gesellschaften nun konsequent meiden, »Leidenschaft für Allein-Leben und Allein-Gehen«. Braucht aber die Schwester, mit der er, zum Bedauern Overbecks, in eine neue Wohnung mit sechs Zimmern zieht (Spalentorweg 48) und die ihm den Haushalt führt; »auch ein gutes Dienstmädchen ist angeschafft«. Freut sich über »die eigne Burg«, »von wo man zusehen kann und wo man vom Leben sich nicht mehr so gehudelt fühlt«. Muss für die Einrichtung jedoch von Gersdorff Geld leihen. Hilfreiche Sommerkur in Steinabad im Südschwarzwald; der behandelnde Arzt vermutet eine »bedeutende Erweiterung des Magens«. Strenge Diät, vor dem Frühstück Schwimmbad und zwei Stunden Fußmarsch, nachmittags oder abends weitere Spaziergänge. Befasst sich mit Nationalökonomie (»Wir müssen noch eine gute Strecke Wegs immer steigen, langsam, aber immer weiter, um einen recht freien Ausblick über unsre alte Cultur zu haben; und durch mehrere mühsame Wissenschaften muß man noch hindurch, vor allem durch die eigentlich strengen«). Lässt die Schriftstellerei ruhen (»Ekel gegen Veröffentlichungen«). Kann krankheitshalber nicht an den Proben des *Ring des Nibelungen* in Bayreuth teilnehmen. Stattdessen Vorarbeiten zur vierten und lange zurückgehaltenen *Unzeitgemässen Betrachtung* über *Richard Wagner in Bayreuth*. An Rohde: Sie hat »nur für mich den Werth einer neuen Orientirung über den schwersten Punkt unserer bisherigen Erlebnisse. Ich stehe nicht darüber und sehe ein, dass mir selber die Orientirung nicht völlig gelungen ist – geschweige denn dass ich andern helfen könnte!« Neuorientierung über Schopenhauer, Wagner und die Philologie. Sieht immer klarer seine »Lebensaufgabe«, »ohne noch den Mut gehabt zu haben, es irgend jemandem zu sagen.« Hält sich der »geliebten Freunde« wegen weiterhin für einen »Glückspilz«, der »den härtesten Angriffen der Leiden immer noch entgangen sei«. Zufriedener mit dem Unterricht am Pädagogium; beginnt einen »Cyclus von Vorlesungen für 7 Jahre«, sieht sein Leben nun gut eingerichtet. Liest Paul Rées *Psychologische Beobachtungen* (1875), schreibt ihm, Rée freut sich unbändig. Der Musiker und Komponist Heinrich Köselitz aus Annaberg in Sachsen (1854-1918), Sohn eines Industriellen, kommt zum Studium nach Basel, wird für N eine Reinschrift von *Richard Wagner in Bayreuth* anfertigen und ihn doch zur Veröffentlichung anregen, in der Folge viele Druckmanuskripte anfertigen, Korrekturbögen lesen und bis zuletzt auch selbst Korrekturen anbringen, wozu ihm N freie Hand lassen wird (»Sie haben zum Verändern unumschränkte Vollmacht!«). Er wird ihn als Musiker (über)schätzen, ihn seinen »maestro« Peter Gast nennen und versuchen, ihm in einer Art Gegenleistung – Köselitz wird mit großem Kraftaufwand (und unter gelegentlichem heimlichem Murren und Aufbegehren) unentgeltlich für ihn arbeiten, was N bedrücken wird – einflussreiche Dirigenten drängen, seine Werke aufzuführen, was ihm in einigen Fällen gelingen wird. Der eine wird den andern immer neu im Rang seines Werkes bestärken. Doch es bleibt beim »Sie«; Köselitz wird trotz allen Vertrauens, das N ihm entgegenbringt, ihn bis zuletzt stets mit »Herr Professor« ansprechen. Später – Köselitz' Leben wird völlig von N bestimmt bleiben – wird er zeitweilig Mitherausgeber seiner Werke am Nietzsche-Archiv der Schwester werden und deren Eigenmächtigkeiten und Fälschungen mittragen. Weihnachten in Basel. Gesundheitlicher Zusammenbruch, rechnet mit einem »ernsthaften Gehirnleiden« und, wie bei seinem Vater, mit einem raschen Tod.

Beantragt Entlastung vom Unterricht am Pädagogium. Muss krankheitshalber auch die Vorlesungen abbrechen. Die Mutter alarmiert, kommt nach Basel. Erholung mit Gersdorff am Genfer See, täglich fünf- bis sechsstündige Spaziergänge. Besuch von Voltaires Haus in Ferney. Immer neue Verehrer in Genf, Wien und andernorts. Auf Vorschlag Malwidas, ein Jahr mit ihr und dem hochbegabten, an einem unheilbaren Lungenleiden erkrankten Studenten Albert Brenner (1856-1878) an der Adria zu verleben, Antrag auf Urlaub, der genehmigt wird. Die vierte *Unzeitgemässe Betrachtung Richard Wagner in Bayreuth*, mit der sich N lange gequält hat, erscheint bei Schmeitzner und wird in Bayreuth freundlich bis begeistert aufgenommen; Wagner schickt sie an seinen Gönner, König Ludwig II. von Bayern. Pathetisch als »Morgen-Weihe am Tag des Kampfes« angelegt, arbeitet sie Wagners Programm einer Erneuerung der Kultur in der Spannung von »Macht« und »Liebe« heraus, der er in den Figuren des Wotan und der Brünnhilde im *Ring des Nibelungen* Gestalt gegeben hat, verwendet dabei über weite Strecken Wagners eigene Texte, spricht aber auch, in der »Gegnerschaft«, die allem Betrachten innewohne, von Wagners »nervöser Hast«, seinem »leidenschaftlichen Behagen an beinahe krankhaften hochgespannten Stimmungen«, von »Dilettantisiren«, »schauspielerischer Urbegabung« und »heftigem Begehren nach Macht«. Die Eröffnung der Festspiele, für die einschließlich eines dritten Probenzyklus und der Generalproben vier Wochen veranschlagt sind und zu der zunächst Ns Schwester, dann er selbst und schließlich auch seine Freunde anreisen, wird unter der Teilnahme zahlreicher Fürsten und selbst des Kaisers als weltgeschichtliches Ereignis gefeiert; im Trubel des Festspielbetriebs und im Kampf um Geldmittel hat Wagner kaum Aufmerksamkeit, nur lautes Lob für N übrig. Angewidert vom Gros der Wagnerianer, enttäuscht über die technisch hapernden Aufführungen, gequält von der ihn nun verstimmenden Musik flieht N tagelang aufs Land und verfasst eine erste Skizze zu *Menschliches, Allzumenschliches*, damals noch unter dem Titel »die Pflugschaar«. In Basel wird wegen Ns bevorstehender Italien-Reise der gemeinsame Haushalt wieder aufgelöst, Rückkehr in die »Baumanns-Höhle«, nun in Overbecks Zimmer, der geheiratet hat. Im Oktober mit Rée zuerst in Bex an der Rhône (N: »zusammen mit Rée, dem Unvergleichlichen«, Rée: »Es waren gewissermaßen die Flitterwochen unserer Freundschaft«), dann, unter schweren Anfällen, von Genua aus zu Schiff nach Neapel, wo sie Malwida und Brenner treffen, und von da weiter nach Sorrent, wo auch Wagners noch für einige Zeit residieren. Wiederholte Treffen der »Colonie« mit Wagners, sie stoßen sich jedoch an dem »Israeliten« Rée, Cosima erwähnt N in ihrem Tagebuch kaum mehr. Es waren die letzten Begegnungen. Malwida logiert mit ihren »Knäblein«, wie Wagner sie nennt, in der bescheidenen, von einer deutschen Wirtin geleiteten Pension Villa Rubinacci, um nun tatsächlich »in einer Art Kloster für freiere Geister« bis Anfang Mai 1877 nach einem strengen Zeitplan zu studieren, zu schreiben, einander vorzulesen und spazierenzugehen; Rée und N baden im Meer; Ausflüge rund um den malerischen Golf von Neapel (Malwida: »Auch N vergaß seine Leiden und war außer sich vor Bewunderung«). Der Vorleser ist seiner heilen Augen wegen zumeist Rée. Man bespricht u.a. eine Nachschrift von Burckhardts Vorlesungen über die griechische Kultur, griechische Historiker, spanische Dichter, französische Moralisten und das Neue Testament. Rée bringt *Der Ursprung der moralischen Empfindungen* zu Ende, N, dem es unter Rückschlägen etwas besser geht, macht Aufzeichnungen zu einem Buch »Freigeist«, aus dem *Menschliches, Allzumenschliches* hervorgehen wird, Malwida, deren von N hoch geschätzte dreibändige

Memoiren einer Idealistin 1875/76 erschienen waren, arbeitet an einem Roman *Phädra*, Brenner, der Schopenhauer, Leopardi und Hölderlin huldigt, an einer Novelle. Es wird auch viel gelacht; N improvisiert zuweilen am Klavier; zeichnet auf seinen Spaziergängen Aphorismen auf. Teils gute, teils schlechte Tage (»Völlig alles Arbeiten aufgegeben, auch alles Dictiren und Disputiren. Was soll werden!«). Unbestätigter Bericht von einer jungen Sorrentinerin, die N »in regelmäßigen Zwischenräumen« besucht habe.

1877

Pläne für eine »Schule der Erzieher« und Heiratspläne für N, zu denen auch der dortige Arzt rät; auch Mutter und vor allem die Schwester machen von Naumburg aus unentwegt Vorschläge. Im April reisen Rée und Brenner ab, im Mai auch N, dessen Befinden sich nicht bessert und dem der Aufenthalt ohne Rée öde wird. Weitere Kur in Bad Ragaz und, als sie auch nicht hilft, in Rosenlauibad im Berner Oberland, beides Mal allein. N betrachtet nun »die nervenzerrüttende Musik« Wagners und »die metaphysische Philosophie« Schopenhauers als Grund seiner Krankheit; mit seiner »Loslösung« von ihnen entfremdet er sich auch den alten Freunden Rohde und Gersdorff; nach zeitweiligen Annäherungen wird er schließlich mit ihnen brechen. Im Juli Urlaub mit der Schwester. In Basel Bezug einer neuen Wohnung, die N mit Köselitz, dem »hilfreichen Schreiber-Freund«, teilt; Mitte 1878 führt die Schwester wieder den Haushalt. N revidiert und ordnet mit Köselitz die mitgebrachten Aphorismen zu *Menschliches, Allzumenschliches*. Briefwechsel mit dem Pianisten und promovierten Musikschriftsteller Carl Fuchs (1838-1922), den N 1872 bei Fritzsch kennengelernt und 1876 in Bayreuth seiner Aufdringlichkeit wegen hart abgekanzelt hatte, v.a. über

Musikästhetik; Fuchs wird auf Ns lange Bitten hin auch eine Inszenierung von Peter Gasts Oper *Der Löwe von Venedig* in Danzig durchsetzen, jedoch erst 1890. Der ungestüme Siegfried Lipiner aus Polen (1856-1911), dessen in Ns Geist verfasstes Versepos *Der entfesselte Prometheus* (nach der Titel-Vignette der *Geburt der Tragödie*) Nietzsche und seine Freunde tief beeindruckte und der Mitglied eines Wiener Kreises von Nietzsche-Verehrern ist, wünscht stürmisch ihn selbst kennenzulernen; N erkundigt sich, ob er Jude sei und fügt hinzu: »Ich habe nämlich neuerdings so manche Erfahrungen gemacht, die mir eine sehr grosse Erwartung gerade von Jünglingen dieser Herkunft erregt hat.« Er distanziert sich von ihm, als Lipiner »aus der Ferne her über mein Leben zu disponiren« versucht. Er hatte zusammen mit Reinhart von Seydlitz, der N in Sorrent besucht hatte, Pläne geschmiedet, N in die Hände renommierter Wiener Nervenärzte zu geben. *Menschliches, Allzumenschliches* schreckte Lipiner dann seinerseits von N ab, worauf er für eine Weile Aufnahme in Bayreuth fand. Umfassende ärztliche Untersuchung durch Dr. Otto Eiser und Kollegen in Frankfurt. Eiser hatte dort einen Wagner-Verein gegründet, verehrte N, war in Rosenlauibad auf ihn zugegangen und hatte ihm seine Hilfe angeboten und sein Vertrauen erworben. Er führt die Kopfschmerzen auf das Augenleiden zurück und verbietet N auf Jahre hinaus zu lesen und zu schreiben. Seine damals neu aufgekommene Elektrotherapie misslingt. Auf Wagners Anfrage hin äußert er sich auch ihm gegenüber zu Ns Erkrankung, worauf ihm Wagner seine Vermutung mitteilt, sie könne ihre Wurzel in Onanie haben; N hatte dies gegenüber Eiser verneint. Als er später von Wagners Hinweis erfährt, verbindet er mit den »unnatürlichen Ausschweifungen« (Wagner) Päderastie und ist außer sich; Wagner habe »Proben einer abgründlichen Perfidie der Rache« gegeben. Ende 1877 nimmt N unter großen Bedenken seine Lehrtätigkeit wieder auf, jedoch nur an der Universität. Rée sendet ein Exemplar von *Der Ursprung der moralischen Empfindungen* mit der Widmung »Dem Vater dieser Schrift dankbarst deren Mutter«.

1878

N erhält schaudernd Wagners *Parsifal*-Dichtung, sieht ihn schauspielernd vor dem christlichen Kreuz niedersinken. Einmonatige erfolglose Wasserkur in Baden-Baden; die Schwester und Köselitz kommen in der letzten Woche hinzu. *Menschliches, Allzumenschliches. Ein Buch für freie Geister* erscheint zum 100. Todestag Voltaires am 30. Mai 1878 als Aphorismen-Buch mit neuen Themen, insbesondere einer grundlegenden Kritik der Metaphysik, und Beiträgen zur »Geschichte der moralischen Empfindungen«. Burckhardt nennt es »das souveräne Buch«, Rée bewundert es, die alten Freunde irritiert es, Cosima, die es schon gar nicht liest, sieht »Israel«, »das Böse«, »in Gestalt des Dr. Rée« am Werk, Dr. Eiser erkennt »einen Anfang von Gehirnzerrüttung«. Wagner lässt in den *Bayreuther Blättern*, ohne ihn zu nennen, ein wüstes Pamphlet gegen N erscheinen, wird sich aber weiter besorgt nach seinem Befinden erkundigen, N wird die Auseinandersetzung mit Wagner bis zum Schluss nicht mehr loslassen. Der Bruch ist manifest, N steht zu Rée, wagt es jetzt, »selber Philosoph zu sein; früher verehrte ich die Philosophen«. Er will nun allein sein (»Jetzt schüttele ich ab, was nicht zu mir gehört, Menschen, als Freunde und Feinde, Gewohnheiten Bequemlichkeiten Bücher; ich lebe in Einsamkeit auf Jahre hinaus, bis ich wieder, als Philosoph des Lebens, ausgereift und fertig verkehren darf (und dann wahrscheinlich muß)«. Die Schwester kehrt nach Naumburg zurück. Vier Wochen über 2000 Meter hoch im Berner Oberland, arbeitet an den *Vermischten Meinungen und Sprüchen*; danach drei Wochen in Naumburg. In Basel zieht N in ein kleines möbliertes Zimmer vor der Stadt, führt das Leben »eines Greises und Einsiedlers: völlige Enthaltung von Umgang, auch dem der Freunde, gehört dazu.« Bleibt dennoch »muthig« und »stolz«, empfindet über Wagner »ganz frei«: »Ich habe meinem Amte und meiner Aufgabe zu leben«. Im Wintersemester unter Qualen Fortsetzung der Vorlesungen vor vermehrtem Publikum, die ihn aufrechterhalten (»ich halte es immer noch aus«). Freunde finden N unverändert gütig und liebenswürdig.

1879

»Vor Schmerz und Erschöpfung halbtodt.« Abschluss der *Vermischten Meinungen und Sprüche*; Marie Baumgartner erstellt das Druckmanuskript, Köselitz, der inzwischen nach Venedig gezogen ist, liest die Korrekturen; N drängt den Verleger zur Eile. Leben und Lehren in Basel werden N vollends zur »Tortur«: »Meine Seele ist bei alledem geduldiger als je, das ist das Beste«, und »Alleinsein ist das Allerschätzenswertheste meiner Curmethode«. Macht detaillierte Pläne, in Venedig zu leben (»›Ob ich reisen kann?‹ Die Frage war mir oft: ob ich da noch leben werde?«). Vergeblicher Kuraufenthalt in Genf, weitere Verschlimmerung der Krankheit (»ich glaube an keine Genesung mehr«). Für das Sommersemester kündigt N Vorlesungen an, kann sie jedoch nicht halten. Bittet um Entlassung aus der Universität und erfährt Verständnis und Dankbarkeit: Er erhält aus verschiedenen Kassen eine Pension von zwei Dritteln seines bisherigen Gehalts zunächst auf sechs Jahre. Dazu kommen kleinere Erbschaften und regelmäßige Pakete aus Naumburg; für Ns asketisches Leben reicht das aus. Bittet die Schwester, seinen Haushalt vollends aufzulösen; sie bewahrt, wie alles, was ihr Bruder schrieb, auch die Notizhefte auf, die er verbrannt wissen will; große Teile seiner Bibliothek werden in der Villa von Overbecks Schwiegermutter aufbewahrt, anderes wird verkauft, einiges nimmt er in zwei Koffern stets mit sich. Sein Wanderleben beginnt (»ehemals Professor jetzt fugitivus errans«, herumirrender Flüchtling). Sucht nach Orten, an denen er erträglich leben kann, kommt zum ersten Mal auch ins Oberengadin, nach St. Moritz (»Mir ist es als wäre ich im Lande der Verheißung«; »Hier will ich lange bleiben«). *Der Wanderer und sein Schatten* entsteht; N beschreibt dort die »Doppelgängerei der Natur«, die ihn sich selbst wiederentdecken lässt in dem »anmuthig ernsten Hügel-, Seen- und Wald-Charakter dieser Hochebene, welche sich ohne Furcht neben die Schrecknisse des ewigen Schnees hingelagert hat, hier, wo Italien und Finnland zum Bunde zusammengekommen sind und die Heimath aller silbernen Farbentöne der Natur zu sein scheint«. Er wird von 1881 an jeden Sommer, außer 1882, hierher zurückkehren. Neuorientierungen, darunter der Plan, den alten Turm am Zwinger in Naumburg zu beziehen und Gemüse anzubauen (»eines zukünftigen ›Weisen‹ keineswegs unwürdig«), um eine »wirkliche Arbeit« zu haben, »welche Zeit kostet und Mühe macht, ohne den Kopf anzustrengen«. Wieder keine Besserung des Gesundheitszustands. Rechnet mit einem »plötzlichen Tod, durch Krämpfe«, im Bewusstsein, sein »Lebenswerk gethan« zu haben. Schlimmer Winter in Naumburg; als Kurmittel »möglichste Ruhe vor meinen beständigen inneren Arbeiten, Erholung von mir selber, die ich seit Jahren nicht gehabt«. Verzichtet zunächst auf Rées Angebot, zu ihm zu kommen. Ende 1879 erscheint *Der Wanderer und sein Schatten* als 2. Abteilung des 2. Bandes von *Menschliches, Allzumenschliches*: »Die ganze ›Menschlichkeit‹ mit den 2 Anhängen ist aus der Zeit der bittersten und anhaltendsten Schmerzen – und scheint mir doch ein Ding voller Gesundheit. Dies ist mein Triumph.«

1880

Im Januar doch mehrtägiger Besuch von Rée in Naumburg. Mitte Februar über Bozen, wo ihn ein schwerer Anfall aufhält, nach Riva; dort trifft ihn Köselitz, den Rée diskret finanziell unterstützt; als Köselitz aus Wagners *Götterdämmerung* spielt, bringt N das massiv herunter. Endlich Venedig: N wohnt mit Blick aufs Meer und die Toteninsel San Michele, findet die richtige Diät für sich, auch die geistige (»Darin sind die Ärzte ganz ohnmächtig, nur eigne Vernunft kann helfen und hat bei mir schon viel geholfen«), wandert ohne gezielte Besichtigungen unermüdlich im Schatten der engen Gassen, die Piazza di San Marco wird sein »schönstes Studirzimmer«. Diktiert Köselitz, der zugleich an seinen Kompositionen zu arbeiten versucht, »L'ombra di Venezia«, woraus die *Morgenröthe* hervorgeht. Im Juli und August über Kärnten nach Marienbad (»Es ist gewiß hier seit Goethe nicht so viel gedacht worden, und auch Goethe wird nicht so principielle Dinge sich haben durch den Kopf gehen lassen – ich war über mich selber weit hinaus«), im September wieder in Naumburg, Anfang Oktober ohne festes Ziel an den Lago Maggiore; dort wieder in schlechtestem Zustand. Bleibt schließlich, obwohl er nach Castellamare am Golf von Neapel wollte, in Genua: »Hier habe ich Gewühl und Ruhe und hohe Bergpfade und das, was schöner ist als mein Traum davon, das campo santo.« Nach langer Suche eines geeigneten Quartiers »die unbekannteste Dachstuben-Existenz« ohne Ofen (der Winter wird hart). N lebt, wenn möglich, nicht mehr in Hotels, sondern in billigeren Pensionen oder Privatzimmern und isst nicht an den tables d'hôte, sondern allein. Briefe fast nur noch an Mutter und Schwester, Köselitz und Franz und Ida Overbeck. Für seine Arbeit auf vollkommene Einsamkeit angewiesen: »Ich bin passionirt für die Unabhängigkeit, ich opfere ihr alles – wahrscheinlich weil ich die abhängigste Seele habe und an allen kleinsten Stricken mehr gequält werde als andere an Ketten.« Kann wieder leichter denken, lesen und schreiben: »Ich lebe, wie als ob die Jahrhunderte ein Nichts wären und gehe meinen Gedanken nach, ohne an das Datum und die Zeitungen zu denken«.

1881

»Wenn die Sonne scheint, gehe ich immer auf einen einsamen Felsen am Meer und liege dort im Freien unter meinem Sonnenschirm still, wie eine Eidechse; das hat mehrere Male meinem Kopfe wieder aufgeholfen. Meer und reiner Himmel!« Abschluss des Texts der *Morgenröthe.* Ab Ende April mit Köselitz auf dessen Vorschlag in Recoaro bei Vicenza; gemeinsame Arbeit an der Korrektur der Druckbögen; zu viel Musik, zu wenig Schatten bei den Spaziergängen. Ende Mai reist Köselitz zu beider Erleichterung ab. N ringt weiter um eine Diät, die ihn erträglich existieren lässt, lebt asketisch ohne Ideal. Im Juli wieder ins Engadin. Von St. Moritz aus, wo ihm alles missglückt, bringt ihn ein »ernster und liebenswürdiger Schweizer« nach Sils-Maria, in ein dem Wald zugewandtes, hinreichend dunkles Zimmer in einem bescheidenen Haus, hinter dem unmittelbar ein Pfad in die Berge hinaufführt (das jetzige »Nietzsche-Haus«): »alle 50 Bedingungen meines armen Lebens scheinen hier erfüllt zu sein«. *Morgenröthe. Gedanken über die moralischen Vorurtheile* erscheint; kaum mehr Reaktionen. Unverdrossene »Spaziergehe-Existenz« mit sieben- bis achtstündigen Märschen am Tag, während derer sich N Gedanken in Hefte notiert; bleibt wegen seiner »Drei-Viertels-Blindheit« auf sicheren Pfaden und möglichst unter Schatten spendenden Bäumen. Leidet weiter schwer, aber: »Ich habe Schwereres auf mir als meine Gesundheit und werde damit fertig, auch dies zu tragen.« Und er will nun weiter sein eigener Arzt sein, stellt sich eine eigene kleine Apotheke zusammen, rechnet mit »fürchterlichen Einflüssen der atmosphärischen Elektrizität« auf ihn. Entdeckt in Spinoza »einen Vorgänger und was für einen!« (Postkarte an Overbeck vom 30. Juli 1881), vierzehn Tage später kommt ihm »bei einem mächtigen pyramidal aufgetürmten Block unweit Surlei«, hinter dem sich eine ganz ähnlich geformte Gebirgspyramide abzeichnet, der Gedanke der ewigen Wiederkehr des Gleichen: »An meinem Horizonte sind Gedanken aufgestiegen, dergleichen ich noch nicht gesehn habe – davon will ich nichts verlauten lassen, und mich selber in einer unerschütterlichen Ruhe erhalten« (Brief an Köselitz, 14. August 1881), und noch vor dem 26. August 1881 notiert N die ersten Zeilen von *Also sprach Zarathustra*. Betrachtet jetzt jeden, selbst Rée, »der meinen Engadiner Arbeits-Sommer d. h. die Förderung meiner Aufgabe, meines ›Eins ist noth‹, unterbricht, als meinen Feind« (Brief an die Schwester, 18. Aug. 1881). Erleidet neue Martern (»corporis cruciatus«), Verzweiflungsschrei an Overbeck auf einer Postkarte in lateinischer Sprache (»Sum in puncto desperationis«). Ende September Rückreise nach Genua »nur durch einen Krampf von Energie möglich«. Mühsame Wohnungssuche, schließlich Aufatmen. Erlebt zum ersten Mal Georges Bizets *Carmen*, wird sich immer mehr für sie »als ironische Antithese gegen Wagner« begeistern.

1882

Schöner Januar in Genua, nach dem N das IV. Buch der entstehenden *Fröhlichen Wissenschaft* überschreibt (»Sanctus Januarius«). Anfang Februar »erquicklicher« Besuch Rées, den N zunächst mit schweren Anfällen bezahlt. Dann heiter: die Freunde machen Ausflüge, baden zusammen im Meer. Rée bringt eine teure, von der Schwester bezahlte dänische Malling-Hansen-

Schreibkugel mit, die erste serienmäßig hergestellte Schreibmaschine, von der N sich eine Schonung seiner Augen und eine unabhängige Fertigstellung seiner Manuskripte verspricht; sie kommt beschädigt an, erweist sich im Gebrauch als sperrig und für Ns Zwecke unbrauchbar. N will den überarbeiteten und erkrankten Köselitz finanziell unterstützen, der das ablehnt; forciert seine Bemühungen um Aufführungen von Köselitz' Musik. Rée reist Mitte März nach Rom zu Malwida von Meysenbug und lernt bei ihr Lou von Salomé (1861-1937) kennen, Tochter eines deutschen Generals in russischen Diensten, die in Begleitung ihrer Mutter in Zürich Theologie und Kunstgeschichte studiert, erkrankt und sich in Italien erholt; Rée beschreibt sie als »ein energisches, unglaublich kluges Wesen mit den mädchenhaftesten, ja kindlichsten Eigenschaften«; N müsse sie »durchaus kennenlernen«. N bricht jedoch Ende März mit einem Frachtschiff nach Messina auf, wo er den Sommer verbringen will; Wagners halten sich seit November 1881 ebenfalls in Sizilien und zuletzt auch in Messina auf. N bleibt drei Wochen, ohne sie zu treffen, und breitet Schweigen über seinen Aufenthalt, meldet nur: »meine neuen Mitbürger verwöhnen und verderben mich auf die liebenswürdigste Weise«. *Idyllen aus Messina*, veröffentlicht in Schmeitzners (von N zuvor abgelehnter antisemitischer) *Internationaler Monatsschrift*, später in die *Lieder des Prinzen Vogelfrei* integriert, die N dem nachträglich der *Fröhlichen Wissenschaft* angefügten V. Buch anhängen wird, darunter *Das nächtliche Geheimniss*. Verlangt zuversichtlich wieder nach Freunden, kommt nach Rom, trifft sich mit Lou im Petersdom. Lebt ungeahnt auf. Spontane Pläne, in »Dreieinigkeit« mit Lou *und* Rée in Wien oder Paris zu studieren. Zunächst Reise in Gesellschaft von Lous Mutter nach Orta, wo Lou und N den Monte Sacro besteigen (und die andern lange warten lassen), dann nach Tribschen, wo N des alten Idylls gedenkt (und weint), dann, nun ohne die Mutter, nach Luzern, wo das berühmte, von N selbst arrangierte Photo entsteht (Rée und N vor einen Karren gespannt, Lou mit der fliedergeschmückten Peitsche; Peitsche war damals auch ein Synonym für Syphilis). Beide Freunde machen Lou Heiratsanträge (N zwei, den ersten durch Rée). N Mitte Mai bis Mitte Juni in Naumburg, wo er mit der Schwester und einem Schreiber das Druckmanuskript der *Fröhlichen Wissenschaft* erstellt, die Mitte August erscheint. Von Lou kein Wort. N lässt Ida Overbeck mit ihr über ihn sprechen und schreibt ihr glühende Briefe (»die goldene Möglichkeit am Horizonte alles meines zukünftigen Lebens« – als »Lehrer« und »Wegweiser auf dem Wege zur wissenschaftlichen Produktion«). Von Ende Juni an Sommerfrische in Tautenburg bei Jena. Die Schwester bereitet sie vor, N bereitet die Schwester auf Lou vor: Sie soll die Anstandsdame machen. Die beiden Frauen, die einander nicht mögen *können*, besuchen, ohne dass N sie zuvor miteinander bekannt gemacht hätte, zusammen die Uraufführung des *Parsifal* in Bayreuth, geraten rasch in heftige Streitigkeiten, kommen anschließend nach Tautenburg, wohnen dort gemeinsam im Pfarrhaus. Gemeinsame Spaziergänge Ns und Lous, erregender philosophischer Austausch, wie N ihn mit niemandem sonst erlebt hat, lässt alles andere liegen. Unterlegt seine Komposition *Hymnus an die Freundschaft* Lous *Gebet an das Leben*, bittet Köselitz, »den Begriff einer Liebschaft von unserem Verhältniß fernzuhalten. Wir sind Freunde«. Die Schwester intrigiert, die Mutter nennt N »einen ›Schimpf der Familie‹ und ›eine Schande für das Grab meines Vaters‹«, auch Malwida wendet sich ab, N schwankt. Versucht in Leipzig, Rée bei Lou herabzusetzen, sie verlässt Leipzig *mit* Rée, um zunächst in Stibbe, dann in Berlin freundschaftlich mit ihm zusammenzuleben; später wird sie den Orientalisten Andreas heiraten, die Geliebte des weit jüngeren Rilke, eine bevorzugte Schülerin Freuds werden und 1915 eine erfolgreiche psychoanalytische Praxis eröffnen. N schwer enttäuscht, droht seine vornehme Haltung zu verlieren, diskriminiert die Freunde – in nicht abgesandten Briefentwürfen. Schließlich Bruch ebenso mit Lou und Rée wie mit Mutter und Schwester und deren »Naumburger ›Tugend‹«. Gerät wieder an den Rand der Selbsttötung; nimmt Opium, um sich zu vergessen. Besucht Overbecks in Basel, spricht sich mit ihnen aus, reist über Genua, wo seine letzte Wohnung anderweitig vermietet wurde, weiter nach Rapallo. Bleibt nun entschieden allein.

1883

Schreibt Ende Januar, nach einer Zeit schwerer Schlaflosigkeit, in zehn Tagen (den I. Teil von) *Also sprach Zarathustra. Ein Buch für Alle und Keinen* (die *Vorrede* und *Die Reden Zarathustra's*) nieder. Nennt es, noch unschlüssig, wie er sich dazu stellen soll, u.a. »eine wunderliche Art von ›Moral-Predigten‹«, »in der größten Schärfe ein Bild meines Wesens, wie es ist, sobald ich einmal meine ganze Last abgeworfen habe«, sein »Testament«, »ein fünftes ›Evangelium‹«, »das losgebundenste meiner Erzeugnisse«, »meine letzte Thorheit«, die ihn »gar noch unter die ›Litteraten‹ und ›Schriftsteller‹« versetzen wird, seinen »Sohn«, seinen »tiefsten Ernst« und seine »ganze Philosophie«, »den längst verheißenen ›Antichrist‹«, »eine Explosion von Kräften«, »eine Vorrede, Vorhalle«, »mein ›Erbauungs- und Ermuthigungs-Buch‹«. Lebt im »schrecklichen Gefühl der Verantwortlichkeit auf der höchsten Spitze der Erkenntniß«. Fertigt selbst das Druckmanuskript an und drängt auf den Druck, der sich zu Ns großem Ärger verzögert – zunächst wegen »einer halben Million christlicher Gesangbücher«, dann wegen Schmeitzners antisemitischer Aktivitäten. Der I. Teil erscheint (ohne den Hinweis, dass es sich nur darum handelt), als der II. Teil schon im Satz ist, Ende

August 1883, und N bereits den III. Teil zu skizzieren beginnt. Am 13. Februar, als N den I. Teil abgeschlossen hat, stribt Richard Wagner in Venedig; versetzt N in »langwieriges Nervenfieber«. Ende Februar bis Anfang Mai wieder in Genua (»ruhig, aber von der schwärzesten Melancholie. Mein Leben ist in allen Fundamenten mißrathen, ich empfinde das jeden Augenblick – und ebenso, daß es so kommen mußte, und daß es meine einzige ›Existenzform‹ ist«). Dann bis Mitte Juni in Rom, um sich mit der Schwester zu versöhnen; ein neuer Bruch nach erneuter Agitation der Schwester gegen Lou und Rée, der N wieder erliegt (er fasst ein »Pistolen-Duell« ins Auge), und eine neuerliche halbherzige Versöhnung folgen (»ich bin nicht gemacht zu Feindschaft und Haß«, sie sind »unverträglich mit meiner ganzen Philosophie und Denkweise«). Rache- und Hassgefühle, für die er sich selbst verurteilt und die ihn an sich selbst verzweifeln lassen, bis hin zur Angst vor »Irrsinn«, deretwegen er sich aber zugleich offene Aussprachen verbietet; die geliebte Schwester wird zum härtesten persönlichen Test auf seine Moralkritik und Ethik. Ab Ende Juni wieder in Sils-Maria, September in Naumburg. Mutter und Schwester setzen ihm zu, er solle an die Universität zurückkehren und mit »honetten Leuten« verkehren. Tatsächlich Pläne, an der Universität Leipzig Vorlesungen über die griechische Kultur zu halten, »der Trieb des Lehrens ist stark in mir«; doch als von dort Bedenken über Ns »Gottes-Vorstellungen und besonders über das Christentum« kommen, resigniert N: »ein Gedanke der Verzweiflung, – ich wollte eine Distraction durch stärkste tägliche Arbeit, ohne eigentlich auf meine letzten Aufgaben zurückgeworfen zu sein« – und triumphiert zugleich: »ich bin einer der furchtbarsten Gegner des Christenthums und habe eine Angriffs-Art erfunden, von der auch Voltaire noch keine Ahnung hatte«. Die Schwester, inzwischen 37, verlobt sich mit dem Gymnasiallehrer und führenden Antisemiten Dr. Bernhard Förster (1843-1889), der in Vorträgen lobend auch von ihrem Bruder gesprochen hatte und in dessen Vorstellungen sie sich »so zu Hause« fühlt; 1885 wird sie ihn heiraten und ihm 1886 in seine »arische« Kolonie »Nueva Germania« in Paraguay folgen, die scheitert, worauf Förster sich das Leben nimmt. Sie »malträtirt« N nun so mit antisemitischen Bekenntnissen und »giftigsten Verdächtigungen« seines Charakters, dass er endgültig mit ihr brechen will, was ihm wieder nicht gelingen wird; wünscht die »rachsüchtige und antisemitische Gans« nach Paraguay fort; später fälscht sie in großem Stil Briefe Ns zu ihren Gunsten. Anfang Oktober »unglaublich herunter«. Über Genua, Spezia und Villafranca nach Nizza. Verbringt nun regelmäßig die Sommer in Sils-Maria, die Winter in Nizza, die Übergangszeiten an wechselnden Orten. Bleibt nur noch mit Köselitz, der weiter für ihn arbeitet, und mit Overbecks, die er immer wieder besucht, in enger persönlicher Verbindung; kehrt aber auch immer wieder nach Naumburg zurück. Gesundheit: bis 1888 unverändert schlimm, unterbrochen von Lichtblicken.

1884

Mitte Januar Abschluss des III. Teils von *Also sprach Zarathustra*, der II. Teil erscheint. »Das Ganze ist somit genau im Verlaufe eines Jahrs entstanden: im strengeren Sinne sogar im Verlaufe von 3 x 2 Wochen. – Die letzten zwei Wochen waren die glücklichsten meines Lebens: ich bin nie mit solchen Segeln über ein solches Meer gefahren«. Ns neues Projekt ist »ein großer Front-Angriff auf alle Arten des jetzigen deutschen Obscurantismus«. Köselitz schreibt, von *Also sprach Zarathustra* an müsse man »die Zeit neu datiren«, N werde einst als »Religionsstifter« verehrt werden. N spinnt das fort: »ich will die Menschheit zu Entschlüssen drängen, welche über die ganze menschliche Zukunft entscheiden, und es kann so kommen, daß einmal ganze Jahrtausende auf meinen Namen ihre höchsten Gelübde thun«. Mitte April über Genua nach Venedig und über Basel (wo er »mit unheimlich flüsternder Stimme« Overbeck in die »Geheimlehre« der ewigen Wiederkunft einweiht, was dieser im Rückblick für ein Zeichen von Geisteskrankheit halten wird), dann wieder Sils-Maria. Ende August Besuch Heinrich Freiherr von Steins (1857-1887), den ihm Rée 1876 als »Jüngling von 19 Jahren, mit einer Feuerseele, einer edlen Erscheinung, leuchtenden Augen und einer tiefen Empfänglichkeit für alles Große«, kurz als »Prachtexemplar« angekündigt hatte. Stein, mit einer Arbeit *Über Wahrnehmungen* promoviert, mit einer Schrift *Die Bedeutung des dichterischen Elementes in der Philosophie des Giordano Bruno* habilitiert, bei Malwida von Meysenbug eingeführt, zeitweilig Erzieher Siegfried Wagners, gibt 1883 ein *Wagner-Lexikon* mit heraus und eine von Wagner eingeleitete Aufsatzsammlung *Helden und Welt. Dramatische Bilder* und lehrt nun in Berlin, was er vor allem Wilhelm Dilthey verdankt; N setzt noch einmal große Hoffnungen auf ihn (»Endlich ein neuer Mensch, der zu mir gehört und instinktiv vor mir Ehrfurcht hat«). Doch Stein entzieht sich ihm; N wird seinen frühen Tod 1887 heftig beklagen (»Ich habe ihn wirklich geliebt; es schien mir, daß er mir aufgespart sei für ein späteres Alter«). Bekanntschaften mit Verehrern und vor allem Verehrerinnen. Gottfried Keller vermutet nach Ns Besuch bei ihm, »dä Kerl ischt verruckt«. Nochmals einen Monat mit der Schwester in Zürich. Friedrich Hegar spielt mit seinem Orchester in einer Probe N die Ouvertüre von Köselitz' Oper *Der Löwe von Venedig* vor; Köselitz kommt nach Zürich, um sie dann selbst zu dirigieren. Im Ganzen gute Wochen. N nimmt wieder schwere Schlafmittel, die er sich z.T. selbst verschreibt (Dr. Nietzsche). Über Mentone zurück nach Nizza.

1885

Im Jahr 1885 von Nizza aus wieder nach Venedig, dann Sils-Maria und über Leipzig, Naumburg, München, Florenz und Genua nach Nizza zurück. Mitte Februar Abschluss des IV. Teils von *Also sprach Zarathustra*, der zunächst *Die Versuchung Zarathustra's* heißen soll; erscheint, da N von Schmeitzner loskommen will, der wenig für seine Bücher tut, ihm aber viel Geld schuldet, und keinen anderen Verleger findet, mit finanzieller Unterstützung von Gersdorff als Privatdruck in 45 Exemplaren (geplant sind zunächst 20) bei C. G. Naumann in Leipzig; N lässt nur wenige Exemplare mit der Bitte um strenge Geheimhaltung verschicken; versucht Ende 1888, auch sie zurückzuholen; eine verkäufliche Ausgabe erscheint erst 1892. Die Basler Pension wird, wenn auch um ein Drittel reduziert, für weitere drei Jahre bewilligt. In »einer Art Lebens-Abrechnung« anlässlich ihrer Hochzeit und zur »Direction« ihres weiteren Verhältnisses schreibt N seiner Schwester am 20. Mai, er habe »bis jetzt, von Kindesbeinen an, Niemanden gefunden, mit dem ich dieselbe Noth auf Herzen und Gewissen hätte«, sei immer gezwungen gewesen, »mich, so gut es gehn will, und oft mit sehr viel schlechter Laune unter irgend einer der heute erlaubten und verständlichen Menschheits-Sorten zu präsentiren«, und habe das nur hingenommen, solange er »die Einsamkeit absolut nicht mehr ertrug.« So habe er sich nie »mittheilen« können, seine Worte hätten »andere Farben« gehabt: »Alles, was ich bisher geschrieben habe, ist Vordergrund; für mich selber geht es erst immer mit den Gedankenstrichen los. Es sind Dinge gefährlichster Art, mit denen ich zu thun habe; daß ich dazwischen in populärer Manier bald den Deutschen Schopenhauern oder Wagnern anempfehle, bald Zarathustra's ausdenke, das sind Erholungen für mich, aber vor Allem auch Verstecke, hinter denen ich eine Zeit lang wieder sitzen kann.« Überlegungen, mit der nun einsamen Mutter in Venedig zu leben. Im Ganzen zufrieden, »Gesundheit entscheidend verbessert«, »eine Art halkyonischer Zustand«.

1886

Reise-Routine ähnlich 1885, zwischen Sils-Maria und Nizza dieses Mal vier Wochen in Ruta Ligure, südlich von Genua. Suche nach einem neuen Verleger bleibt schwierig. *Jenseits von Gut und Böse. Vorspiel einer Philosophie der Zukunft*, »ein erschreckliches Buch, das dies Mal mir aus der Seele geflossen ist, – sehr schwarz, beinahe Tintenfisch«, erscheint wieder auf Kosten Ns bei C. G. Naumann; Versendung von 66 Freiexemplaren, geringer Verkauf, aber mehrere Rezensionen; eine freut N, die J. V. Widmanns im Berner *Bund*: Sie liefert das Stichwort vom »Dynamit« seines Denkens. In Hippolyte Taine (1828-1893), einem einflussreichen französischen Publizisten und Professor der schönen Künste, der als Positivist soziale und geistige Phänomene in Rasse, Milieu und historischer Situation begründet sieht, die ideengläubige Französische Revolution kritisiert und Napoleon I. als den sich über die Masse erhebenden großen Einzelnen und Begründer des modernen Europa herausstellt, findet N einen Gleichgesinnten; er wird ihn erbittert gegen eine abfällige Bemerkung Rohdes verteidigen, mit dem es darüber vollends zum Bruch kommt. Ns früherer Verleger Fritzsch kauft die alten Bestände von Ns Büchern zurück; N versieht *Die Geburt der Tragödie*, *Menschliches, Allzumenschliches*, *Morgenröthe* und *Die fröhliche Wissenschaft* mit neuen Vorreden (ohne alle Schriften zur Hand zu haben) und versucht in ihnen eine erste Genealogie seines eigenen Denkens; auch die Neuausgaben, von denen er keine Freiexemplare mehr erhält, werden sich schlecht verkaufen. Plan »eines vierbändigen Hauptwerks«, »der Titel ist schon zum Fürchten-Machen: ›Der

Wille zur Macht. Versuch einer Umwerthung aller Werthe‹«. Immer neue Pläne dieser Art; das Hauptwerk kommt nicht zustande. Ende 1886 erscheinen die drei ersten Teile von *Also sprach Zarathustra* bei Fritzsch in einem Band.

1887

Leicht veränderte Reise-Routine: zwischen Nizza und Sils-Maria Lago Maggiore, Chur und Lenzer Heide. N erinnert sich »eines ganzen Nachmittags, wo ich mir gesund vorkam, und es ist kein Zweifel, daß ich jeden Winter seit 7 Jahren einen Hops in der Richtung hin gemacht habe, wo die Gesundheit wohnt«; doch wieder Einbrüche. In Monte Carlo hört er zum ersten Mal das *Parsifal*-Vorspiel, »rein ästhetisch« das Beste, was Wagner gemacht habe, ein »schwermüthiger Blick der Liebe«. Ausgerechnet die *Antisemitische Correspondenz* zitiert zu Ns Ärger regelmäßig aus *Also sprach Zarathustra.* Neue Bitte an Köselitz um Mitarbeit: »Seien Sie nicht böse, lieber Freund, gerade dies Mal geht es nicht ohne Sie. Ich habe nämlich im letzten Oktober so geschwind wie möglich noch ein fünftes Buch zu besagter ›Wissenschaft‹ hinzu gekritzelt (um dem Ganzen eine Art Gleichwerthigkeit mit der Morgenröthe zu geben, nämlich vom buchbinderischen Standpunkt aus –) und bin jetzt selber einigermaßen neugierig, was ich damals eigentlich geschrieben haben mag. Es ist ganz weg aus meinem Gedächtnisse.« Als es Schwierigkeiten mit dem Verleger zu geben scheint, will N das V. Buch der *Fröhlichen Wissenschaft* »vor der Hand ungedruckt« lassen und es eventuell einer zweiten Auflage von *Jenseits von Gut und Böse* einverleiben; die neue Ausgabe mit V Büchern und den *Liedern des Prinzen Vogelfrei* wird im Juni erscheinen. Er entdeckt Dostojewski: »der plötzlich redende Instinkt, hier einem Verwandten begegnet zu sein«. 23. Februar Erdbeben in Nizza; Ns Pension mitbetroffen; er bleibt völlig ruhig. »Komisches Faktum«: »Bei allen radikalen Parteien (Socialisten, Nihilisten, Antisemiten, christl<ichen> Orthodoxen, Wagnerianern) genieße ich eines wunderlichen und fast mysteriösen Ansehens. Die extreme Lauterkeit der Atmosphäre, in die ich mich gestellt habe, verführt ...« Bleibende Aufgabe: »Die Nöthigung andererseits liegt auf mir mit dem Gewicht von hundert Centnern, einen zusammenhängenden Bau von Gedanken in den nächsten Jahren aufzubauen – und dazu brauche ich fünf sechs Bedingungen, die mir alle noch fehlen und selbst unerreichbar scheinen!« (Brief an Overbeck, 24. März 1887) Anlauf dazu am 7. Juni in Lenzer Heide, nachdem N vier Wochen in Chur abgewartet hat, bis das Engadin nicht mehr zu kalt ist, und die Zeit zu Studien in der Bibliothek genutzt hat: Aufzeichnung »Der europäische Nihilismus« in 16 Punkten. Danach *Zur Genealogie der Moral. Eine Streitschrift*, deren erste zwei Abhandlungen zwischen dem 10. und 30. Juni, die dritte bis zum 28. August entstehen; erscheint im November bei C. G. Naumann (»Alles exakt wie bei ›Jenseits‹«). Kommt in Sils-Maria währenddessen regelmäßig mit Meta von Salis, wieder einer Frauenrechtlerin, und ihrer Freundin Hedwig Kym zusammen (»Im Sommer 87 war Nietzsche zuweilen sehr heiter und zu harmlosen Scherzen aufgelegt«), ohne ihnen seine Einsichten zuzumuten (»ich mache so gut es gehn will, die Unterhaltung der beiden Damen«). Die Komposition *Hymnus an das Leben* erscheint unter Ns Namen mit Lous Text und in Köselitz' Orchestrierung. Georg Brandes, eigtl. Morris Cohen (1842-1927), der Philosophie studiert und sich über Taine habilitiert hatte, dem aber wegen seines Kampfs für Meinungsfreiheit in Dänemark lange eine Professur versagt wurde, darum nach Berlin ging, dort mit Rée und Lou und durch sie auch mit Schriften Ns bekannt wurde, der ihm seinerseits Rezensionsexemplare von *Jenseits von Gut und Böse* und *Zur Genea-*

logie der Moral zusandte, nimmt Kontakt mit ihm auf; nachdem sich auf seine Anregung hin auch August Strindberg für N interessiert, wird er zunächst in Kopenhagen, dann in halb Europa unter dem Label »aristokratischer Radikalismus« Vorträge über ihn halten. Mit ihnen setzt Ns Ruhm ein: »Sic incipit gloria mundi«.

1888

Winter »lauter radikalen Problemen und Entscheidungen geweiht«. Bis Anfang April noch in Nizza, will dann nach Turin (»Man rühmt mir die trockne Luft, die stillen Straßen«, »wird von Nizza in Einem Tage erreicht«), verwechselt aber den Zug und kommt nach San Pier d'Arena nahe Genua, krank und ohne Gepäck. Turin beseligt ihn: »Die Stadt ist mir auf eine unbeschreibliche Weise sympathisch« – »Hier ist Alles frei und weit gerathen«. Wenn das Engadin *seine* Landschaft ist, so Turin *seine* Stadt. Beeindruckt von ihrer »noblesse«, stattet er sich neu aus; der Dekan der Philosophischen Fakultät macht ihm seine Aufwartung. Im Sommer in Sils-Maria nochmals »in einem miserablen Zustande«, jetzt »unter dem Druck einer nervösen Erschöpfung«. Freundlichkeiten auch hier: ein Spender, der anonym bleiben will, lässt ihm 2000 Mark zukommen, die er für den Druck seiner Schriften akzeptiert; man spielt ihm »ein Stück meines Venediger Maestro« sechs Mal hintereinander vor. Mitte Juli Abschluss des »›Pamphlets‹« *Der Fall Wagner. Ein Musikanten-Problem* (erscheint Mitte September), Anfang September vorläufiger Abschluss der *Götzen-Dämmerung oder Wie man mit dem Hammer philosophirt*: »der Inhalt vom Allerschlimmsten und Radikalsten, obwohl unter viele finesses und Milderungen versteckt. Es ist eine vollkommene Gesammt-Einführung in meine Philosophie«, der Titel, der von Köselitz stammt, »noch eine

Bosheit gegen Wagner« (Ergänzungen bis Anfang Oktober, erscheint Ende November, Vertrieb ab Ende Januar 1889). Bei beiden eigenhändige Anfertigung des Druckmanuskripts, Köselitz liest die Korrekturen und macht Änderungsvorschläge. Ende September zurück nach Turin, plötzlich ungewöhnlich schmerzfrei, ungeheurer Produktionsschub: »wie im Ruck war Alles in Ordnung. Wunderbare Klarheit, Herbstfarben, ein exquisites Wohlgefühl auf allen Dingen«. Nach wenigen Tagen vorläufiger Abschluss von *Der Antichrist. Fluch auf das Christenthum* (erscheint erst 1895), von N noch in Sils-Maria vorbereitet und eine Zeit lang als I. Buch der »Umwerthung aller Werthe« betrachtet: »Ich bin jetzt der dankbarste Mensch von der Welt – herbstlich gesinnt in jedem guten Sinne des Wortes: es ist meine große Erntezeit. Alles wird mir leicht, Alles geräth mir, obwohl schwerlich schon Jemand so große Dinge unter den Händen gehabt hat.« An seinem 44. Geburtstag Beginn von *Ecce homo. Wie man wird, was man ist*, vorläufiger Abschluss am 4. November (N schiebt den Druck hinaus, will zuerst noch Übersetzungen in alle wichtigen Sprachen anfertigen lassen und »die tragische Katastrophe« seines Lebens nicht »zu sehr beschleunigen«; EH erscheint erst 1908). »Erwäge ich, was ich Alles zwischen dem 3 September und 4 November verbrochen habe, so fürchte ich, daß allernächst die Erde zittert.« Sieht sich (ironisch?) »reif zum ›Welt-Erlöser‹«. Will nun seine »ganze Litteratur« von Fritzsch zurückkaufen und Naumann anvertrauen, was am Preis scheitert. Denkt daran, für seinen »Vernichtungsschlag gegen das Christenthum« das jüdische »Großcapital« einzusetzen: »Siegen wir, so haben wir die Erdregierung in den Händen – den Weltfrieden eingerechnet ... Wir haben die absurden Grenzen der Rasse Nation und Stände überwunden: es giebt nur noch Rangordnung zwischen Mensch und Mensch und zwar eine ungeheure lange Leiter von Rangordnung. / Da haben Sie das erste welthistorische Papier: Große Politik par excellence« (Entwurf eines Briefes an Georg Brandes von Anfang Dez. 1888). N sieht sich als Spitze des europäischen Geistes und darum auch in politischer Verantwortung für Europa: Briefentwürfe an Kaiser Wilhelm II. und an Bismarck zur Übersendung von *Der Antichrist*, Telegramme an den König und die Königin von Italien, um sie anlässlich eines Besuchs in Turin in sein Zimmer einzuladen. Abrechnungen mit Freunden und Bekannten, die seinen philosophischen Rang nicht verstanden haben, außer mit Overbeck. Brandes macht N auf Kierkegaard aufmerksam, er kommt jedoch nicht mehr dazu, ihn zu lesen; August Strindberg zeigt sich von *Der Fall Wagner* begeistert; N sucht ihn für die französische Übersetzung von *Ecce homo* zu gewinnen. Erwartet in Frankreich besseres Verständnis für seine anti-deutsche Haltung, es sei »an der höchsten Zeit, daß ich noch einmal als Franzose zur Welt komme«. Auf eine N unzureichend erscheinende Rezension zu *Der Fall Wagner* hin Zusammenstellung von Zeugnissen seiner bisherigen Wagner-Kritik zu *Nietzsche contra Wagner. Aktenstücke eines Psychologen* (wird rasch in 100 Exemplaren gedruckt, N lässt sie dann aber nicht versenden). Zusammenstellung und Überarbeitung von Liedern, v.a. aus *Also sprach Zarathustra*, zu den *Dionysos-Dithyramben* (erscheinen erst 1891). Zuletzt noch Austausch des Abschnitts *Warum ich so weise bin 3* in *Ecce homo* durch einen Text, der erst 1969 aufgefunden wird: »Die Behandlung, die ich von Seiten meiner Mutter und Schwester erfahre, bis auf diesen Augenblick, flösst mir ein unsägliches Grauen ein: hier arbeitet eine vollkommene Höllenmaschine, mit unfehlbarer Sicherheit über den Augenblick, wo man mich blutig verwunden kann – in meinen höchsten Augenblicken, ... denn da fehlt jede Kraft, sich gegen giftiges Gewürm zu wehren ...« In einem »heroisch-aristophanischen Übermut« Arbeit »an einem Promemoria für die europäischen Höfe zum Zwecke einer antideutschen Liga«. Sieht sich rundum gehuldigt, selbst von Marktfrauen und Kellnern. Die Geschichte von der Umarmung des geschundenen Pferds könnte eine Legende sein.

1889

Bis 5. Januar sog. »Wahnsinnszettel«, darunter ein Brief an Jacob Burckhardt, der Overbeck alarmiert, der sofort nach Turin reist, N (nach dem Bericht C. A. Bernoullis) in einem Zustand orgiastischer Raserei vorfindet und den heftig Widerstrebenden nach Basel in die Nervenklinik bringt (Overbeck: »Ich habe kein ebenso entsetzliches Bild der Zerstörung gesehen«). N gibt an, dass er »sich so unendlich wohl fühle, dass er dies höchstens in Musik ausdrücken könne« (Basler Krankenjournal). (Damalige) Diagnose: Paralysis progressiva. Die Mutter holt N nach Jena in die dortige Psychiatrische Klinik, später zu sich nach Hause. Overbeck und Köselitz übernehmen vorläufig den Nachlass, erstellen Abschriften von *Der Antichrist* und *Ecce homo*. Julius Langbehn (1851-1907), der 1890 im Anklang an Ns *Schopenhauer als Erzieher* in seiner anonymen Schrift *Rembrandt als Erzieher* mit großem Publikumserfolg kulturpessimistische, nationalistische und antisemitische Ideen verbreitet, will, ohne jede einschlägige Ausbildung, N, der sichtlich auf ihn eingeht, durch Spaziergänge und Gespräche mit ihm heilen und versucht die Vormundschaft über ihn zu bekommen, was Overbeck schließlich verhindert. N wird entmündigt, Vormund wird die Mutter, Gegenvormund, wiewohl sie Overbeck vorschlägt, ihr Bruder, Pastor Edmund Oehler, nach dessen Tod 1891 dessen Sohn Adalbert.

Die Verlagsrechte bleiben nach langen Verhandlungen bei Naumann; Köselitz beginnt mit einer Gesamtausgabe, in der auch *Also sprach Zarathustra* mit allen vier Teilen erscheint; die ersten großen Honorare fließen. N wird nun rasch berühmt, die Literatur über ihn schwillt an, 1894 wird Lous Buch *Friedrich Nietzsche in seinen Werken*, ab 1895 die dreibändige Biografie der Schwester erscheinen. Spaziergänge mit N in der Öffentlichkeit werden unmöglich. Ab 1893 sitzt er im Rollstuhl und verlässt das Haus nicht mehr. Die Schwester kehrt von Paraguay zurück, betreibt zunächst Propaganda für die »Erneuerung Neu-Germanias«, greift dann in die Verwaltung von Ns Nachlass ein, gründet im Haus der Mutter ein »Nietzsche-Archiv«, lässt N in ihrer Abwesenheit malen und die Gemälde ausstellen. Weil N nicht ruhig bleibt, zieht sie mit dem Archiv in ein anderes, zudem repräsentativeres Haus um. Beim Versuch, möglichst rasch Ns Nachlass zu veröffentlichen, verschleißt sie zahlreiche Herausgeber. Sie stoppt Köselitz' Gesamtausgabe, nötigt nach schweren Auseinandersetzungen und Verleumdungskampagnen ihrer Mutter die Rechte ab. Nach deren Tod 1897 nimmt sie den Bruder zu sich und verfügt nun völlig über ihn. Bei ihm Lähmungserscheinungen, Schlaganfälle, zunehmend ins Bett gezwungen. Meta von Salis, die zuletzt schon den Druck von Ns Werken unterstützt hatte, finanziert den Kauf der Villa Silberblick in Weimar, in dem die Schwester das Nietzsche-Archiv unterbringt und mit ihrem Bruder auch wohnt. Sie führt ihn gelegentlich Besucher(inne)n vor. Am 25. August 1900 stirbt N nach einer schweren Erkältung und einem Schlaganfall. Nicht-kirchliche Beerdigung neben dem Grab seines Vaters an der Mauer der Kirche von Röcken. Das Kirchenbuch vermerkt: »In Röcken geboren am 15. Oktober 1844 als Sohn des damaligen Pfarrers Nietzsche, und sonach evangelisch, nach seinen philosophischen Werken aber antichristlich.«

II. Nietzsches Einschätzung der Bedeutung seiner Erfahrungen für sein Philosophieren

Von den berichteten Erfahrungen ist in Nietzsches Werk kaum oder nur am Rande die Rede. Und doch hat er seine Person, die persönlichen Bedingungen seines Philosophierens, sehr bewusst ins Spiel gebracht und damit mutig eine Regel der Philosophie als Wissenschaft durchbrochen, dass um ihrer Sachlichkeit und Allgemeingültigkeit willen alles Persönliche zurückzutreten habe. Als er 1886 einige seiner Werke neu herausgab und mit Vorreden versah, legte er die Bedeutung seines Lebens für sein Werk ausführlich dar und tat, nachdem er *Der Antichrist*, seinen »Fluch auf das Christenthum«, abgeschlossen hatte, das erneut in einer besonderen Schrift mit dem ähnlich aufschreckenden Titel *Ecce homo*; »Ecce homo« soll Pilatus von Jesus von Nazareth gesagt haben, als er ihn dem Hohen Rat des jüdischen Volkes zur Verurteilung übergab, ohne ihn verstanden zu haben, aber auch ohne eine Schuld an ihm zu finden. Man wird hier keine Autobiografie im üblichen Sinn erwarten; als solche wäre sie in vielem lückenhaft, in anderem erfunden. Nietzsche versuchte etwas anderes: Er deutete sein Leben philosophisch als »grosse Loslösung«, als Befreiung von tief einverleibten Bindungen des Erkennens, die ihm, Nietzsche, möglich wurde. Er hatte gelernt aufzugeben, woran er am stärksten geglaubt, was ihn am festesten gebunden hatte: zuerst die Philologie, dann Schopenhauer und seine Metaphysik des blinden Willens am Grund des Lebens,

Wagner und seine Idee der Erneuerung der Kultur durch seine Musik, schließlich seine Freunde, auf die er so sehr gesetzt hatte. Er sah nun die Aufgabe der Philosophie in der Befreiung von Glauben, von geistigen Bindungen aller Art, um ein ›freier Geist‹ zu werden, der imstande ist, sich von immer neu andrängendem Glauben immer neu zu befreien. Dazu verhalf ihm am meisten, schätzte er, seine Krankheit. Aber seine Selbstbefreiung führte über solche biografischen Anlässe hinaus; man kann sein Philosophieren darum nicht ohne sein Leben, aber auch nicht aus ihm verstehen.

In den Vorreden zu den Neuausgaben seiner Aphorismen-Bücher MA, M und FW handelt Nietzsche weit mehr von seiner »grossen Loslösung« als von diesen Büchern selbst. Sie komme »wie ein Erdstoss«, als »plötzlicher Schrecken und Argwohn« gegen alles, was »die junge Seele« bis dahin geliebt hatte, als »ein aufrührerisches, willkürliches, vulkanisch stossendes Verlangen nach Wanderschaft, Fremde, Entfremdung, Erkältung, Ernüchterung, Vereisung, ein Hass auf die Liebe«, »wo sie bis dahin anbetete«, als »Scham« über eben diesen befreienden Hass und als »ein trunkenes inneres frohlockendes Schaudern, in dem sich ein Sieg verräth« (MA I, Vorrede 3). Einer solchen Loslösung gingen, so Nietzsche, »Versuchs-Jahre« voraus, die in »krankhafte Vereinsamung« treiben – die Krankheit kommt zuerst metaphorisch ins Spiel und erst allmählich auch physiologisch. Die Krankheit der Einsamkeit könne zum Mittel einer »grossen Gesundheit« werden, die darin groß ist, dass sie durch jeden neuen Angriff der Krankheit weiter erstarkt (vgl. XI.6); sie könne eine »reife Freiheit des Geistes« bringen, mit der man »auf den Versuch hin leben und sich dem Abenteuer anbieten« dürfe. Man könne dann alle Dinge neu sehen, vor allem die »nahen und nächsten Dinge«, lerne, Gesundheit und Krankheit, nun auch physiologisch verstanden, selbst zu dosieren, und beginne, »weise« zu werden. Ein solcher »immer freierer Geist« begreife dann auch, *wozu* die große Loslösung befreit: zur Freiheit, seine Perspektiven auf das Leben »aus- und wieder einzuhängen«, sich nicht mehr dem »Für und Wider« der herrschenden Moral zu unterwerfen, sondern es selbst in seine »Gewalt« zu bekommen. Damit aber stelle sich das für die herrschende Moral schwerste Problem, »das Problem der Rangordnung« unter den Menschen, die eben *nicht* die gleiche Freiheit und Kraft zur eigenen Verantwortung, zur eigenen Entscheidung auch über moralische Maßstäbe haben; selbst diese schlichte Tatsache zu akzeptieren setzt schon einen höheren moralischen Rang voraus (vgl. XI.4). So wird schlechthinnige Allgemeingültigkeit in der Philosophie gerade in Fragen der Moral unmöglich oder zum bloßen Schein (MA I, Vorrede 4-8).

In der Vorrede zu MA II spricht Nietzsche dann persönlicher, spricht er offen von sich, umreißt, womit und wovon *er* sich losgelöst hatte: mit seinen UB von der »Bildungsphilisterei«, von der »historischen Krankheit« und, trotz aller Verehrung, von Schopenhauer und von Wagner – von *seiner* Romantik (vgl. FW 370). Mit MA sei er in »lange Zwischenjahre innerlichsten Alleinseins und Entbehrens« eingetreten, habe sich als Teil seiner »Gesundheitslehre« einer »antiromantischen Selbstbehandlung« unterzogen. Doch die Trennung von Wagner, dem »morsch gewordenen, verzweifelnden Romantiker«, habe ihn – wieder im physiologisch-moralischen Doppelsinn – zunächst nicht gesund, sondern »krank« gemacht, »mehr als krank, nämlich müde, aus der unaufhaltsamen Enttäuschung über Alles, was uns modernen Menschen zur Begeisterung übrig blieb, über die allerorts vergeudete Kraft, Arbeit, Hoffnung, Jugend, Liebe«. Denn nun entzog sich ihm seine »Aufgabe«, das einzige Heilmittel, das ihm blieb. Er arbeitete weiter, und sein Werk habe ihm »das Gleichgewicht, die Gelassenheit, sogar die Dankbarkeit gegen das Leben aufrecht erhalten«; er habe sich, »als Arzt und Kranker in einer Person«, auf Zeit zum »Optimismus« gezwungen, habe durch »langes Herumziehn« von einem »Klima der Seele« zum andern und durch »Loskettung von allen gröberen Begehrlichkeiten« um »Unabhängigkeit inmitten aller Art äusserer Ungunst« gerungen – und so endlich seine Aufgabe und seine Gesundheit wieder zurückgewonnen. So war das »Erlebniss« seines Lebens »die Geschichte einer Krankheit und Genesung«. Es war das Erlebnis eines Einzelnen, das er wieder Einzelnen erzählt, die es auf ihre Weise verstehen und daran erkranken oder gesunden werden. Losgelöst vom üblichen Verlangen nach Übereinstimmung in einem Allgemeinen und damit auch Gemeinen und der Beruhigung, die sie schafft, habe er nun »Verlangen nach einem grossen Feinde.« (MA II, Vorrede 1-7)

Ihn fand er, wie er dann in der Vorrede zu M vorträgt, in der europäischen Moral selbst, die eben auf einem solchen Allgemeinen bestand und zugleich am stärksten feststand, weil sie sich als Grund eine Metaphysik geschaffen hatte, die selbst von Kants Kritik noch unerschüttert blieb. Er, Nietzsche, habe diese Bastion wie ein Maulwurf, allein und unterirdisch, untergraben und sich langsam an eine neue »Morgenröthe« herangegraben.

Und schließlich, in der neuen Vorrede zu FW, spricht Nietzsche von seinem Buch selbst als »Erlebniss«, von der »Dankbarkeit eines Genesenden«, der »Trunkenheit der Genesung«, dem »Frohlocken der wiederkehrenden Kraft«, die es ausströme – und das nur der teilen könne, der selbst »Aehnliches erlebt« hat. Und zugleich distanziert er sich von sich: »Aber lassen wir Herrn Nietzsche: was geht es uns an, dass Herr Nietzsche wieder gesund wurde?«

Er bringt das Allgemeine, ohne das wir nicht auskommen, nun anders in Spiel: nicht so, dass es etwas als wahr konstatiert, sondern so, dass es einer ins Spiel bringt, um andere zu etwas zu bewegen, die es dann annehmen können oder nicht, auf ihre Weise und auf ihre Verantwortung. Beide folgen darin ›Bedürfnissen‹ und, wenn ihre Umstände ihnen keine Wahl mehr lassen, ›Nöten‹. Es sind, so Nietzsche, immer die »Nothstände«, die Philosophie treiben, zumal bei kranken Denkern, und krank, so metaphorisiert und generalisiert er nun das Kranksein, waren und sind alle Denker, wenn nicht physiologisch, so moralisch – eben weil sie krank waren und sind, treiben sie Philosophie. Er unterstellt ihnen nicht mehr die Nähe zum Sein, sondern zum Kranksein; ihr Kranksein nötigt sie zur »Selbst-Befragung, Selbst-Versuchung«. Doch »was wird aus dem Gedanken selbst werden, der unter den Druck der Krankheit gebracht wird?« Könnte »Philosophie bisher überhaupt nur eine Auslegung des Leibes und ein Missverständniss des Leibes gewesen« sein? Ein Philosoph ist nach Nietzsches Erfahrung, die er nun auf seine Weise verallgemeinert, »Arzt« – zuerst einmal seiner selbst, so wie er, Nietzsche, es versucht hatte. Gelingt es ihm, sich zur großen Gesundheit durchzukämpfen, wird er frei sein, »durch viele Gesundheiten« und »ebensoviele Philosophien« hindurchzugehen, sie ihrerseits als Perspektiven auf das Leben in seine Gewalt bekommen. Er verwandelt, ›transfiguriert‹ sein Leben dann in Denken, und die Zufälle, die dabei mitgewirkt haben, bleiben zurück. Krankheit und Schmerz sind dabei nur die auffälligsten, greifbarsten Zufälle, aber auch die, die das Leben am stärksten zum »Problem« und für Philosophen zum philosophischen Problem machen. Gelingt es ihnen schließlich, leicht mit ihnen umzugehen – doch das wird nur wenigen gelingen –, dann kennen sie auch »ein neues Glück«, »die Freude am X«. Was sie einander zu sagen haben, wird dann etwas Allgemeines und doch Hochindividuelles sein, eine »Kunst für Künstler« (FW, Vorrede 1-4).

Waren Nietzsches neue Vorreden zu seinen Aphorismen-Büchern schon kaum mehr Vorreden, so erfindet er sich mit EH noch einmal ein neues Genre. Nachdem er in GM gefragt hat, wie, aufgrund welcher Bedingungen die europäische Moral möglich geworden war, die schließlich das ›wissenschaftliche Gewissen‹ hervorgebracht hatte, und gezeigt hat, dass eben die wissenschaftliche Entdeckung dieser Bedingungen und damit die ›Selbstentdeckung‹ der europäischen Moral zu ihrer ›Selbstüberwindung‹ führen musste, fragt er nun konsequent weiter, aufgrund welcher Bedingungen diese ›Selbstentdeckung‹ der europäischen Moral gerade durch ihn, den ›Herrn Nietzsche‹, möglich wurde. Er versucht eine Genealogie seiner selbst als ›Entdecker‹ der europäischen Moral, eine Autogenealogie, also keine Autobiografie im üblichen Sinn. Er befragt sein eigenes Leben daraufhin, welche Gegebenheiten und Ereignisse darin die tiefgreifendsten Umwertungen der europäischen Philosophie seit Sokrates ermöglicht hatten. In seiner Jugend hatte er von Zeit zu Zeit Autobiografien entworfen, das dann aber aufgegeben. Nun stellt er vier genealogische Fragen: »Warum ich so weise bin«, »Warum ich so klug bin«, »Warum ich so gute Bücher schreibe« und »Warum ich ein Schicksal bin«. Nach gängigen Maßstäben *war* Nietzsche fraglos weise und klug, *schrieb* gute Bücher, *wurde* zu einem Schicksal der Philosophie und vielleicht auch der Menschheit; doch dies war nun kritisch in seiner Unwahrscheinlichkeit, in den Bedingungen seiner Möglichkeit zu begreifen.

Nietzsche beginnt nun mit der »Grösse meiner Aufgabe« (EH, Vorwort 1). Er führt sich statt als »Moral-Ungeheuer« als »ein Jünger des Philosophen Dionysos« ein, den er selbst zum Gott seines Philosophierens ausgerufen hatte (vgl. JGB 295). Er wolle die Menschheit nicht »›verbessern‹«, sondern ihre »Götzen (mein Wort für ›Ideale‹) umwerfen«, ihr vermeintliches Recht auf solche Götzen untergraben. Seine Einsamkeit mitten unter den Menschen, der er mit seinem Denken zeitlebens ausgesetzt gewesen sei, habe ihn befreit zum »Aufsuchen alles Fremden und Fragwürdigen im Dasein, alles dessen, was durch die Moral bisher in Bann gethan war«. Das »Wie viel Wahrheit erträgt, wie viel Wahrheit wagt ein Geist?« macht er nun zum Kriterium der Rangordnung der Menschen. Und dann lässt er *Zarathustra*, das Werk, mit dem er »der Menschheit das grösste Geschenk gemacht« habe, für sich selber sprechen (EH, Vorwort 2-4). Sein Leben geht im Werk auf, schafft nur die Bedingungen dafür.

Weise zu sein heißt, aus den oft schmerzlichen Erfahrungen seines Lebens ein Wissen gewonnen zu haben, das es ruhig und gelassen macht, es gerecht gegen alle und alles zu führen. Weise konnte Nietzsche werden, schreibt er nun, weil ihn schon früh »Neutralität«, »Freiheit von Partei im Verhältniss zum Gesammtprobleme des Lebens«, ausgezeichnet habe. Er verdanke sie einem »Verhängniss: ich bin, um es in Räthselform auszudrücken, als mein Vater bereits gestorben, als meine Mutter lebe ich noch und werde alt.« Von seinem Vater habe er die bedrohliche Morbidität, von seiner Mutter die unverwüstliche Vitalität (vgl. Hans Gerald Hödl, Der letzte Jünger des Philosophen Dionysos. Studien zur systematischen Bedeutung von Nietzsches Selbstthematisierungen im Kontext seiner Religionskritik [Monographien und Texte zur Nietzsche-Forschung, Bd. 54], Berlin/New York 2009, 538). So lebte er als Kranker weiter, oft am Rande des Todes. Aber damit war ihm auch seine ›Aufgabe‹ gestellt, die buchstäbliche Lebensaufgabe, sein medizinisch nicht zu bewältigendes, körperlich schwer behinderndes und seelisch tief deprimierendes Leiden so für sein Philosophieren fruchtbar zu machen, dass er *dadurch* überleben konnte. Er musste versuchen, aus seiner Krankheitserfahrung zu lernen, und wurde, ohne dass er das wollen konnte, dabei weise. Die extreme Spannung zwischen Morbidität und Vitalität, ein Zeichen physiologischer décadence, aber habe ihn zugleich hellsichtig für die Krankheit seiner

Zeit, die kulturelle décadence, gemacht. Denn die »Kranken-Optik« verfeinere »die Beobachtung selbst wie alle Organe der Beobachtung« aufs Äußerste; sie habe ihn »jene Filigran-Kunst des Greifens und Begreifens überhaupt, jene Finger für nuances, jene Psychologie des ›Um-die-Ecke-sehns‹« gelehrt, die ihm seither eigne. Sie habe ihn, und damit kommt Nietzsche auf seine neuen Vorreden zurück, zum Meister der Kunst gemacht, »Perspektiven umzustellen: erster Grund, weshalb für mich allein vielleicht eine ›Umwerthung der Werthe‹ überhaupt möglich ist.« (EH, Warum ich so weise bin 1) Weil es ihm seine Loslösungen ermöglichte, wurde ihm das »Kranksein sogar ein energisches Stimulans zum Leben, zum Mehr-leben« (ebd., 2). Es forderte, wie Nietzsche zu Silvester 1882 an Overbeck geschrieben hatte, seine »stärkste Kraft«, die »Selbst-Überwindung« heraus (KSB 6.314), wurde zum Motor seiner Philosophie: »ich machte aus meinem Willen zur Gesundheit, zum Leben, meine Philosophie ...«. Weil er aus Nöten Tugenden zu machen wusste, sei er, schreibt er jetzt, »ein wohlgerathner Mensch« und »ein auswählendes Prinzip« geworden – das Prinzip der Selektion ist das Prinzip der Evolution des Lebens selbst – und sei so auch über den vordergründigen Gegensatz von Gut und Böse hinausgewachsen, habe »weder an ›Unglück‹, noch an ›Schuld‹« geglaubt (EH, Warum ich so weise bin 2). Durch seine Krankheit näherte er sich dem, was er in GM »das autonome übersittliche Individuum« genannt hatte (GM II 2).

Doch dazu bedurfte es weiterer Bedingungen. Die, wie es noch im Druckmanuskript hieß, »Zugänglichkeit zu anscheinend getrennten Welten«, habe ihn nicht nur seine Krankheit ertragen, sondern auch politisch beschränkte Perspektiven überwinden lassen, vor allem die deutsche und deutschtümelnde zugunsten einer europäischen: es habe ihn keine Mühe gekostet, »ein ›guter Europäer‹ zu sein«. Dazu musste ein Deutscher mehr als

Deutscher und sollte es nicht nur in seinem Denken, sondern auch schon leiblich, von Geburt an sein. Nietzsche hielt dazu die Legende lebendig, die man ihm in seiner Kindheit erzählt hatte: dass seine »Vorfahren polnische Edelleute« gewesen seien, die ihre Heimat und ihren Adel aufgegeben hätten, weil sie Protestanten waren (KSA 14.472). Aufgrund seines Äußeren sei er denn auch, worauf er als Kind sehr stolz gewesen sei, als Pole angeredet, in Sorrent kurzerhand »il Polacco« genannt worden. Die Polen (die zu Nietzsches Zeit von vielen Deutschen nationalistisch angefeindet wurden) hätten ihm »als die begabtesten und ritterlichsten unter den slavischen Völkern« gegolten und »die Begabung der Slaven [...] höher als die der Deutschen«. Besonders aber habe er den Drang der Polen zur persönlichen Unabhängigkeit geschätzt, der im Recht des polnischen Edelmanns zum Ausdruck komme, »mit seinem einfachen Veto den Beschluß einer Versammlung umzuwerfen«, und ebenso darin, dass der Pole Copernicus (um dessen Nationalität man sich ebenfalls stritt) sich das Recht genommen habe, »gegen den Beschluß und den Augenschein aller andern Menschen« nicht die Sonne sich um die Erde, sondern die Erde um die Sonne drehen zu lassen (N 1882, 21[1], KSA 9.681 f.). Solche starken, unabhängigen Gesinnungen können, so Nietzsche schon in JGB 264, nur in einer langen Abfolge starker unabhängiger Geschlechter gewachsen und herangezüchtet worden sein, und so gab das Kindermärchen von den polnischen Vorfahren besser wieder, was er war, als die Kirchenbücher. Betont deutsch waren für ihn seine Mutter Franziska, geb. Oehler, und ihre Familie. Die deutsche Urgroßmutter väterlicherseits, Erdmuthe Krause, hätte dagegen, auch hier beglaubigte Nietzsche eine historisch unhaltbare Legende, das mit (dem guten Europäer) Goethe 1778 befreundete »Muthgen« gewesen sein können. Über seine Großmutter väterlicherseits suchte er eine Verküpfung mit Napoleon herzustellen, in dem er den Begründer des modernen Europa sah: Sie habe »an dem Tage des grossen Kriegsjahrs 1813, wo Napoleon mit seinem Generalstab in Eilenburg einzog, am 10. Oktober« seinen Vater geboren: »Sie war, als Sächsin, eine grosse Verehrerin Napoleon's; es könnte sein, dass ich's auch noch bin.« Und durch den Umstand, dass sein Vater einige Jahre die Prinzessinnen von Sachsen-Altenburg unterrichtet und ihn, seinen ersten Sohn, nach dem preußischen König Friedrich Wilhelm IV. benannt hatte, an dessen Geburtstag er geboren wurde, wollte er sich unter den Deutschen wenigstens Standesgemäßheit sichern, und dies, wiewohl er die Pietät seines Vaters keineswegs teilte und ungeachtet seines »Hohenzollernnamens« (KSA 14.472) während der Niederschrift von EH die Hohenzollern-Dynastie und den seit 1888 regierenden Kaiser Wilhelm II. denkbar scharf angriff (N 1888/89, 25[13]-[16], KSA 13.643-645). Es ging ihm sichtlich nicht um eine urkundlich abgesicherte Autobiografie.

Doch all dies erklärte Nietzsche so nicht. Stattdessen ersetzte er den 3. Abschnitt von »Warum ich so weise bin« zuletzt durch einen noch steileren, in dem es dann geradewegs hieß: »Ich bin ein polnischer Edelmann pur sang, dem auch nicht ein Tropfen schlechtes Blut beigemischt ist, am wenigsten deutsches.« Statt autobiografische Fakten zu bringen, äußert er ganz offen seinen Widerwillen gegen sie, und das abstoßendste Faktum schien ihm nun seine Verwandschaft mit Mutter und Schwester zu sein: »Aber ich bekenne, dass der tiefste Einwand gegen die ›ewige Wiederkunft‹, mein eigentlich abgründlicher Gedanke, immer Mutter und Schwester sind.« (EH, Warum ich so weise bin 3) Er war bereit, an seinem Denken zu zweifeln, wenn ihm sein Erleben widersprach, und traute ihm umgekehrt nur, wenn es ihm nicht widersprach. Schon seinen Zarathustra hatte er gegen den Gedanken der ewigen Wiederkunft nur Überdruss und Ekel empfinden lassen, eben weil er auch die Wiederkunft der ›kleinen

Menschen‹ bedeutete, die verbissen an ihrer Moral hängen, die sie rechtfertigt und mit der sie alles sie Überragende und ihnen dadurch Unverständliche vergiften (vgl. Za III, Der Genesende 2). Die »Höllenmaschine« kleiner Menschen wie Nietzsches Mutter und Schwester (EH, Warum ich so weise bin 3) erfordert, um sie zu ertragen, äußerste Distanz zur *ihrer* Menschlichkeit, in *ihrem* Sinn also »Göttlichkeit«. Wie einen Schild hält Nietzsche gegen sie »die Tage von Tribschen« mit Cosima und Richard Wagner, die er, auch nach dem Bruch mit ihnen, um keinen Preis aus seinem Leben weggeben wolle, »Tage des Vertrauens, der Heiterkeit, der sublimen Zufälle – der tiefen Augenblicke ...« (EH, Warum ich so klug bin 5); mit *solchen* Menschen sei er verwandt. Damit wird vollends klar, was hier ›Verwandtschaft‹ besagt: »Man ist am wenigsten mit seinen Eltern verwandt: es wäre das äusserste Zeichen von Gemeinheit, seinen Eltern verwandt zu sein. Die höheren Naturen haben ihren Ursprung unendlich weiter zurück, auf sie hin hat am längsten gesammelt, gespart, gehäuft werden müssen. Die grossen Individuen sind die ältesten: ich verstehe es nicht, aber Julius Cäsar könnte mein Vater sein – oder Alexander, dieser leibhafte Dionysos ...« (EH, Warum ich so weise bin 3)

Es war Wagner, der so gesprochen und sich gleichwohl mit seinem maßlos, ja größenwahnsinnig erscheinenden Sendungsbewusstsein durchgesetzt hatte (vgl. CPJ 2.191). Nietzsche schreibt die ›Verwandtschaft‹ lediglich fort. Und ›Göttlichkeit‹ hatte die europäische Philosophie seit jeher in Anspruch genommen, Parmenides, indem er für seine neue Wahrheit eine neue Göttin einführte, Sokrates, indem er sich für seine Wahrheitssuche auf das Orakel des Gottes in Delphi berief, die späteren, indem sie wie Platon über alle individuellen Lebensbedingungen hinausgehen und die Welt von einem gottgleichen theoretischen Standpunkt aus sehen zu können glaubten.

Nietzsche kehrte dagegen gerade die Menschlichkeit einer solchen Göttlichkeit hervor. Er spricht, wiederum unter Erinnerung an seinen Vater, von *seiner* Menschlichkeit, *seiner* Umgänglichkeit und Freundlichkeit, mit der er sich nie Feinde gemacht, *seiner* Souveränität, mit der er stets auch überraschende Situationen gemeistert habe, *seinem* »Zartgefühl vor Distanzen« auch im Mitleid, *seiner* Verpflichtung auf die »Höhe seiner Aufgabe«, *seinem* Widerstand gegen jede Art von »›Vergeltung‹«, »Gegenmaassregel«, »Schutzmaassregel«, *seiner* »Feinheit und Höflichkeit des Herzens«, die lieber noch mit anstößigen Grobheiten antworte als mit kaltem Schweigen und so die Schuld auf sich nehme, kurz: von *seiner* Vornehmheit (EH, Warum ich so weise bin 4 u. 5). Mochte er sie seinem Vater verdanken, so seine »Freiheit vom Ressentiment« wiederum seiner Krankheit, die ihn so empfindlich gemacht habe, dass sie ihm schließlich gar keine Reaktion mehr erlaubte: »Weil man zu schnell sich verbrauchen würde, wenn man überhaupt reagirte, reagirt man gar nicht mehr: dies ist die Logik. Und mit Nichts brennt man rascher ab, als mit den Ressentiments-Affekten.« Er betrachtete seine Freiheit vom Ressentiment, der Ressentiments-Moral, wie sie ihm Mutter und Schwester vorlebten, konsequent nicht als moralisches Verdienst, sondern als seine bloße Überlebensbedingung in seiner extremen Lebenssituation, als »Instinkt-Sicherheit in der Praxis« (EH, Warum ich so weise bin 6). Und auch wenn dies bloße Interpretation war, so war auch die Interpretation für ihn Überlebensbedingung, Strategie der »grossen Vernunft« seines Leibes, die er Zarathustra von der »kleinen Vernunft« hatte unterscheiden lassen, auf die die europäische Philosophie so sehr als Grund der Moral und Metaphysik gesetzt hatte und die doch nur »ein kleines Werk- und Spielzeug« von weit komplexeren und für sie kaum erschließbaren Überlebensstrategien sei (Za I, Von den Verächtern des Leibes). Bei einem übersensiblen Kranken wie ihm fordere die große Vernunft »Fatalismus«, das Gegebene so zu nehmen, wie es ist, als unabwendbares Schicksal, und darum auch »beinahe unerträgliche Lagen, Orte, Wohnungen, Gesellschaften, nachdem sie einmal, durch Zufall, gegeben waren, Jahre lang zäh fest[zuhalten], – es war besser, als sie ändern, als sie veränderbar zu fühlen, – als sich gegen sie aufzulehnen ...« (EH, Warum ich so weise bin 6) Dies aber zu können, wird Nietzsche im folgenden Abschnitt anfügen, ist der »amor fati«, ist *seine* »Formel für die Grösse am Menschen« (EH, Warum ich so klug bin 10, vgl. XI.8).

Dass er es konnte, erklärt ihm seine vornehme »Kriegs-Praxis«. Er suche sich erstens »gleiche Gegner«, »Sachen«, »die siegreich sind«, um sie dann zu überwinden. Er brauche zweitens »keine Bundesgenossen«, sondern setze auf die eigene Kraft, mit der man sich »allein compromittire«. Er ziele drittens auf Personen nur, soweit er an ihnen »einen allgemeinen, aber schleichenden, aber wenig greifbaren Nothstand sichtbar machen kann«, und er tue dies viertens nur dort, »wo jedwede Personen-Differenz ausgeschlossen ist, wo jeder Hintergrund schlimmer Erfahrungen fehlt.« Das gelte auch und gerade, so Nietzsche, für seinen »Krieg« gegen das Christentum: »Wenn ich dem Christenthum den Krieg mache, so steht dies mir zu, weil ich von dieser Seite aus keine Fatalitäten und Hemmungen erlebt habe, – die ernstesten Christen sind mir immer gewogen gewesen.« (EH, Warum ich so weise bin 7)

Doch seine nicht metaphysisch oder transzendentalphilosophisch behauptete, sondern aus seinen Lebensbedingungen hart erworbene ›Neutralität‹ hat *unter* diesen Lebensbedingungen auch Grenzen. Sie liegen dort, so Nietzsche, wo die große Vernunft seiner übergroßen Sensibilität zu »einer vollkommen unheimlichen Reizbarkeit des Reinlichkeits-Instinkts« werde, zum »Ekel« vor jeder Art von Unredlichkeit, von Täuschung und

Selbsttäuschung gerade im Philosophieren: »eine extreme Lauterkeit gegen mich ist meine Daseins-Voraussetzung, ich komme um unter unreinen Bedingungen«. Diese nicht mehr gedachte, sondern erlebte Reinheit der Vernunft erlaubt ihm keine scheinbar zwanglose Übereinstimmung mit andern, sondern zwingt ihn zu »beständiger Selbstüberwindung« und, wo ihm die Kraft dazu ausgeht, zur Einsamkeit, zur »Genesung, Rückkehr zu mir« (EH, Warum ich so weise bin 8). Seine philosophische Konsequenz ist: alles Erkennen, alles Wissen, alle Weisheit von der Einsamkeit aus zu denken, ihre Bedingungen in der unvermeidlichen Einsamkeit aufzusuchen, in die jedes Individuum aufgrund seiner besonderen Existenz »geworfen« ist (WB 3, MA I 292) und die es nur durch »Selbstüberwindung« überschreiten kann, zu der es nur begrenzte Kraft hat. Er ›kompromittiert‹ sich, um an seinem Beispiel zu zeigen, wie ein ›weises‹, ein ›neutrales‹ und gegen alle und alles gerechtes Philosophieren auch ohne moralische und metaphysische Zuflüchte möglich ist. Er belehrt seine Leser nicht darüber, sondern lässt sie es selbst beobachten und erleben – und sich ihrerseits an ihm kompromittieren, wenn sie sein Philosophieren nicht ohne neue moralische und metaphysische Zuflüchte verstehen können. ›Ecce homo‹ wird so zur Formel für den andern Menschen überhaupt, den man sieht, den man erlebt, über den man erstaunt wie damals laut den Evangelien Pilatus über Jesus von Nazareth und vor dem man sich kompromittiert, wenn man glaubt, ihm nach seinen eigenen Begriffen Schuld zuschreiben zu dürfen. Den Respekt vor der Unerreichbarkeit des anderen Menschen hat Nietzsche in AC und zuvor das ›Pathos der Distanz‹ genannt (vgl. XI.5). Es ist dieses Pathos der Distanz, das er in seinem Leben unwillkürlich hervorrief und das er mit seinen Schriften bewusst hervorrufen wollte, zuletzt und vor allem mit EH.

Handelt der erste Abschnitt von EH von den Bedingungen, unter denen Nietzsche weise wurde, seiner Leidensgeschichte, so der zweite Abschnitt »Warum ich so klug bin« von dem, was er unter diesen Bedingungen lernen konnte, seiner Bildungsgeschichte. Es ist nicht die Geschichte seiner schulischen und akademischen Ausbildung, wie sie von einer Autobiografie zu erwarten wäre, sondern die Geschichte, wie er mit der Zeit erträglich leben lernte. Er handelt hier ausführlich von seinen Entdeckungen einer ihm angemessenen Ernährung, eines ihm erträglichen Klimas und der für ihn geeigneten Erholungen, wozu er auch Bücher und Musik zählt (vgl. III.3-9), und schließlich von den Klugheiten des Selbstschutzes. Darin schließt er seinen einverleibten Geschmack ein, der ihn von allem fernhalte, was er sonst mit großem Kraftaufwand abwehren müsste, und das zeitweilige Sich-Verbergen des »Schicksals der Aufgabe« (EH, Warum ich so klug bin 9) einer Umwertung der Werte, vor die er sich gestellt sah, solange sie nicht ausgereift war. Er habe sie von sich abgehalten, um sie nicht erschreckt von sich zu weisen und auf Dauer aushalten zu können. All dies aber habe er unternommen, um das philosophische Denken endlich von den herkömmlichen Idealismen loszulösen und den ›nächsten Dingen‹ nahezubringen. Auch hier sei es die Krankheit gewesen, die ihn »zur Vernunft, zum Nachdenken über die Vernunft in der Realität gezwungen« habe; ein Kranker wie er müsse Wege finden, klug mit seiner Situation umzugehen und »Fehlgriffe« vermeiden zu lernen; er habe den »verfluchten ›Idealismus‹« am eigenen Leib als »Unwissenheit in physiologicis«, als »Grund-Unvernunft meines Lebens« erfahren. Nietzsche wird dabei sehr konkret, erzählt ausführlich über seine Erfahrungen mit landestypischen Gerichten (schlechten, was die deutsche und die englische Küche betrifft, nur die piemontesische lässt er gelten), mit Alkoholika (möglichst keine: »bei mir schwebt der Geist über dem Wasser«) und mit Kaffee (ebenfalls keinen: »Café verdüstert«, stattdessen gelegentlich starken Tee und dicken entölten Kakao), und erwähnt bei dieser Gelegenheit seine Jahre in der Landesschule Schulpforta und seine Studienjahre in Leipzig. Gut getan habe ihm und seinem Philosophieren vor allem schlichtes klares Wasser und viel Bewegung: »Alle Vorurtheile kommen aus den Eingeweiden.« So habe er auch den »klimatischen Einfluss auf den Stoffwechsel« beachtet, der »jene in's Geistigste überströmende Freiheit« auslösen oder aber verhindern könne: »Das tempo des Stoffwechsels steht in einem genauen Verhältniss zur Beweglichkeit oder Lahmheit der Füsse des Geistes; der ›Geist‹ selbst ist ja nur eine Art dieses Stoffwechsels.« (EH, Warum ich so klug bin 1-2) All dies sei ihm mehr zugefallen, als dass er sich darum bemüht hätte – wie, fügt er bei dieser Gelegenheit an, seine Basler Professur. Er deutet es nicht aus einem Willen zur Macht, im Gegenteil: »Ich will nicht im Geringsten, dass Etwas anders wird als es ist; ich selber will nicht anders werden. Aber so habe ich immer gelebt. Ich habe keinen Wunsch gehabt.« (ebd., 9) Die Lehre vom Willen zur Macht ist keine, die er aus *seinem* Leben zieht.

Den Abschnitt »Warum ich so gute Bücher schreibe« eröffnet Nietzsche mit dem Satz: »Das Eine bin ich, das Andre sind meine Schriften.« Er löst in einem letzten Schritt sein Werk von sich los. Es soll nun für sich stehen und auf seine Weise verstanden werden. Doch Nietzsche erwartete vorerst kein Verständnis für seine Schriften. Er stellt noch einmal (vgl. JGB 27, FW 371, FW 381 u.a.) »die Frage nach dem Verstanden- oder Nicht-Verstanden-werden«, im Wissen, dass selbst diese Frage »durchaus noch nicht an der Zeit« ist: nicht nur seine »Wahrheiten«, auch die Formen seiner philosophischen Schriftstellerei, die er für sie schafft, seien noch zu befremdlich, als dass jetzt schon »Ohren und Hände« für sie bereitstünden, die Sinne schon hinreichend für sie entwickelt wären. Vielleicht werde man eines Tages »Lehrstühle zur Interpretation des Zarathustra« errichten, vorerst fehlten den Menschen noch die »Erlebnisse«, die »Erfahrungen«. Weil Nietzsche seine Leser nicht mehr unter Berufung auf eine allen gemeinsame Vernunft belehren kann, deren Allgemeinheit und Allgemeingültigkeit er in Frage gestellt hatte, ermutigt er sie, den Sinn seiner Schriften aus eigenen Erlebnissen und Erfahrungen in eigener Verantwortung selbst zu entdecken. Er setzt sie einem irritierenden double bind aus: »Wer Etwas von mir verstanden zu haben glaubte, hat sich Etwas aus mir zurecht gemacht, nach seinem Bilde, – nicht selten einen Gegensatz von mir, zum Beispiel einen ›Idealisten‹; wer Nichts von mir verstanden hatte, leugnete, dass ich überhaupt in Betracht käme«. Schlichte Rückschlüsse von Nietzsches Leben auf sein Werk verbieten sich so. Doch immerhin hätten ihn schon »ausgesuchte Intelligenzen«, »sogar wirkliche Genies« entdeckt, in Europa und New York; auch bei ihnen hat er brieflich mit verwegenen Angaben zu seiner Person nachgeholfen. Am meisten aber verspricht er sich vorerst von starken Gegnerschaften, empfiehlt sich als »Antiesel par excellence« und verschreckt vor allem – auf deutsch – die Deutschen (»blosse Deutsche«), die seinen Schriften nicht gerecht werden könnten, selbst »meine sogenannten Freunde« nicht. Sein »vollkommner Leser« müsste wie er, der Autor, »ein Unthier von Muth und Neugierde« sein, »ausserdem noch etwas Biegsames, Listiges, Vorsichtiges, ein geborner Abenteurer und Entdecker«, also am allerwenigsten allgemeingültige Lehren erwarten. Bei alldem kommt er unentwegt auf Zarathustra zurück, den er als abenteuerlichen Lehrer konzipiert hat. Zuletzt empfiehlt er seine »Kunst des Stils« und seine Psychologie und gibt als Probe ausgerechnet »ein curioses Stück«, das Thema Liebe und ›Weib‹ (EH, Warum ich so gute Bücher schreibe 1-6). Er macht sich konsequent zum »Fragezeichen« (FW 382; EH, Za 2).

III. Nietzsches Anschlüsse

Keine Philosophie beginnt ganz von vorn, jede schließt an frühere an. Das kann freiwillig oder unfreiwillig, kenntnisreich oder ahnungslos geschehen. Von Philosophen ist zu erwarten, dass sie wissen, worin sie die Philosophie erneuern wollen. Sie müssen darum die Werke ihrer Vorgänger studieren. Aber es kommt dann darauf an, das rechte Maß dieses Studiums zu finden. Je gründlicher sie sich in frühere Philosophien einarbeiten und ihnen gerecht werden, desto leichter werden sie das Neue, das sie bringen könnten, aus dem Blick verlieren – und es schließlich vielleicht gar nicht mehr als neu betrachten und ganz darauf verzichten. Sie sind dann, so Nietzsche, ›Gelehrte‹ geworden. Wenn er in EH schrieb, er habe wenig gelesen und sich zu Zeiten geradezu gegen Bücher gewehrt (vgl. EH, Warum ich so klug bin 3 u. 8, u. EH, MA 4), so geboten das zunächst seine schlechten Augen. Er betrachtete es jedoch zugleich als Glück. Bücher sollten für ihn ›Erholungen‹ sein. Damit bezeugte er ihnen nicht Verachtung, sondern Respekt. Denn gerade anregende Bücher hinderten daran, selbst zu denken: »Der Gelehrte, der im Grunde nur noch Bücher ›wälzt‹ – der Philologe mit mässigem Ansatz des Tags ungefähr 200 – verliert zuletzt ganz und gar das Vermögen, von sich aus zu denken.« (EH, Warum ich so klug bin 8) Nietzsche unterschied Gelehrte, »philosophische Arbeiter« und »eigentliche Philosophen«, nämlich »Befehlende und Gesetzgeber«. Gelehrte erwerben historisches Wissen im Bereich der Philosophie um seiner selbst willen. Philosophische Arbeiter systematisieren, erarbeiten Kategorien, Methoden und

Schemata, nach denen philosophisches Wissen geordnet werden kann, machen es »übersichtlich, überdenkbar, fasslich, handlich« und schaffen damit die Bedingungen, »alles Lange, ja ›die Zeit‹ selbst, abzukürzen und die ganze Vergangenheit zu überwältigen« und auf dieser Grundlage neu anzufangen; Nietzsches Beispiele dafür sind die »edlen Muster Kant's und Hegel's«. Die eigentlichen Philosophen, die es, wie er eingesteht, vielleicht noch gar nicht gegeben hat, griffen dagegen »mit schöpferischer Hand nach der Zukunft«, sie gestalteten die Zukunft mit, indem sie der Gegenwart Begriffe und Werte an die Hand geben, an die sie sich künftig halten, mit denen sie die Zukunft gestalten kann (JGB 211). Leuchten diese neuen Begriffe und Werte ein, werden sie so plausibel, dass man selbstverständlich nach ihnen handeln kann, werden sie zu ›herrschenden Gedanken‹ (Za I, Vom Wege des Schaffenden, 4.81, u.ö.) und Philosophen in diesem Sinn zu ›Befehlenden und Gesetzgebern‹. Eine Zeit, die entdeckt hat, dass auch die so lange für ewig gehaltenen philosophischen Begriffe und Werte ihre Zeit haben, ist auf solche ›Befehlende und Gesetzgeber‹ angewiesen, die für die neue Zeit eine neue Orientierung schaffen können. Dies war die ›Aufgabe‹, wie Nietzsche sie sah.

Die Nietzsche-Forschung hat inzwischen nachgewiesen, dass auch Nietzsche viel gelesen hat; er besaß Tausende von Büchern, benutzte bis zuletzt Bibliotheken und Lesesäle, wiewohl er sie nicht mochte (»ein Lesezimmer macht mich krank«; EH, Warum ich so klug bin 3), und ließ sich, wenn seine Augen nichts anderes zuließen, von anderen vorlesen. Dennoch eignete er sich philosophisches Wissen nicht wie ein Gelehrter an, las nur selten umfassend und gründlich, nie erschöpfend. Er blieb Autodidakt. Als Autodidakt ließ er sich plötzlich von Schopenhauer überwältigen, der sich seinerseits von der ›Universitätsphilosophie‹ isoliert hatte und dessen Denken Nietzsche auf Jahre hinaus völlig beherrschte, so sehr, dass er nur Freunde wollte, die seine Begeisterung teilten. Und doch war er einsichtig und stark genug, sich, anders als seine Freunde, auch wieder von ihm loszusagen. Als Autodidakt fällte er auch manches überhebliche und überscharfe Urteil über andere Philosophen. Und doch hat er sich, wie die Forschung inzwischen gezeigt hat, darin erstaunlich selten vergriffen, auch seine polemischsten Urteile ›sitzen‹ noch, sind nachdenkenswert. Als Autodidakt konnte er die Philosophie schließlich, nachdem er sich einmal von Schopenhauer gelöst hatte, viel unbefangener neu angehen. Er betrieb sie nun so, dass er so weit wie möglich die Wissenschaften einbezog, die Astronomie, Physik, Biologie, Chemie und Medizin auf der einen Seite und die Geschichtswissenschaft, Rechts- und Staatswissenschaft, Sprachwissenschaft, Kunstwissenschaft, Mythenforschung, Religionswissenschaft und Theologie auf der andern Seite, und sich insbesondere auf die damals neue Soziologie, Psychologie, Ethnologie, Ethologie, Neurologie und Psychiatrie einließ. In keine von ihnen konnte er sich, wiewohl er es sich immer wieder vornahm, methodisch und von Grund auf einarbeiten, sondern suchte sich, was er brauchte, rasch auf dem neuesten Stand anzueignen und scheute dabei, wie viele Autodidakten, auch vor zweit- und drittklassiger Literatur nicht zurück. Denn es ging ihm weniger um wissenschaftliche – in jenen Wissenschaften selbst wollte er nichts ausrichten – als um Anhaltspunkte für sein neues philosophisches Denken, die ihm die zunächst im Hegelianismus, dann im Kantianismus, dann immer mehr im Positivismus befangene Fachphilosophie seiner Zeit kaum bot. Umso dankbarer war er Friedrich Albert Lange für seine *Geschichte des Materialismus und Kritik seiner Bedeutung in der Gegenwart*, die er immer wieder studierte und die ihm genau das bot, was er suchte: Anschlüsse einer neuen, auf alle Metaphysik verzichtenden Philosophie an die aktuellen empirischen Wissenschaften.

Mazzino Montinari hatte sich neben dem Projekt der kritischen Ausgabe von Nietzsches Werken die Erforschung seiner Lektüren zur Lebensaufgabe gemacht, ohne sie abschließen zu können; sie hat zahllose Hinweise in seinem Kommentar zur KSA (Bd. 14) und in den Nachberichten zur KGW erbracht. Nach seinem frühen Tod haben mehrere Gruppen in Italien, aber auch zahlreiche Forscher in Schweden, Belgien, den Niederlanden, Spanien, den deutschsprachigen und anderen Ländern die sog. Quellenforschung weitergeführt, deren Beiträge regelmäßig in den *Nietzsche-Studien* erscheinen. Ihr Ziel ist, Nietzsches Denken in den intellektuellen Kontext seiner Zeit zu stellen, auch wenn und gerade weil er sich von ihm abhob. Die Bücher, die Nietzsche besaß, ohne dass er sie alle gelesen haben musste, sind in dem umfangreichen Band *Nietzsches persönliche Bibliothek* (BN) dokumentiert; daneben sind all die Schriften zu berücksichtigen, die er las, ohne sie zu besitzen, die sog. »ideelle Bibliothek und Lektüre« Nietzsches. Sie ist zwar zu großen Teilen bekannt, bisher aber nicht systematisch verzeichnet.

Nietzsches Umgang mit Büchern ist zum Teil an seinen Anstreichungen, Randbemerkungen, Exzerpten erkennbar. In seinen veröffentlichten Werken zitiert er jedoch kaum, was er dort an Lektüreerträgen einbringt, gibt seine Quellen selten an. Das hat ihm den Vorwurf des systematischen Plagiats eingetragen, zumal er doch die unbedingte Redlichkeit zur eigentlichen Tugend seines Philosophierens gemacht hatte. Auch hier muss jeder Leser, jede Leserin selbst entscheiden. Dabei ist zu berücksichtigen, (a) dass zu Nietzsches Zeit in der Philosophie weit weniger getreu und unter Angabe der Quellen zitiert wurde als heute, weil man die Kenntnis der Quellen damals weitgehend voraussetzte; (b) dass Nietzsche nicht in erster Linie für Gelehrte schrieb (»Denen, welche nur eine gelehrte Befriedigung dabei empfinden wollen, habe ich es nicht leicht gemacht, weil ich auf sie zuletzt gar nicht rechnete. Die Citate fehlen.« N 1872/73, 19[55], KSA 7.437); (c) dass Nietzsche sich gleichwohl seiner begrenzten Lektüren geschämt haben mag, die zu soliden wissenschaftlichen Auseinandersetzungen nicht ausreichten; (d) dass er von seinen Lektüren sehr freien Gebrauch machte: Er eignete sich, was er las, zumeist auf eine Weise an, die den Autoren nicht in den Sinn gekommen wäre und für den er sich darum auch nicht auf sie hätte berufen können, und interpretierte seine Lesefrüchte so pointiert, dass sie dadurch oft erst wirklich interessant wurden. Er besaß, so Curt Paul Janz, »ein ungewöhnliches Adaptionsvermögen. Er konnte Begriffe, Gedanken, Grundsätzliches übernehmen, ohne dabei zum Plagiator zu werden, weil er das Übernommene in einer Art, Konsequenz und bis zur Grenze der Tragfähigkeit weiter dachte, wie es im ›Original‹ höchstens angelegt war. Erst durch ihn, in seiner Interpretation, erhielten alle diese ›Übernahmen‹ ihr Gewicht, ihre Gestalt, ihre Bedeutung, mit der sie überlebten, zu Bestandteilen der Philosophie werden konnten.« (CPJ 1.432) An den Großteil der Bücher, die Nietzsche benutzte, erinnert man sich nur, weil *er* sie benutzte. Noch als Student der Philologie hatte er selbst über Diogenes Laertios und seine »entlehnten wen<n> man will gestohlen<en> Citate« notiert: »Schreiber« wie Diogenes Laertios sind manchmal »unehrlich oder lieben es nicht controliert zu werden und hüllen deshalb absichtlich die Benutzung ihrer Quellen in einen luftig gewobnen Schleier.« Doch »nach den Quellen eines Autors fragen [wir] nur wenn wir die Aussicht haben, nicht einen Nam<en> für Nam<en>, sondern Erkenntnisse um Erkenntnisse ein zu tauschen: ein Buch soll uns in seiner Form, in sein<em> Gedankengehalt verständlicher werden [...]: wir wollen mehr sehn als das fertige Buch die Genese eines Buches, die Geschichte sein<er> Zeugung und Geburt vor unsrem Auge sehen«. So versteht auch die heutige Nietzsche-Quellenforschung ihre Arbeit. Dies hat freilich »wenig Aussicht auf präzise Beantwortung, wenn jener Autor ein seinen Quellenschriftstellern überlegner Kopf ist, der mit voller Freiheit über sie schaltet u. waltet und der alles, was er an Material aus ihnen entnimmt, in neue Form gießt und mit dem Stempel seiner Individualität versieht.« (N 1868, 69 [3] u. [4], KGW I, 5.38 f.) Das war bei Diogenes Laertios nicht der Fall, wohl aber bei Nietzsche. Nietzsche *war* ein ›überlegener Kopf‹. Lektüren sind bei solchen Köpfen nicht schon ›Einflüsse‹, wie auch Nietzsche-Quellenforscher(innen) leicht unterstellen; was die Metapher ›Einfluss‹ (›influence‹) hier bedeutet, müsste eigens untersucht werden. Wenn Erträge einer ›Quelle‹ in Schriften und damit auch in deren Gedankenstrom ›eingeflossen‹ sind, strömen sie darin dann lediglich mit, werden sie bald an den Rand gespült oder geben sie dem Strom die Richtung? Wenn sie mitströmen, verstärken sie nur den Strom, machen sie ihn gewaltiger, reißender, geben ihm Wucht oder gehen sie in ihm auf und sind darin nicht mehr zu erkennen? Wenn sie bald an den Rand gespült werden, bleiben sie dort zurück oder bilden sie eigene Verwirbelungen, die neue Kraft gewinnen und vermischt mit Erträgen anderer Quellen wieder machtvoll in den Strom zurückkehren? Wenn sie dem Strom die Richtung geben, geschieht das oberflächlich oder in der Tiefe? Wenn in der Tiefe, wie sind sie dort zu orten, wie ist ihre Kraft zu messen? Und wie wirkt es sich auf den Einfluss einer Quelle aus, wenn ein Autor wie Nietzsche sich zu ihr bekennt oder nicht bekennt, wie, wenn er, was er benennt, bekämpft oder begrüßt? Eine Hermeneutik der Quellenforschung, die solche Fragen klären und beantworten würde, haben wir noch nicht. Sicher ist nur, dass man Nietzsches Denken nicht auf das der Autoren seiner Quellen reduzieren kann. Er hat das Problem des ›Einflusses‹ selbst in folgendes Bild gebracht:

»Grösse heisst: Richtung-geben. – Kein Strom ist durch sich selber gross und reich: sondern dass er so viele Nebenflüsse aufnimmt und fortführt, das macht ihn dazu. So steht es auch mit allen Grössen des Geistes. Nur darauf kommt es an, dass Einer die Richtung angiebt, welcher dann so viele Zuflüsse folgen müssen; nicht darauf, ob er von Anbeginn arm oder reich begabt ist.« (MA I 521)

1. Versucht man die wichtigsten Anschlüsse Nietzsches zu benennen, von denen deutliche Einflüsse auf ihn ausgegangen sind (eine erste Übersicht über Nietzsches »Lektüren, Quellen, Einflüsse«, unterschieden nach Bereichen und Epochen und verfasst von ausgewiesenen Kennern, findet sich in NHB_1 364-426), steht an erster Stelle fraglos das *Christentum*, das ihn in seiner Kindheit und Jugend stark geprägt hat. Nietzsche lernte Lesen und Schreiben anhand der Lutherbibel, war für den Pastorenberuf bestimmt und hat sich zeitlebens mit den großen Theologen des Christentums, Paulus, Augustinus und Luther, auseinandergesetzt, am intensivsten aber mit Christus selbst, dessen Typus er zuletzt, in der Mitte von AC, zum Verwechseln nahe an seinen eigenen heranrückte (vgl. XI.9). In seiner Distanz zum dogmatischen Christentum, die er schon als Schüler und Student gewann, bestärkten ihn Schopenhauer, David Friedrich Strauß' *Das Leben Jesu*, Ludwig Feuerbachs *Das Wesen des Christentums* und schließlich Franz Overbecks *Über die Christlichkeit unserer heutigen Theologie*. Später zog er für die Geschichte des Christentums und die Figur Christi vor allem die Arbeiten des Orientalisten, Religionswissenschaftlers und populären Schriftstellers Ernest Renan und für die Geschichte des Judentums die des Alttestamentlers und Orientalisten Julius Wellhausen heran, die beide ebenfalls auf Distanz zur christlichen Dogmatik gegangen waren.

2. Ebenso fraglos prägte Nietzsche das antike *Griechentum*, das ihm in seiner Gymnasial- und Studienzeit umfassend nahege-

bracht worden war. Die Philologie, wie er sie von Friedrich Ritschl gelernt hatte, wirkte auch in seinem Philosophieren fort. Sie bedeutete für ihn vor allem, »einen Text als Text ablesen können, ohne eine Interpretation dazwischen zu mengen« (N 1888, 15[90], KSA 13.460), also eigene beschönigende Interpretationen durchschauen zu lernen. Aber auch hier beeinflusste er, was ihn beeinflusste: indem er als junger Professor der Klassischen Philologie in GT entschlossen den schönen Schein der ›edlen Einfalt‹ und ›stillen Größe‹ durchbrach, den Winckelmann über das antike Griechentum gebreitet hatte, und darunter abgründigen Schrecken, harten Wettbewerb, Lust an der Grausamkeit und dionysischen Taumel aufdeckte. Anregungen dafür verdankte er vor allem den *Grundzügen der verlorenen Abhandlung des Aristoteles über die Wirkung der Tragödie* (1857) von Jacob Bernays, dem älteren Meisterschüler Friedrich Ritschls, dem wegen seiner Treue zum Judentum im damaligen Deutschland eine ordentliche Professur versagt blieb, und dem Gutsherrn und Privatgelehrten Paul Graf Yorck von Wartenburg, der Bernays' Analysen in einen spekulativ-geschichtstheologischen Horizont stellte. Beide, Bernays und Yorck von Wartenburg, waren wie Nietzsche stark Heraklit verpflichtet. Weitere Anhaltspunkte boten ihm die Werke der Epiker Homer und Hesiod, des Tragödiendichters Aischylos und des Geschichtsschreibers Thukydides. Thukydides, so Nietzsche, war »die letzte Offenbarung jener starken, strengen, harten Thatsächlichkeit, die dem älteren Hellenen im Instinkte lag.« (GD, Was ich den Alten verdanke 2)

3. Zum dritten war Nietzsche, wie dargestellt, von Kind auf der *Musik* verbunden; sie bewegte ihn am stärksten und half ihm auch in Zeiten tiefster Einsamkeit und Verzweiflung weiterzuleben. Er erlebte die Musik ganz leiblich (»Protestirt aber nicht auch mein Magen? mein Herz? mein Blutlauf? mein Eingeweide? Werde ich nicht unvermerkt heiser dabei?«, FW 368), sie er-

löste ihn auf Zeit von seinen Leiden und konnte ihm zu philosophischen Einfällen verhelfen: Musik, schrieb er Anfang 1888 an Köselitz, »macht mich von mir los, sie ernüchtert mich von mir, wie als ob ich mich ganz von Ferne her überblickte, überfühlte; sie verstärkt mich dabei, und jedes Mal kommt hinter einem Abend Musik (– ich habe 4 Mal Carmen gehört) ein Morgen voll resoluter Einsichten und Einfälle. Das ist sehr wunderlich. Es ist als ob ich in einem natürlicheren Elemente gebadet hätte. Das Leben ohne Musik ist einfach ein Irrthum, eine Strapatze, ein Exil.« (KSB 8.231 f.; vgl. GD, Sprüche und Pfeile 33) In seinen Kompositionen, die er dann aufgab, folgte er vor allem Schumann, den er seinerseits nicht immer günstig beurteilte. Doch den fraglos stärksten Einfluss übte auf ihn neben der Person die Musik Wagners aus. Zur Loslösung von ihm trugen auch die Schriften des damals bedeutendsten Musikkritikers und -wissenschaftlers und späteren Wagner-Gegners Eduard Hanslick bei, der für eine absolute, vom Wort gelöste Musik in klar überschaubaren Formen eintrat. Zuletzt ›erholte sich‹ Nietzsche mit Georges Bizets *Carmen* (vgl. WA 1).

4. In der *Philosophie* hat Nietzsche von den großen Klassikern nur wenige nachweislich studiert (vgl. die umfassende Dokumentation von Thomas H. Brobjer, Nietzsche's Philosophical Context. An Intellectual Biography, Urbana/Chicago 2008): noch als Schüler vermutlich den schon genannten Feuerbach, Machiavellis *Il principe*, Rousseaus *Émile*, Schillers *Ästhetische Erziehung*, Emersons *Die Führung des Lebens*, mehrere Dialoge Platons und Ciceros, Kritische Schriften von August Wilhelm Schlegel; als Student neben Schopenhauer und in dessen Horizont Kants *Kritik der Urteilskraft*, Senecas *Epistulae morales*, Demokrit und Lukrez, einiges von Aristoteles, v.a. seine *Rhetorik*, *Poetik* und *Politik*; als junger Professor Montaigne, mit besonderer Begeisterung die Vorsokratiker, Lichtenberg, einiges aus He-

gels *Vorlesungen über die Geschichte der Philosophie*, Humes *Gespräche über natürliche Religion*, Hamanns *Schriften und Briefe*, Spencers *Einleitung in das Studium der Soziologie*, La Rochefoucaulds *Réflexions, sentences et maximes morales*, Pascals *Pensées*, Lockes *Gedanken über Erziehung*; nach seinem Aufbruch von Basel einiges von John Stuart Mill und von Voltaire, Spencers *Thatsachen der Ethik*, Montesquieus *Persische Briefe*, Mills Buch über Auguste Comte; einiges davon hat er wiederholt gelesen. Die großen Philosophen der Frühen Neuzeit, Descartes, Spinoza, Leibniz, nimmt Nietzsche weitgehend aus zweiter Hand zur Kenntnis, im Überblick vor allem durch Friedrich Ueberwegs *Grundriss der Geschichte der Philosophie von Thales bis auf die Gegenwart*, in ausführlichen Darstellungen durch Kuno Fischers mehrbändige *Geschichte der neuern Philosophie.* Hinzu kommen zahlreiche heute weniger bekannte Werke. Im Ganzen mag man das als Pensum eines Fachstudiums der Philosophie nehmen; einen wohlorganisierten Plan lässt es nicht erkennen.

Die nachweislichen philosophischen Kenntnisse Nietzsches erschöpfen die tatsächlichen sicherlich nicht. Maßgeblich blieben für ihn vor allem die alten griechischen Philosophen, neben Empedokles und Demokrit besonders Heraklit (»Denn die Welt braucht ewig die Wahrheit, also braucht sie ewig Heraklit: obschon er ihrer nicht bedarf.« PHG 8, KSA 1.835). Mit dem platonischen Sokrates setzte er sich zeitlebens auseinander (»Socrates, um es nur zu bekennen, steht mir so nahe, dass ich fast immer einen Kampf mit ihm kämpfe.« N 1875, 6[3], KSA 8.97). Unter den hellenistischen Philosophen stand ihm besonders Epikur nahe. Philosophen des Mittelalters spielten für ihn, mit Ausnahme von Augustinus, kaum eine Rolle, umso mehr die, die den Umbruch zur Philosophie der Neuzeit herbeiführten, Francis Bacon in der Methode und René Descartes in seinem Ansatz bei dem sich selbst leitenden bloßen Denken; Michel de

Montaigne wurde ihm zum Vorbild des Freigeistes. In Pascal stieß er auf »das lehrreichste Opfer des Christenthums, langsam hingemordet, erst leiblich, dann psychologisch«, und von ihm schrieb er, er »liebe« ihn (EH, Warum ich so klug bin 3). In Spinoza entdeckte er, wie erwähnt, »einen Vorgänger und was für einen!« Die sog. französischen Moralisten, vor allem La Rochefoucauld, und die Aufklärer Voltaire und Diderot wurden ihm zu einer unerschöpflichen Quelle seiner Moralkritik; dagegen sah er in Rousseaus Glauben an einen von Natur aus guten Menschen eine neue Verschärfung des alle Unterschiede unter den Menschen einebnenden Moralfanatismus in Europa. Die »eigentlichen Errungenschaften des philosophischen Gedankens [...], welche deutschen Köpfen verdankt werden«, fand der späte Nietzsche bei Leibniz (»die Bewusstheit nur ein Accidens der Vorstellung«), Kant (»ungeheures Fragezeichen, welches er an den Begriff ›Causalität‹ schrieb«), Hegel (»ohne Hegel kein Darwin«) und Schopenhauer (nicht mehr in seiner Willensmetaphysik, sondern) in seinem »unbedingten redlichen Atheismus« (FW 357); daneben schätzte er Lichtenberg und Jean Paul. Im Übrigen distanzierte er sich auch hier von allen, die nicht nur deutsch *waren*, sondern es auch mit Überzeugung *sein wollten*. An den »Engländern« und dem schalen Utilitarismus, den er ihnen unterstellte – das waren vor allem Jeremy Bentham, John Stuart Mill und Herbert Spencer –, rieb er sich mit Vorliebe; er hielt sie für oberflächlich (vgl. JGB 252). Auguste Comtes Überwindung von Theologie und Metaphysik durch einen wissenschaftlichen Positivismus interessierte ihn, auch wenn sie ihm nicht tief genug ging. Auch Max Stirner und Pierre Joseph Proudhon ließen ihn aufhorchen. Unter seinen Zeitgenossen fühlte er sich, um nur die wichtigsten zu nennen, Ralph Waldo Emerson und Jean-Marie Guyau eng verwandt; mit Paul Rée arbeitete er in Sorrent unmittelbar zusammen. Vieles nahm er von Otto Liebmann,

Afrikan Spir und Gustav Teichmüller auf, die Kants Philosophie unter neuen Bedingungen weiterzudenken versuchten. Auf Zeitgenossen, mit denen er in seinen Meinungen ›verwechselt‹ werden konnte (»Ich will nicht verwechselt werden, – dazu gehört, dass ich mich selber nicht verwechsele.« EH, Warum ich so gute Bücher schreibe 1), reagierte er polemisch: Das traf vor allem David Friedrich Strauß und die Schopenhauer-Epigonen Eugen Dühring, Eduard von Hartmann und Philipp Mainländer.

5. In der *Geschichte* gehörten zu denen, die für Nietzsche Maßstäbe setzten, vor allem die »zauberhaften Unfassbaren und Unausdenklichen, jene zum Siege und zur Verführung vorherbestimmten Räthselmenschen, deren schönster Ausdruck Alcibiades und Caesar (– denen ich gerne jenen ersten Europäer nach meinem Geschmack, den Hohenstaufen Friedrich den Zweiten zugesellen möchte), unter Künstlern vielleicht Lionardo da Vinci ist.« (JGB 200) Aus seinem Jahrhundert ragten für ihn Napoleon, Goethe und (zunächst noch) Wagner heraus. Goethe blieb ihm die ›Persönlichkeit‹ schlechthin: »Er nahm die Historie, die Naturwissenschaft, die Antike, insgleichen Spinoza zu Hülfe, vor Allem die praktische Thätigkeit; er umstellte sich mit lauter geschlossenen Horizonten; er löste sich nicht vom Leben ab, er stellte sich hinein; er war nicht verzagt und nahm so viel als möglich auf sich, über sich, in sich. Was er wollte, das war Totalität; er bekämpfte das Auseinander von Vernunft, Sinnlichkeit, Gefühl, Wille [...], er disciplinirte sich zur Ganzheit, er schuf sich ...« (GD, Streifzüge eines Unzeitgemässen 49). In der Geschichtswissenschaft war für Nietzsche Jacob Burckhardt die höchste Autorität; hoch schätzte er auch Hippolyte Taine und, schon weit weniger, Thomas Carlyle; alle stellten das große, Geschichte machende Individuum heraus.

6. In der *Literatur* beeindruckten Nietzsche neben Goethe der »arme«, »herrliche Hölderlin« (DS 2, KSA 1.172), Lord Byron (ein Mensch der »intellectuellen Krämpfe«, der »gegen sich selber ungeduldig und verfinstert« ist, M 549), Heinrich Heine (er gab ihm den »höchsten Begriff vom Lyriker«; EH, Warum ich so klug bin 4) und Shakespeare (»was muss ein Mensch gelitten haben, um dergestalt es nöthig zu haben, Hanswurst zu sein!«; EH, Warum ich so klug bin 4). Unter den französischen Autoren seiner Zeit, die er im Original lesen konnte und bei denen er sich am wohlsten fühlte, hatte er eine besondere Vorliebe für Stendhal, die Brüder Goncourt, Baudelaire und Bourget, unter den italienischen für Leopardi, unter den russischen für Dostojewski und Tolstoi, unter den englischen für Laurence Sterne. Besonders bewunderte er die Formvollendung des Persers Hafis und des Römers Horaz; dessen »feierlichen Leichtsinn« (MA I 109) nahm er zum eigenen künstlerischen Maßstab (»dies minimum in Umfang und Zahl der Zeichen, dies damit erzielte maximum in der Energie der Zeichen – das Alles ist römisch und, wenn man mir glauben will, vornehm par excellence.« GD, Was ich den Alten verdanke 1).

7. Zur *Malerei* und *Bildenden Kunst* hatte Nietzsche wegen seines Augenleidens nur beschränkten Zugang. Dennoch beeindruckten auch sie ihn tief, allerdings mehr in ihren Gegenständen als in deren künstlerischer Gestaltung. Sein Kunstverständnis blieb erstaunlich traditionell. Die griechische Plastik, insbesondere die des Phidias, repräsentierte auch für ihn Klassizität, die in der Renaissance mit Leonardo, Michelangelo und Raffael neue und erregendere Gipfel erreichte. Dennoch hatte er seine eigene Rangordnung: »Es gehört eine ganz verschiedene Kraft und Beweglichkeit dazu,« notierte er 1885, »in einem unvollendeten System, mit freien unabgeschlossenen Aussichten, sich festzuhalten: als in einer dogmatischen Welt [wie der Dantes oder Pla-

tons]. Leonardo da Vinci steht höher als Michelangelo, Michelangelo höher als Rafael.« (34[25], KSA 11.429) Er entdeckte in den drei Künstlern Stufen zu seinem Philosophieren: Raffael, dem er mehrere Bildbeschreibungen widmete, unter anderem seiner *Sixtinischen Madonna*, habe, bei aller demonstrativen Christlichkeit, gerade »seine gläubigen Betrachter auf eine artige Weise überlistet« (MA II, WS 73). Michelangelo »sah und empfand das Problem des Gesetzgebers von neuen Werthen: ebenso das Problem des Siegreich-Vollendeten, der erst nöthig hatte, auch ›den Helden in sich‹ zu überwinden; den zu Höchstem gehobenen Menschen, der auch über sein Mitleiden erhaben ward und erbarmungslos das ihm Unzugehörige zerschmettert und vernichtet, – glänzend und in ungetrübter Göttlichkeit«, dränge aber schon zu sehr in den überdramatisierenden Barock. Leonardo aber, der »einen zu großen Umkreis von guten und schlimmen Dingen gesehn« habe, zeichne sich durch »einen wirklich überchristlichen Blick« aus (N 1885, 34 [149], KSA 11.470 f., korr.). Von Dürer beschäftigten ihn vor allem die beiden berühmten Kupferstiche *Melancholie* und *Ritter, Tod und Teufel*; in dem »geharnischten Ritter mit dem erzenen, harten Blicke, der seinen Schreckensweg, unbeirrt durch seine grausen Gefährten, und doch hoffnungslos, allein mit Ross und Hund zu nehmen weiss« (GT 20, KSA 1.131), erkannte er zunächst Schopenhauer, dann sich selbst. Am stärksten aber ergriffen ihn »Claude Lorrain'sche Entzückungen«, das berauschende Stillwerden beim Blick über antike idyllische Szenen hinaus auf Meere, die während Morgenröten und Abenddämmerungen in unendlichen Farbnuancen schimmern: »Das Heroisch-Idyllische ist jetzt die Entdeckung meiner Seele« (N 1879, 43[3], KSA 8.610). Doch bewunderte Nietzsche auch das Virtuosentum des seine Zeit heftig erregenden Delacroix mit seinen »unheimlichen Zugängen zu Allem, was verführt, lockt, zwingt, umwirft, [...] begehrlich nach dem Fremden, dem Exotischen, dem Ungeheuren, dem Krummen, dem Sich-Widersprechenden« (JGB 256). In der Architektur orientierte er sich ebenfalls stark an Jacob Burckhardt und dessen Vorliebe für die Renaissance. Er wünschte sich, auch hier ganz seinem Philosophieren verpflichtet, eine »Architektur der Erkennenden«, »stille und weite, weitgedehnte Orte zum Nachdenken, Orte mit hochräumigen langen Hallengängen für schlechtes oder allzu sonniges Wetter, wohin kein Geräusch der Wagen und der Ausrufer dringt und wo ein feinerer Anstand selbst dem Priester das laute Beten untersagen würde: Bauwerke und Anlagen, welche als Ganzes die Erhabenheit des Sich-Besinnens und Bei-Seitegehens ausdrücken. [...] Wir wollen uns in Stein und Pflanze übersetzt haben, wir wollen in uns spazieren gehen, wenn wir in diesen Hallen und Gärten wandeln.« (FW 280) Neben der Piazza di San Marco in Venedig galt ihm Brunelleschis Palazzo Pitti in Florenz, schon für Burckhardt der Höhepunkt der profanen Baukunst, als Beispiel für »grossen Stil«, für »Macht-Beredsamkeit in Formen« (GD, Streifzüge 11).

8. Nietzsche nahm, wie berichtet, mehrere vergebliche Anläufe, *Naturwissenschaften* und *Medizin* von Grund auf zu studieren. Einerseits hielt er ihre streng methodische Forschung hoch (»Hoch die Physik!«, FW 335), andererseits sah er sie ungeklärten metaphysischen Voraussetzungen aufsitzen (»Hüten wir uns!«, FW 109; vgl. FW 344 u. 373). Auch bei ihnen suchte er Bekräftigungen für sein Philosophieren. Er fand sich bestätigt durch den lateinisch und französisch publizierenden Universalgelehrten, Diplomaten und Lyriker Roger Joseph Boscovich (einen Kroaten, den er für einen Polen hielt) in seinem Zweifel an letztgegebenen Atomen und Gesetzen und seinem Konzept der Kraftauslösung unter sich in ständiger Auseinandersetzung immer neu konstituierender Kraftzentren (die Nietzsche ›Willen zur Macht‹ nannte); durch den als Arzt tätigen und mühsam um

wissenschaftliche Anerkennung ringenden Robert Mayer mit seinem Energieerhaltungssatz, auf den er sich in seinen sog. naturwissenschaftlichen Beweisversuchen der ewigen Wiederkunft stützte, und dem auch von ihm vertretenen Auslösungsgedanken; durch Johann Gustav Vogts Werk *Die Kraft. Eine real-monistische Weltanschauung* in der Ablehnung eines absoluten Kräftegleichgewichts und der Annahme, man müsse entweder an einen Kreisprozess oder an Gott glauben; durch den Anatomen und Begründer der ›Entwicklungsmechanik‹ Wilhelm Roux im Ansatz von veränderlichen Kräfteverhältnissen noch in den kleinsten Organismen, den Zellen, die darum nur so lange Bestand haben, wie eine Kraft die übrigen beherrscht. Die tiefste Prägung erfuhr sein Philosophieren jedoch durch Charles Darwins Evolutionstheorie, für die auch Lange engagiert eintrat. Auch wenn Nietzsche sie nicht in allen Punkten klar genug verstand, bekämpfte er doch nur ihre verengenden Auslegungen und besonders die an sie anschließenden moralischen und sozialen Darwinismen (»Anti-Darwin«; GD, Streifzüge 14). Er zog aus Darwins Evolutionstheorie die entscheidende philosophische Folgerung: dass man nicht länger von einem an sich und ewig bestehenden Allgemeinen, sondern nur noch von immer anderen Individuen ausgehen kann, die mit wieder anderen Individuen wieder andere Individuen zeugen, oder kurz: dass alles Leben und aller Sinn des Lebens ›flüssig‹ ist.

9. Mehr und mehr fesselten Nietzsche die (damals) moderne *Psychologie*, *Neurologie* und *Psychiatrie*. Er studierte aktuelle Werke wie *Die Zurechnungsfähigkeit der Geisteskranken* von Henry Maudsley, *Die Psychologie des Verbrechens. Ein Beitrag zur Erfahrungsseelenkunde* von August Krauss, die *Nouveaux essais de psychologie contemporaine* von Paul Bourget, der Charakterphysiognomien von Stendhal, Renan, Taine, Baudelaire, Flaubert und anderen lieferte und meisterhafte psychologische Romane schrieb,

Francis Galtons *Inquiries into Human Faculty and its Development* und zuletzt Charles Férés *Dégénérescence et criminalité. Essai physiologique.* Sie alle bestärkten ihn in seiner engen Verknüpfung der Psychologie mit der Physiologie, die sich am deutlichsten an pathologischen Fällen aufzeigen ließ; auch die ebenfalls besonders in Frankreich diskutierten Hypnoseexperimente, die auf James Braids *Neurypnology; or the rationale of nervous sleep, considered in relation with animal magnetism* zurückgingen, hinterließen starke Spuren in Nietzsches Werk (vgl. u.a. FW 361).

IV. Nietzsches Formen philosophischer Schriftstellerei

Nietzsche hat sich für die Kommunikation seines Philosophierens immer neue Formen geschaffen, auf die die herkömmlichen Gattungsbegriffe nicht mehr passen, und ihnen immer wieder einen neuen Charakter gegeben; kein anderer der großen Philosophen hat für seine philosophische Schriftstellerei so vielfältige Formen gebraucht, neu geprägt oder geschaffen. In chronologischer Abfolge sind das, nach der noch herkömmlichen wissenschaftlichen, in seinem Fall besonders nüchternen philologischen Abhandlung aus der Schule Friedrich Ritschls,

- die sich aus dem Tribschener Wagner-Idyll in rauschhafte Höhen steigernde Abhandlung (GT),
- der zur Steigerung der Kultur aufrufende, den Stil, die Wissenschaft und die Bildung der Zeit scharfer Kritik unterwerfende und neue ›große‹ Maßstäbe setzende Essay (UB),
- das eine historische und systematische Kritik der gesamten europäischen Wissenschaft, Philosophie und Kultur einschließende und neue Perspektiven einer lebensnahen und zukunftsoffenen kulturellen, philosophischen und wissenschaftlichen Orientierung eröffnende Aphorismen-Buch (MA, M, FW, später JGB),
- der seinerseits vielgestaltige Dialog (in den frühen Reden BA, innerhalb von Aphorismen und zu Beginn und zum Abschluss von WS, als vorgeführter und erzählter Dialog in Za),

- die Aphorismen-Bücher flankierenden Gedichte und Gedichtsammlungen (»Ein Nachspiel« »Unter Freunden« zu MA I, »Scherz, List und Rache« und »Die Lieder des Prinzen Vogelfrei« als Zugaben zu FW, der »Nachgesang« »Aus hohen Bergen« zu JGB),
- die episch-dramatisch-lyrische Lehrdichtung (Za),
- die überraschende Einsichten in einen einzigen Satz komprimierende Sentenz (eingestreut in MA, gesammelt als »Sprüche und Zwischenspiele« in JGB und als »Sprüche und Pfeile« in GD),
- die Vorrede oder das Vorwort zu ungeschriebenen, zuvor schon erschienenen und neu geschriebenen Büchern (CV, neue Vorreden zu GT, MA, M und FW, Vorreden zu Za, JGB, GM, WA, GD, AC, EH),
- die auf ›welthistorischen‹ Streit angelegte, die europäische Moral an ihre außermoralischen Wurzeln heranführende Kette von Abhandlungen (GM),
- die ihren Autor erleichternde Anklageschrift gegen eine ›welthistorische‹ Größe (WA),
- das mit Sentenzen anhebende, die Grundprobleme der europäischen Philosophie scharf zuspitzende und ihre Nebel in eine Fabel kondensierende Aphorismen-Buch (GD),
- die auf einen ›Fluch‹, eine religiöse Verdammung der religiösen Prägung Europas, abzielende Streitschrift (AC),
- die Genealogie des eigenen Denkens (EH) und zuletzt
- die Sammlung dithyrambischer Gesänge zum Preis des Gottes Dionysos (DD).

Neben diesen für die anonyme Öffentlichkeit des Buchmarkts gedachten Formen schrieb Nietzsche für sich allein (die nachgelassenen Aufzeichnungen) und für Einzelne (die Briefe); auch davon ging vieles und mit der Zeit immer mehr in seine Werke ein. Die schriftstellerischen Formen sind seinem Philosophieren nicht äußerlich. Nietzsche bedachte sie immer mit: in unterschiedlichen Formen kann Unterschiedliches zur Sprache kommen. Er rechnete nicht nur von Anfang an damit, dass nicht jeder ihn verstehen konnte und wollte, er setzte auch von sich aus die »feineren Gesetze [s]eines Stils« ein, um die Leser zu »wählen«, sie zu seligieren (FW 381). Er musste, wenn er überhaupt verstanden werden wollte, seine Umwertung von Werten und seine Umstellung von Perspektiven wohl in der herkömmlichen, noch von den alten Werten in den alten Perspektiven beherrschten Sprache vortragen, entwickelte aber aus ihr heraus schrittweise eine neue, anders zu verstehende Sprache, mit dem bewusst eingegangenen Risiko, mit dieser Sprache von immer wenigeren ›gehört‹ zu werden. Da Nietzsche mit der Individualität des philosophischen Denkens rechnete, schuf er auch Formen für die Inter-Individualität der philosophischen Kommunikation. Statt auf Systematisierung in sich geschlossener Gedankengänge legte er es 1. auf *textuelle Isolierung* des Philosophierens einerseits und 2. auf deren *Kontextualisierung* andererseits an – er schrieb vor allem Aphorismen-Bücher –, er betrieb 3. eine *Dramatisierung* des Philosophierens und 4. seine *Personalisierung* – er inszenierte persönliche Entscheidungsprozesse im Philosophieren –, und er ging 5. von terminologischer Festlegung in Begriffen zur *Verflüssigung* des Philosophierens in Metaphern und 6. zu seiner *musikalischen Phrasierung* über. In seinen nicht für andere bestimmten Aufzeichnungen philosophierte er 7. in betonter *Einsamkeit*, die er 8. zuweilen in Briefen an bestimmte Einzelne inter-individuell, in *persönlichen Mitteilungen* seines Philosophierens, durchbrach. Wir heben hier drei für Nietzsches philosophische Schriftstellerei typische Formen heraus, das Aphorismen-Buch, die Lehrdichtung und das Lied.

1. *Textuelle Isolierung*: Als Nietzsche, gelöst von Schopenhauers Metaphysik, zu seinem eigenen Philosophieren kam, entschied er sich, mit MA, vor allem für *Aphorismen*. Zunächst wollte er wei-

teren UB lediglich »Nachträge« »in Aphorismen« anhängen (N 1876, 16[12], KSA 8.290), plante dann ein eigenes Buch in Aphorismen (N 1878, 30[2], KSA 8.522), legte aber keinen Wert auf den Begriff: »Es sind Aphorismen! Sind es Aphorismen? – mögen die welche mir daraus einen Vorwurf machen, ein wenig nachdenken und dann sich vor sich selber entschuldigen – ich brauche kein Wort für mich« (N 1880, 7[192], KSA 9.356). Er ist auf die kurze Form angewiesen, weil er seinem »leidenden Gehirne« immer nur »Minuten und Viertelstunden« »abstehlen« kann und Mühe hat, seine auf langen Spaziergängen zusammengetragenen Notizen in überschaubare Zusammenhänge zu bringen; »Kopf und Auge nöthigt« ihn zu dem »verwünschten Telegrammstil« (Briefe an Köselitz vom 5. Okt. 1879, KSB 5.450 f., u. 5. Nov. 1879, KSB 5.461). Doch bald entdeckte er auch hier in seiner Not eine Tugend; die biografische Nötigung zum Aphorismus brachte ihn auf seinen literarischen und der literarische auf seinen philosophischen Sinn. Der Aphorismus war vor ihm eine noch nicht festgestellte Gattung; was Aphorismen waren, wurde oft nicht so genannt, und was so genannt wurde, waren oft keine Aphorismen; die Spanne reichte von der Sentenz bis zum Essay und zur Abhandlung (wie im Fall von Schopenhauers *Aphorismen zur Lebensweisheit*). Im Wortsinn bedeutet ›Aphorismus‹ ›Abgrenzung, Aussparung‹. Was ihn auszeichnet, ist (erstens) die Kürze, die Prägnanz, die Kraft, mit wenig Worten vieles auszudrücken. So lässt er Spielräume für Interpretationen – erste Bedingung eines gezielt inter-individuellen Philosophierens. Er spitzt, was er sagt, (zweitens) in Pointen zu, bringt gedankliche Überraschungseffekte, die Begriffe aus ihren gewohnten Kontexten herauslösen und für andere Kontexte freisetzen. Er löst so die Form des Systems, in der sich Metaphysiken festsetzen, gezielt auf und legt Anhaltspunkte für eine neue Orientierung frei. So ist er die gegebene Form für eine Umwertung der Werte – erster Effekt des inter-individuellen Philosophierens. Mit seiner Sprachkunst zieht er in ein ›Labyrinth‹ hinein, in dem man, ohne ein vorgegebenes Prinzip, ohne eine vorgefasste Methode und so auch ohne die Erwartung allgemeingültiger Ergebnisse, allein seine eigenen Wege suchen muss, auf denen man sich dann irgendwo verlieren wird, lädt er zu eigenen Abenteuern des Denkens ein, die nirgendwo abgesichert sind und stets im Ungewissen enden. »In Aphorismenbüchern gleich den meinigen«, notierte Nietzsche für sich, »stehen zwischen und hinter kurzen Aphorismen lauter verbotene lange Dinge und Gedanken-Ketten; und Manches darunter, das für Oedipus und seine Sphinx fragwürdig genug sein mag.« (N 1885, 37[5], KSA 11.579) Mit einem Wort: Der Aphorismus vermeidet Lehren, er macht im Gegenteil, worüber er spricht, auf prägnante Weise fragwürdig, und ist so die Form der prägnanten Fragwürdigkeit. Aber damit entspricht er der »Welt«, wie sie uns begegnet: »unendliche Interpretationen« herausfordernd, und so ist er vermutlich die einzig realistische und redliche Form philosophischer Schriftstellerei – erstes Ergebnis eines inter-individuellen Philosophierens. Hat man dann »Lust, dieses Ungeheure von unbekannter Welt nach alter Weise sofort wieder zu vergöttlichen« (FW 374), verhindert die Form des Aphorismus auch dies: Dadurch, dass er (drittens) allein steht und weit mehr offen lässt, als er sagt. Er isoliert für sich stehende, unmittelbar einleuchtende Gedanken – Vorbild dafür waren für Nietzsche Pascals *Pensées* (vgl. N 1885, 35[31], KSA 11.522), der zwar zu Gott hin wollte, aber gerade nicht auf dem Weg eines metaphysischen Systems. Der Aphorismus und die Sentenz, der Ein-Satz-Aphorismus, sind, so Nietzsches eigene Bestimmung, gleichwohl »Formen der ›Ewigkeit‹«: Die Aphorismen bleiben, die Interpretationen, die sie hervorrufen, wechseln, mit ihrer Prägnanz entziehen sie die Gedanken der Zeit, ohne das Denken wieder in Metaphysiken zu treiben. Nietzsche wusste, dass er darin »Meister« war, dass er mit seinen Aphorismen allein stand: »mein Ehrgeiz ist, in zehn Sätzen zu sagen, was jeder Andre in einem Buche sagt, – was jeder Andre in einem Buche nicht sagt ...« (GD, Streifzüge eines Unzeitgemässen 51). Der Begriff des Aphorismus ist heute durch seine Aphorismen geprägt, und kein Philosoph wird mit seinen Aphorismen dankbarer zitiert als er.

2. *Kontextualisierung*: Nietzsche stellt die für sich stehenden Aphorismen wiederum in sorgfältig komponierten *Aphorismen-Büchern* zusammen, bildet selbst Kontexte von Aphorismen. Längere Aphorismen, wie er sie mehr und mehr schreibt – zuletzt können sie einige Druckseiten umfassen –, sind so perspektivenreich, dass sie nach allen Seiten Durchblicke auf andere Aphorismen, benachbarte und weiter entfernte, eröffnen und zur Vernetzung mit ihnen auffordern. Sie verknüpfen meist schon in ihrem eigenen Kontext mehrere Themen; in der Vernetzung mit anderen entstehen thematische Ketten, die Nietzsche wiederum kunstvoll miteinander verflicht. So ergeben sich dichte thematische Geflechte, in denen sich die Aphorismen zur wechselseitigen Interpretation anbieten. Geflechte von Themenketten führen die Abhängigkeit der Themen voneinander geradezu sinnlich vor und geben zugleich den Aphorismen-Büchern ihre Struktur. Die Themen reichen jedoch über die einzelnen Aphorismen-Bücher hinaus und verflechten auch sie miteinander, so dass sie füreinander weitere Verständnishilfen bieten. Weitere Kontexte bilden, für heutige Leser(innen), die dokumentierten Vorstufen der Aphorismen, die nachgelassenen Aufzeichnungen und die Briefe, schließlich die zahllosen Anschlüsse außerhalb von Nietzsches Werk. Jeder weitere Kontext kann neue Gesichtspunkte zum Verständnis der Texte eröffnen. Und dies gilt wiederum für die Orientierung überhaupt. Jeder Anhaltspunkt, an den sie sich hält, von geografischen Auffälligkeiten über Sprachzeichen bis hin zu Naturgesetzen, lässt Deutungsspielräume und muss sie lassen, wenn man in wechselnden Situationen ›etwas‹ mit ihnen ›anfangen‹ können soll. Sie wer-

den zur Orientierung hinreichend eindeutig, nicht indem man ihre Deutungsspielräume schließt und von der Situation überhaupt absieht, sie also dekontexualisiert, sondern indem man ihre Deutungsspielräume wechselseitig so weit einschränkt, wie es in der jeweiligen Situation nötig ist, sie also kontextualisiert. Nietzsches Isolierung und Kontextualisierung von Aphorismen in Aphorismen-Büchern nimmt das bewährte Verfahren der alltäglichen Orientierung auf. Man orientiert sich an Aphorismen wie an Anhaltspunkten: Sie stehen allein, aber man verlässt sich nicht allein auf sie, sie sind nie völlig verständlich, aber in ihren Verweisen aufeinander werden sie hinreichend verständlich, sie lehren nichts Allgemeingültiges, sondern orientieren jeden auf seine Weise, je nachdem, welche Bezüge er oder sie unter seinen Gesichtspunkten herstellt. Die Aphorismen legen Leser(innen) in ihrem Verständnis nie endgültig fest und sie nicht das Verständnis der Aphorismen; in einer neuen Situation unter anderen Gesichtspunkten können sie wieder anders verstanden werden. Sie bleiben so für die Zukunft offen. Nietzsche macht die Komposition seiner Aphorismen-Bücher nie als solche deutlich (und begründet sie schon gar nicht), und lässt auf diese Weise seine Leser(innen) frei für ihre eigenen Kontextualisierungen. Er gibt ihnen Orientierungen zur eigenen Orientierung. So nimmt er seine ›Aufgabe‹ als Schriftsteller wahr.

Und er hält diese Orientierungen selbst in Bewegung. Nietzsche hat in der Reihe seiner Aphorismen-Bücher seine Gedanken immer wieder neu aufgenommen, in andere Kontexte versetzt und dadurch weiterentwickelt. In seinem Werk ist nichts abgeschlossen, nichts endgültig, und wenn er über Jahre hinweg mit dem Plan eines abschließenden und endgültigen »Hauptwerks« (WA 7, KSA 6.26) spielte, so hat er ihn zuletzt aufgegeben. Vorgebliche Abgeschlossenheit und Endgültigkeit wären Merkmale eines zeitlosen Systems und damit ein »Mangel an Rechtschaffenheit« (GD,

Sprüche und Pfeile 26). Ist der einzelne Aphorismus die schriftstellerische Form der ›Ewigkeit‹, so das Aphorismen verflechtende Aphorismen-Buch die schriftstellerische Form der Zeitlichkeit. Es hält den Deutungsprozess, die Orientierung, in Gang.

Nietzsches *Kontextualisierungsweisen* sind wiederum sehr vielfältig. Zu thematischen kommen künstlerische: dichterische, musikalische und bildnerische. *Dichterisch* variiert und wechselt Nietzsche die Themen und ihre Gewichtung (Hauptsachen werden zu Nebensachen und umgekehrt), überspringt er nach lange ›logisch‹ nachvollziehbaren Übergängen plötzlich Zwischenglieder, lässt er Themen in harten Fügungen ganz unverbunden, redet er plötzlich die Leser(innen) an oder inszeniert Dialoge und Selbstgespräche, spricht bald betont bestimmt, bald betont fraglich, hier klar, dort rätselhaft usw. *Musikalisch* wechselt er die Tempi (z.B. »presto«, »lento«, »staccato«, N 1885/86, 3[18], KSA 12.175) und die Töne (sachlich, ernst, pathetisch vs. ironisch, fröhlich, ernüchternd) und zwischen homophon-harmonischer und polyphon-kontrapunktischer Komposition der Themen. All dies ist noch kaum erforscht. *Bildnerisch* verfährt er wie die Kubisten in der Malerei, die bald schon ihren Siegeszug antreten sollten. Wie sie verzichtet er auf den Illusionismus der Zentralperspektive und zeigt seinen jeweiligen Gegenstand in versetzten, gedrehten und überraschend neu komponierten Perspektiven, so dass da wohl jeweils ein Gegenstand, aber eben nicht als einer und wahrer, sondern der Reichtum seiner möglichen Perspektiven sichtbar wird. Der perspektivenreiche Blick ist der komplexere, er gibt ein differenzierteres und aussagekräftigeres Bild von der Wirklichkeit als der auf eine Sicht beschränkte systematische Zugriff, zumal wenn er sich als der einzig wahre ausgibt. Man kann sich die Perspektiven vereinfachen, indem man sich aus Nietzsches Philosophieren wieder ein System zurechtmacht. Aber dies ist dann das eigene System der jeweiligen Leser(innen), nicht Nietzsches System.

3. *Dramatisierung*: In Za dramatisiert Nietzsche die Kommunikation seines Philosophierens, inszeniert er eine Handlung, in der ein hoch über allen übrigen Figuren stehender mythisch-historischer Religionsstifter aus dem fernen Orient teils in Dialogen, teils in Monologen »Lehren« vorträgt, mit denen er sichtlich scheitert. Er lässt seinen Zarathustra wissentlich in seinen »Untergang« gehen, auch ihn aus einer individuellen Not heraus. Zarathustra *muss* lehren, weil er den »Überfluss« der Weisheit, der sich in zehn Jahren seiner Einsamkeit oben im Gebirge in ihm angesammelt hat, nicht mehr bei sich behalten kann (Za, Vorrede 1, KSA 4.11 f.). Er will wie die Sonne seine Weisheit verschenken und dadurch neues Leben schaffen. Das macht ihn nicht zu einem guten Lehrer im heutigen Sinn. Er lehrt zwar mit einer unumschränkten Lehrautorität – Autorität hat der, von dem keine Begründungen verlangt werden, und von Zarathustra werden nie Begründungen verlangt (»›Warum? sagte Zarathustra. Du fragst warum? Ich gehöre nicht zu Denen, welche man nach ihrem Warum fragen darf.‹« Za II, Von den Dichtern, 4.163) –, verzichtet so auf alle argumentativen Begründungen und systematischen Verknüpfungen und trägt seine Lehren stattdessen mit dem hohen Pathos einer religiös gefärbten Sprache vor. So sind sie weniger Lehren als Offenbarungen. Zarathustra ›wählt‹ sichtlich seine Hörer durch die ›Gesetze seines Stils‹, ›geht‹ dabei als Lehrer ›unter‹ und triumphiert dennoch als »Erkennender« (Za III, Der Wanderer, KSA 4.194). Er setzt nicht mehr die Gleichheit der Menschen voraus, nach der alle alles lernen könnten, wenn man es ihnen nur hinreichend erklärt, sondern zielt auf die unterschiedlichen Nöte, aus denen heraus sie für Lehren empfänglich sind oder nicht. Er tut das von einem zwar erhabenen, aber nicht mehr jenseitigen (transzendenten oder transzendentalen) Standpunkt aus, seine Hörer sind ›Treppen‹ zu der Höhe *seiner* Not des Erkennens, ohne sie je zu erreichen: Das Volk auf dem Markt, das er seiner Lehre vom Übermenschen würdigt,

kann darüber nur lachen (Vorrede), die Jünger, die sich ihm anschließen und mit denen er die Lehre des Lebens vom Willen zur Macht teilt, missverstehen sie (Za I und II), die Tiere, die er danach allein noch bei sich behält, machen aus seinem »abgründlichsten Gedanken« der ewigen Wiederkunft (EH, Za 6) wieder ein »Leier-Lied« (Za III, Der Genesende 2, KSA 4.273), die »höheren Menschen«, die selbst eine hohe Lehrautorität erworben haben, bleiben noch auf eine höchste Autorität angewiesen und beten am Ende einen Esel an (Za IV). So bleibt Zarathustra mit seiner Erkenntnis in jeder Gesellschaft einsam. Nietzsche führt an ihm dramatisch das Scheitern scheinbar allgemeingültiger Lehren und die (Inter-)Individualität des Philosophierens vor.

4. *Personalisierung*: Nietzsche personalisiert sein Philosophieren auch in seinen Aphorismen-Büchern. Er sucht im »Schreibstil« den »Sprechstil« wiederzugewinnen, ihn mit »Ausdrucksarten« zu bereichern, »welche nur der Redende hat«: »Gebärden, Accente, Töne, Blicke« (MA II, WS 110). Er verzichtet weitgehend auf eine eigene wissenschaftliche Terminologie (»Ersatzworte für die philosophischen Termini: womöglich deutsch und zur Formel ausgeprägt«, N 1887, 9[115], KSA 12.401). Stattdessen gibt er gängigen Wörtern neues Gewicht (z.B. ›schaffen‹, ›schenken‹, ›Wille zur Macht‹, ›Übermensch‹), gebraucht damals noch ungewohnte Pluralbildungen (›Wünschbarkeiten‹, ›Zukünfte‹, ›Moralen‹, ›Culturen‹), ironische Abwandlungen (z.B. ›Vergemeinerung‹, ›Vaterländerei‹, ›Schopenhauerei‹), umwertende Zusammensetzungen (z.B. ›Vernunftbisse‹, ›Nothwahrheit‹) usw.; auch hier ist die Forschung noch am Anfang (vgl. Richard M. Meyer, Nietzsches Wortbildungen, in: Zeitschrift für deutsche Wortforschung 15 (1914), 98-146, und Peter Pütz, Friedrich Nietzsche, [2]1975, 41-46). Hinzu kommen gewollte grammatische Unebenheiten, scheinbar zufällige Einfälle, Randbemerkungen, Bosheiten, Selbstunterbrechungen usw., alles, was das alltägliche Sprechen kennzeichnet. Nietzsche

arbeitet in seinen Aphorismen-Büchern die »natürliche Unvollkommenheit« der mündlichen Rede »in eine vollkommene poetische Musikalität« um, er will »Bücher schreiben, als schriebe er keine.« (Heinz Schlaffer, Das entfesselte Wort. Nietzsches Stil und die Folgen, München 2007, 83) Durch Rätsel und Gleichnisse macht Nietzsche seine Leser immer wieder darauf aufmerksam, dass sie selbst mitdenken, mitdeuten, mitraten müssen. Er inszeniert persönliche Entscheidungsprozesse im Philosophieren auch dadurch, dass er Generalisierungen an persönliche Erfahrungen bindet, Gedanken durch Eigennamen abkürzt, vor allem aber, indem er sich selbst ins Spiel bringt, sich ›kompromittiert‹, damit seine Leser sich an ihm kompromittieren, mit *ihrem* Verständnis *seiner* Texte, das unvermeidlich unzureichend bleibt. Gerade angesichts der Unerschöpflichkeit und Unergründlichkeit von Nietzsches Texten lag seinen wissenschaftlichen Interpreten zumeist daran, eine systematische Interpretation zu finden, mit der sie selbst etwas anfangen konnten. Bisher hat sich jeder damit kompromittiert. Jeder wird darin kenntlich, wie er Nietzsche interpretiert. Das Sich-aneinander-Kompromittieren treibt am schärfsten die Inter-Individualität des Philosophierens hervor.

5. *Verflüssigung des Philosophierens*: Kontextualisierung, Dramatisierung und Personalisierung halten Nietzsches Philosophieren in unablässiger Bewegung. Sie reicht bis in den Begriffsgebrauch hinein. Nietzsche definiert seine Begriffe in der Regel nicht (»alle Begriffe, in denen sich ein ganzer Prozess semiotisch zusammenfasst, entziehen sich der Definition; definirbar ist nur Das, was keine Geschichte hat.« GM II 13), und wenn doch, definiert er sie in neuen Kontexten wieder neu. Er behandelt die scheinbar feststehenden Begriffe als bewegliche *Metaphern*, die ihre Bedeutungen unentwegt verschieben können. In seiner frühen unveröffentlichten Schrift WL hat Nietzsche das deutlich gemacht; sie wurde in vielem zum Kern seiner reifen Philosophie. Er setzt dort den »Trieb

zur Metapherbildung« als »Fundamentaltrieb des Menschen« an (KSA 1.887) und den »Begriff, knöchern und 8eckig wie ein Würfel und versetzbar wie jener«, als das »Residuum einer Metapher« (KSA 1.882). Die Begriffsbildung, auf die Philosophie und Wissenschaft so stolz sind, ist danach die Kunst, »die anschaulichen Metaphern zu einem Schema zu verflüchtigen, also ein Bild in einen Begriff aufzulösen; im Bereich jener Schemata nämlich ist etwas möglich, was niemals unter den anschaulichen ersten Eindrücken gelingen möchte: eine pyramidale Ordnung nach Kasten und Graden aufzubauen, eine neue Welt von Gesetzen, Privilegien, Unterordnungen, Gränzbestimmungen zu schaffen, die nun der anderen anschaulichen Welt der ersten Eindrücke gegenübertritt, als das Festere, Allgemeinere, Bekanntere, Menschlichere und daher als das Regulirende und Imperativische.« (KSA 1.881 f.) Nietzsche verschafft in diesem »Aufthürmen eines unendlich complicirten Begriffsdomes« den »beweglichen Fundamenten« wieder Geltung, zeigt, wie das Auftürmen »gleichsam auf fliessendem Wasser« gelingt; es müsse, »um auf solchen Fundamenten Halt zu finden, [...] ein Bau, wie aus Spinnefäden sein, so zart, um von der Welle mit fortgetragen, so fest, um nicht von dem Winde auseinander geblasen zu werden.« (KSA 1.882) Es muss Spielräume zur Bewegung der Begriffe lassen; die »Form« muss, wie Nietzsche später formulierte, »flüssig« bleiben und der »›Sinn‹« noch mehr (GM II 12). Außer der Flussmetaphorik hat Nietzsche dafür die Tanzmetaphorik gebraucht: Tanz, wie er ihn versteht, ist eine Bewegung nach Musik, der »Musik des Lebens« (FW 372). Seinen Zarathustra ließ er sagen: »man muss noch Chaos in sich haben, um einen tanzenden Stern gebären zu können. Ich sage euch: ihr habt noch Chaos in euch.« (Za, Vorrede 5) Auch ein tanzender Stern folgt einer Ordnung, aber seine Bewegung lebt von ihrem eigenen Schwung und gewinnt in ihm Halt. Sie kann jedoch auch aus dem Takt geraten, sich erschöpfen und zusammenbrechen.

6. *Musikalische Phrasierung des Philosophierens*: Nietzsche wünschte sich für seine Texte »das dritte Ohr« für ihre Musik, für die »Kunst«, die »in jedem guten Satze steckt«, die

> »Kunst, die errathen sein will, sofern der Satz verstanden sein will! Ein Missverständniss über sein Tempo zum Beispiel: und der Satz selbst ist missverstanden! Dass man über die rhythmisch entscheidenden Silben nicht im Zweifel sein darf, dass man die Brechung der allzustrengen Symmetrie als gewollt und als Reiz fühlt, dass man jedem staccato, jedem rubato ein feines geduldiges Ohr hinhält, dass man den Sinn in der Folge der Vocale und Diphthongen räth, und wie zart und reich sie in ihrem Hintereinander sich färben und umfärben können« (JGB 246).

Der »Sinn jedes Stils« ist, schreibt er zuletzt, einen »Zustand, eine innere Spannung von Pathos durch Zeichen, eingerechnet das tempo dieser Zeichen, mitzutheilen«, einen »inneren Zustand«, den man mit Worten allein nicht mitteilen kann (EH, Warum ich so gute Bücher schreibe 4). Er will sich mit seinen Texten diesseits der erstarrten Begriffe so verständlich machen, wie es sonst nur in persönlichen Begegnungen möglich ist, in denen Mimik, Gestik, Körperhaltung und die Stimme mit all ihren Modulationen ›innere Zustände‹ erraten lassen, und fasst all dies in der Metapher der Musik zusammen. Er hatte von Wagner geschrieben, man könne »schwanken, welchen Namen man ihm beilegen solle, ob er Dichter oder Bildner oder Musiker zu nennen sei, jedes Wort in einer ausserordentlichen Erweiterung seines Begriffs genommen, oder ob erst ein neues Wort für ihn geschaffen werden müsse« (WB 9, KSA 1.485), und erkannte zuletzt darin eine »Semiotik« seiner selbst (EH, UB 3). Er wollte »den ganzen Zarathustra unter die Musik« gerechnet sehen (EH, Za 1): in seinem Sprachduktus (»Die Sentenz von Leidenschaft zitternd; die Beredsamkeit Musik geworden; Blitze vorausgeschleudert nach bisher unerrathenen Zukünften.« EH, Za 6), in seinen vier Teilen als viersätzige Symphonie

(Brief an Overbeck, 6. Febr. 1884, KSB 6.475; vgl. CPJ 2.211-221) und insbesondere in seinen *Liedern*. Je weniger Nietzsche Zarathustra Gehör und Verständnis finden lässt, desto mehr lässt er ihn ›singen‹: »Aber willst du nicht weinen, nicht ausweinen deine purpurne Schwermuth, so wirst du singen müssen, oh meine Seele!« (Za III, Von der grossen Sehnsucht, KSA 4.280) Das Lied erlöst Zarathustra von der Lehre. In Liedern genügt die Sprache sich selbst, findet sie zu einer in sich geschlossenen Gestalt. Lieder kann man für sich singen, und wenn andere sie hören, können sie einstimmen oder nicht und sie wiederholen oder nicht, ohne dass sie dadurch von etwas überzeugt oder über etwas belehrt würden. Das Lied lässt frei. Kant sah das bekanntlich anders. Er betrachtete Musik als die aufdringlichste Kunst (Kritik der Urteilskraft, B 221 f.). Aber sie ist nur aufdringlich, wenn sie in den Klängen und Rhythmen des eigenen Lebens keine Resonanz findet. Sie trennt ebenso, wie sie verbindet. Zarathustra singt allein *und* mit andern, beim Eselsfest das Lied der Mitternacht (»Oh Mensch, gieb acht!«) zuerst *vor*, dann *mit* den ›höheren Menschen‹ (Za IV, Das Nachtwandler-Lied, KSA 4.397-404). Als letztes seiner Werke hat Nietzsche, wie erwähnt, die Lieder Zarathustras aus der episch-dramatischen Handlung gelöst, um sie, neu bearbeitet, als DD herauszugeben.

7. *Persönliche Isolierung des Philosophierens*: Im Herbst 1887 entwirft Nietzsche unter vielen Korrekturen offenbar ein neues Vorwort und beginnt so: »Ein Buch zum Denken, nichts weiter: es gehört Denen, welchen Denken Vergnügen macht, nichts weiter ...«. Dann wendet er sich gegen den »Willen zum System«, auch seinen eigenen (»Ich mißtraue allen Systemen u. Systematikern u gehe ihnen aus dem Wege: vielleicht entdeckt man noch hinter diesen [!] Buche das System, dem ich ausgewichen bin ...«), und schließt dann: »Ich achte die Leser nicht mehr: wie könnte ich für Leser schreiben? ... Aber ich notire mich, für mich.« (N 1887, KSA

9[188], 12.450, korr. nach KGW IX.6, W II 1, 1) Er erträgt die Schriftstellerei für andere nur begrenzt und zieht sich von Zeit zu Zeit auf seine Notizbücher und Arbeitshefte zurück. Den Großteil seiner *Aufzeichnungen* verwendet er durchaus für seine Werke, veröffentlicht jedoch fast nichts so, wie er es zunächst notiert hat; er überarbeitet die meisten Texte intensiv, zerlegt sie und fügt sie neu zusammen. Manches behält er ganz seinen Aufzeichnungen vor, sei es vorläufig, sei es grundsätzlich, sei es, weil es ihm nicht reif für die Veröffentlichung schien, sei es, weil ihm die Leser dafür nicht reif schienen. Dazu gehören die berühmten ›naturwissenschaftlichen‹ Beweise der ewigen Wiederkunft, die Verknüpfung der ewigen Wiederkehr mit dem Willen zur Macht und dem Nihilismus und die Differenzierungen des Nihilismus, Ausführungen zu Rasse und Züchtung, aber auch weniger auffällige Nachforschungen zum Affekt, zur Phänomenologie des Denkens und zur Philosophie des Zeichens und der Interpretation. Nietzsche formuliert hier meist noch ohne Rücksicht auf die Kommunikation seines Philosophierens und damit so, wie man es von den Systemen der Metaphysik gewohnt war. Es lag dann nahe, hier auch bei ihm eine Metaphysik zu finden, insbesondere eine Metaphysik des Willens zur Macht, und die von Heinrich Köselitz im Auftrag von Nietzsches Schwester kompilierte Edition des Nachlasses unter dem Titel »Der Wille zur Macht« gab dem zudem eine systematische Gestalt, die selbst Heidegger, der sonst sorgfältig zu lesen verstand, überzeugte (vgl. V.5). Doch schon ein Vergleich des scheinbaren Schlusssteins dieser scheinbaren Metaphysik, der § 1067 von »Der Wille zur Macht« (= N 1885 38[12], KSA 11.610), mit dem von Nietzsche dann tatsächlich veröffentlichten Aphorismus JGB 36 zeigt unmittelbar, wie er alles scheinbar Dogmatisch-Metaphysische sehr betont ins Kritisch-Hypothetische zurücknimmt. Die neue Edition des Nachlasses ab 1885 in der IX: Abteilung der KGW zeigt, dass es sich bei den Aufzeichnungen gar nicht um Texte, auch nicht um Fragmente, sondern um works in progress handelt. Nietzsches Aufzeichnungen sind nicht für seine literarisch ungekünstelte Meinung zu nehmen, sondern für Zwischenstadien seines Denkens, das zu weiteren Stadien in den veröffentlichten Schriften oder zu weiteren Aufzeichnungen führt oder als aufgegebene Versuche einfach stehen bleiben. Sie haben weder einen höheren noch einen geringeren Rang als die veröffentlichten oder zur Veröffentlichung bestimmten Schriften (Werner Stegmaier, Nietzsche an der Arbeit. Das Gewicht seiner nachgelassenen Aufzeichnungen für sein Philosophieren, Berlin/Boston 2022).

8. *Persönliche Mitteilung des Philosophierens*: Eine letzte Form philosophischer Schriftstellerei stellen Nietzsches *Briefe* dar, die er für bestimmte Einzelne schreibt, den Großteil für Freunde, Verwandte und Verleger, doch zuletzt immer mehr auch an ›Kommunikatoren‹, von denen er eine Verbreitung seines Philosophierens auf dessen Niveau erwartet. Gegenüber Freunden und Verwandten verbindet er, wie zu erwarten, sein Philosophieren am stärksten mit seinem Leben. Und doch sagt er zugleich wenig über sein Denken, weil er bald sieht, wie wenig er selbst von seinen Freunden verstanden wird. Umso mehr versucht er wenigstens seinen Verlegern einen ›Begriff‹ von sich zu geben, mit dem sie für seine Schriften werben sollen. Aber so muss man diese Briefe dann auch verstehen.

V. Nietzsches Erwartungen an Leser »beiderlei Geschlechts«

1. *Geduld für philologische Überraschungen*: Nietzsche hat in zwei exponierten Aphorismen klargestellt, wie er zu lesen sei. Sie stammen aus derselben Zeit 1886/87. Im Schluss-Aphorismus der neuen Vorrede zu M verlangt er, ihn geduldig lesen zu lernen: Er sage »langsam«, was er zu sagen habe, und erwarte, dass er auch »langsam« gelesen werde. Jeden, der »›Eile hat‹«, wolle er zur Verzweiflung bringen. Nur Leser, die »sich Zeit lassen«, sich seinen Schriften zurückgezogen und geduldig widmen und sich auf ihre »feine vorsichtige Arbeit« einlassen können, sollen es mit ihnen aushalten. »Fein« sind in Nietzsches Sinn feine Unterschiede, Unterscheidungen von Unterscheidungen bis hin zu feinsten »Nuancen«, die nicht mehr auf den Begriff zu bringen, sondern eine Sache des »Geschmacks« sind. »Vorsicht« ist das Rechnen mit Überraschungen; Nietzsche setzt sie in Spannung zu einer »Arbeit«, die mit »Hast« betrieben wird, »mit allem gleich ›fertig werden‹ will« und keinen Sinn für Überraschungen hat. Geduldige Philologie dagegen, von der er herkomme, werde »nicht so leicht irgend womit fertig«, wolle gar nicht auf Fertiges, Definitives, Abschließendes hinaus, sondern gehe »Hintergedanken« nach, halte »Thüren« offen, hinter denen sich noch anderes, Unvermutetes zeigen kann. Sie lese nicht nur mit den »Augen«, sondern auch mit »zarten Fingern«, nehme die Worte auch in ihrer körperlichen und sinnlichen Ausstrahlungskraft wahr, die wie-

der auf Neues, Überraschendes verweist. Solcherart »vollkommene Leser und Philologen« wünscht sich Nietzsche, so müsse man ihn lesen »lernen«.

2. *Mut zu philosophischen Überraschungen*: Der nur wenig spätere Aphorismus Nr. 381 aus dem V. Buch der FW »Zur Frage der Verständlichkeit« lässt sich als Pendant dazu lesen. Er handelt von der »Kürze« von Nietzsches Texten. Sie werde von der »Sache« erzwungen, der »Scheu und Kitzlichkeit« von Gedanken, vor denen man zurückschrecke wie vor kaltem Wasser, so dass man sie nur kurz berühren könne: Sie seien »Wahrheiten«, »die man überraschen oder lassen muss«. So brauchen Leser von Nietzsches Schriften nicht nur Geduld für philologische Überraschungen, sondern auch Mut zu philosophischen Überraschungen. Der Mut, das eigene Denken in Frage zu stellen, ist noch weniger »von ›irgend Jemand‹« zu erwarten als Geduld. Philosophische Überraschungen, wie Nietzsche sie seinen Lesern bietet, gefährden Denkgewohnheiten, die einer »Noth« entspringen und mehr als denknotwendig: lebensnotwendig sind (FW 345), sie berühren die Selbsterhaltung. Lebensnotwendigkeiten sind nicht wahr oder falsch, sie begrenzen das Denken, bevor es sich überhaupt auf wissenschaftliche, logische Notwendigkeiten einlassen kann, sie bestimmen die Spielräume von Denknotwendigkeiten. Je enger diese Spielräume sind, desto weniger kann man sich auf Nietzsche einlassen. Und Nietzsche will auch niemand, schreibt er, »die Unschuld« verderben, sondern alle, die nur in philosophischer Unschuld leben können, in ihr noch »begeistern«. Von »Eseln« und »alten Jungfern beiderlei Geschlechts« wolle er »nicht verstanden werden«. *Dass* sie ihn nicht verstehen, nicht verstehen müssen, soll sein »Stil« bewirken (vgl. IV). Wer seine lebensgefährlichen, aber nur kurz aufblitzenden Wahrheiten nicht ertragen kann, soll sie ohne Weiteres überhören. Nietzsche sichert sie darum auch nicht nach den Gewohnheiten

der Wissenschaft ab, verzichtet gänzlich auf wissenschaftliches Beiwerk, auf vorausgeschickte Thesen und abschließende Schlussfolgerungen, auf kohärente und hierarchisch geordnete Argumente, auf Angaben von Quellen (vgl. III) und Einordnungen in Forschungsfelder, auf gelehrte Auseinandersetzungen mit abweichenden Forschungsmeinungen (stattdessen bedient er sich meist der Polemik), auf Anmerkungen und selbst auf eine feste Terminologie (vgl. IV.4). Auch (und vielleicht gerade) Wissenschaftler(innen) können »Esel« sein, können von vornherein als »Abenteuer« zurückweisen, was ihnen nach ihren Denkgewohnheiten nicht geheuer ist. Nietzsches gefährliche Wahrheiten werden noch immer von den meisten, auch von Nietzsche-Kenner(inne)n, als abenteuerlich empfunden und als solche zurückgewiesen; der Mut für seine philosophischen Überraschungen ist noch immer selten.

3. *Verzicht auf sichere Bestände*: Nimmt man die beiden Aphorismen zusammen, so verlangt Nietzsche, Langsamkeit im Lesen mit Geschwindigkeit und »größter Geschmeidigkeit« im Denken (FW 381) zu verbinden, gleichsam im Lesen geduldig auf der Lauer zu liegen, um im Denken rasch zupacken zu können. Mit dem Mut zu Überraschungen, zu Abenteuern, zu unvermutet und gefährlich Neuem im Denken verzichtet man auf alle sicheren Bestände, auf alles Zeitlose auch im eigenen Verstehen und Erkennen, selbst auf so etwas wie ein identifizierbares Subjekt des Erkennens: »Wir sind uns unbekannt, wir Erkennenden, wir selbst uns selbst« (GM, Vorr. 1). Der Grund dafür liegt, so Nietzsche, in der Erkenntnis selbst. Erkennende vergessen über ihrer Suche nach Erkenntnissen sich selbst, verlieren sich aus dem Blick, werden blind für sich selbst, sie müssen, um Erkenntnisse »›heimzubringen‹«, ihre »›Erlebnisse‹« ausblenden, die sie für sie einstimmen, und haben so weder »Ernst« noch »Zeit« dafür. Sie bleiben sich »nothwendig fremd« (ebd.). Wenn sie aber, wie Nietz-

sche, darauf reflektieren, werden sie auch durch sich selbst überrascht, begegnen sich selbst als anderen. Nietzsche nimmt dies vorbehaltlos auch für sein eigenes Philosophieren ernst, wenn er seine Gedanken immer wieder neu hinterfragt. Er versteht jeden Gewinn an Zeitdistanz als Gewinn an Selbstdistanz und diesen als Gewinn an Selbstkritik oder an Selbstüberwindung und damit als Gewinn an Spielräumen des Philosophierens (vgl. JGB 257). »Überwindung« ist die Selbstkritik insofern, als für jeden, auch für Nietzsche, zumindest zeitweise Selbstfestlegungen lebensnotwendig sind, sofern jeder auch ein ›Esel‹ ist.

4. *Verzicht auf vorgegebene methodische Regeln*: Das gilt gerade für wissenschaftliche Leser(innen). Eine Interpretation, die Nietzsches Philosophieren gerecht werden will, muss nicht nur auf sachliche, sondern auch auf vorgegebene methodische Regeln verzichten. Nietzsche macht seine überraschenden Entdeckungen oft mit überraschenden Methoden, bis dahin, dass er vieles schlicht errät. So legt er es mit Vorliebe darauf an, sich auch erraten zu lassen (IX.3.2). Interpretationen können daher vor den Texten immer auch versagen und voller ›Unschuld‹ nicht einmal bemerken, dass sie versagen. Nietzsche will »schon für den guten Willen zu einiger Feinheit der Interpretation von Herzen erkenntlich« sein. Guten Freunden, die freilich »immer zu bequem sind und gerade als Freunde ein Recht auf Bequemlichkeit zu haben glauben«, gesteht er zudem »von vornherein einen Spielraum und Tummelplatz des Missverständnisses« zu – und erschreckt sie zugleich mit einer Beleidigung: »so hat man noch zu lachen; – oder sie ganz abzuschaffen, diese guten Freunde, – und auch zu lachen« (JGB 27). Denn eben »›die guten Freunde‹« – Nietzsche setzt sie in Anführungszeichen – rechnen nicht mehr mit Überraschungen, sondern verlassen sich ›bequem‹ auf die alte Bekanntschaft, als Leser(innen) Nietzsches auf ihre ›gute‹ Kenntnis seiner Schriften. Gerade sie aber kann ihr Ver-

ständnis gefährden, nämlich dann, wenn sie dazu führt, dass man sich auf bewährte Methoden und Routinen der Interpretation verlässt. Man wird Nietzsche ›gut‹ sicher nur mit dem Wohlwollen und dem Vertrauen ›guter Freunde‹ lesen können, darf zugleich aber nicht auf die Freundschaft vertrauen, zu der man von ihm beständig eingeladen wird. Wer sich sicher glaubt, Nietzsche zu verstehen, läuft am meisten Gefahr, ihn misszuverstehen. Man rechnet dann nicht mehr mit Überraschungen. Seinen Zarathustra lässt Nietzsche sagen: »In seinem Freunde soll man seinen besten Feind haben. Du sollst ihm am nächsten mit dem Herzen sein, wenn du ihm widerstrebst.« (Za I, Vom Freunde, KSA 4.71 f.)

5. *Verzicht auf ein System*: Nietzsche macht es seinen Interpret(inn)en sichtlich schwer. Denn Interpretationen werden ihnen nur ›abgenommen‹, wenn sie sich ihrer einigermaßen sicher sind (das gilt auch für diese Interpretation hier). Und sie müssen mit ihnen auch, sofern sie sie in Seminararbeiten, Doktorarbeiten, Aufsätze, Bücher fassen, in begrenzter Zeit ›fertig‹ werden. Es ist ihre ›Not‹, sich in ihren Interpretationen zumindest vorläufig festlegen zu müssen. Insofern widerstreben sie schon Nietzsches erklärten Absichten. Das gilt umso mehr für Interpret(inn)en, die seine Philosophie auf ›Lehren‹ festlegen, denen sie sich dann anschließen oder die sie bekämpfen, und am meisten galt es für den international einflussreichsten aller Nietzsche-Interpreten, Martin Heidegger. Heidegger wirkte vor allem dadurch, dass er Nietzsches Philosophie auf wenige Grundlehren reduzierte, die vom Tod Gottes oder dem Nihilismus, vom Übermenschen, vom Willen zur Macht und von der ewigen Wiederkunft, sie aus dem Zusammenhang der Texte isolierte und auf ihrem Zusammenhang in *einer* Lehre insistierte. Er erwartete von Nietzsches Philosophie ein traditionelles System, das nach traditionellen Methoden zu analysieren war, ignorierte weit-

gehend die signifikanten Formen von Nietzsches philosophischer Schriftstellerei und interpretierte es als »in sich erblindete« Metaphysik (Martin Heidegger, Nietzsche, 2 Bde., Pfullingen 1961, Bd. 2, 12). Doch Nietzsche ließ auch Zarathustra jene Lehren, abgesehen davon, dass er ihn mit ihnen scheitern ließ, nicht systematisch verknüpfen; er selbst identifiziert sich mit den Lehren vom Übermenschen und von der ewigen Wiederkunft erst sehr spät, als er mit allen Mitteln versuchte, wenn schon nicht verstanden, so doch endlich gehört zu werden. Dass es sich beim Konzept der Willen zur Macht nicht um ein metaphysisches Prinzip handelte, hat vor allem Wolfgang Müller-Lauter an den Texten gezeigt (Nietzsche. Seine Philosophie der Gegensätze und die Gegensätze seiner Philosophie, Berlin/New York 1971).

6. *Verzicht auf den Ambivalenz-Vorwurf*: Soweit Nietzsches Philosophieren den unvermeidlichen Festlegungen der eigenen Interpretation nicht entspricht, ist man versucht, ihm Ambivalenz vorzuwerfen; der Ambivalenz-Vowurf ist ein Dogma der Nietzsche-Forschung geworden. Doch Nietzsche hat »Zweideutigkeit« weder bei andern noch bei sich selbst geduldet; er wollte im Leben wie im Schreiben erklärtermaßen ›unzweideutig‹ sein; verführerische Zweideutigkeit warf er dem Christentum und Wagner vor (FW 346; GM III 4) – nur »Dionysos, jener grosse Zweideutige und Versucher Gott«, sollte die Ausnahme sein (JGB 295, s. XI.10). Nietzsches Schriften werden dann ambivalent oder zweideutig, wenn seine Begriffe aus ihren jeweiligen Kontexten gelöst und über sie hinweg verallgemeinert werden. So schafft man sich mit dem Ambivalenz-Vorwurf an Nietzsche Spielräume für eigene Festlegungen seines Philosophierens – an die er, Nietzsche, sich nicht gehalten habe. Man verfährt dabei wie die »schlechtesten Leser«: »Die schlechtesten Leser sind die, welche wie plündernde Soldaten verfahren: sie nehmen sich Einiges, was sie brauchen können, heraus, beschmutzen und

verwirren das Uebrige und lästern auf das Ganze.« (MA II, VM 137)

VI. Nietzsches Aufgabe und leitende Unterscheidungen

Nietzsche hat schon in seinen frühen Schriften zu der ›Aufgabe‹, den wichtigsten Themen und leitenden Unterscheidungen seines Philosophierens gefunden. In den etwa 19 Jahren, die ihm blieben, hat er sie vielfach verfeinert, fortgebildet und neu gewichtet, im Wesentlichen aber bis zuletzt an ihnen festgehalten; sein Philosophieren ist nur oberflächlich in Phasen einzuteilen. Den härtesten Einschnitt hat er selbst betont: die Loslösung von Schopenhauer und Wagner. Als Philosoph ging es ihm um eine entschiedene Neuorientierung nach der, wie er sie sah, schwersten Desorientierung in der Geschichte Europas, dem Unglaubwürdigwerden der christlichen Religion, dem Verschleiß der metaphysischen Systeme und der Durchsetzung des evolutionistischen Denkens, mit einem Wort: dem Nihilismus.

1. *Aufgabe*: Nach Nietzsche war die Desorientierung, die das 19. Jahrhundert ergriffen hatte, nur durch eine *Steigerung der Kultur* zu bewältigen. »Kultur«, so seine berühmte Definition, »ist vor allem Einheit des künstlerischen Stiles in allen Lebensäusserungen eines Volkes.« (DS 1, KSA 1.163) ›Stil‹ wiederum verstand er als charakteristische Art sich mitzuteilen, sich anderen und sich selbst kenntlich zu machen (vgl. EH, Warum ich so gute Bücher schreibe 4). Ein Stil entwickelt sich, wenn die alltäglichen Routinen, ›Lebensäusserungen‹ verschiedenster Art wie Ess- und Trinkgewohnheiten, Formen des Umgangs mit anderen, moralische Haltungen und Beurteilungen, religiöse Praktiken, künstlerischer

Geschmack usw. sich aufeinander einspielen, sich füreinander bewähren, einander unterstützen, ein gemeinsames ›Gesicht‹ bekommen und sich so als ›Einheit‹ darstellen, als Einheit, in der alles ›passt‹, die aber nicht offenbarten oder erdachten Regeln oder Prinzipien folgt, sondern allmählich und lange ganz unauffällig aus dem ›Leben‹ selbst erwächst. In diesem Zusammenpassen ist jeder Stil ästhetisch, und Stil in diesem Sinn können ebenso Einzelne wie Gruppen und ganze Völker zeigen. Kultur ist, was durch lange Übung selbstverständlich wird, ›Stil bekommt‹ und nur noch auffällt, wenn gegen es verstoßen wird. Nietzsche setzte eben deshalb bei ›Kultur‹ und ›Stil‹ an, weil für ihn Religion, Metaphysik und Moral, die bisher den alltäglichen und philosophischen Orientierungen scheinbar selbstverständlich ihren Halt gegeben hatten, nun sichtlich brüchig geworden waren. Die Kultur zu steigern hieß dann zunächst ihr Brüchig-Werden offenzulegen und sie bewusst neu auszurichten, dem Leben, aus dem sie erwächst, ein ›Ziel‹, einen ›Sinn‹ ohne neuerliche Illusionen zu geben. Eine Neuorientierung, die eine solche Desorientierung überwinden kann, versprach sich Nietzsche darum nicht von philosophisch erdachten und politisch progagierten Leitvorstellungen wie dem Nationalismus, Liberalismus, Sozialismus, Kommunismus oder Anarchismus seiner Zeit und auch nicht vom zunächst nur politischen Ereignis der Reichsgründung, das in Deutschland sogleich Hoffnungen auf eine neue große Kultur aufblühen ließ, sondern vom historischen Beispiel einer glänzend bewährten Kultur, die seither in Europa höchste Verehrung genoss, der Kultur der griechischen Antike. Sein Philologentum mochte es ihm zusätzlich nahelegen. Aber auch hier war erst zu entdecken, was diese Kultur ausgemacht hatte, eben nicht die Winckelmannsche ›edle Einfalt und stille Größe‹ (vgl. III.2), sondern etwas, so Nietzsche, inzwischen sehr fremd Gewordenes, die Kultur des Wettkampfs und der Tragödie.

1.1. Im *Wettkampf* entdeckte er die unverhohlene Lust an der Grausamkeit im Sieg. Grausamer Wettkampf habe das Verhältnis der Völker, aber auch das Zusammenleben in den Stadtstaaten bestimmt; er sei nicht nur als selbstverständlich hingenommen, sondern begeistert begrüßt worden. Er brachte bei den Griechen nicht nur eine Auslese der körperlich Stärksten, sondern, auch und gerade im Krieg, der Klügsten und Besonnensten mit sich. Die homerischen Epen stellen das eine an Achill, das andere an Odysseus überdeutlich heraus. Hier wird alles auf Wettkampf gesetzt, alles im Wettkampf erworben, für den Wettkampf alles, auch das eigene Leben, geopfert. Der Wettkampf der Griechen war, so Nietzsches Leitgedanke, den er nie mehr aufgab, ein Kampf um Auszeichnung des Einzelnen, Vornehmen, vor den andern; er war es, der sie ihren Gegnern überlegen machte und ihre Kultur ins ›Große‹ steigerte. Er gefährdete sie aber auch, wenn sich die Kämpfe im Inneren nicht beherrschen ließen. Den Athenern war es gelungen, ihn in den Wortstreit zu verlagern. So brachten sie nicht nur ihre aristokratische Demokratie, sondern auch Kunst, Wissenschaft und Philosophie zu einer bis heute strahlenden Leuchtkraft. Und schließlich öffneten sie ihr agonales Denken auch allem Fremden, soweit sie es sich gewinnbringend zu eigen machen konnten. Beides zusammen, der Kampf um Auszeichnung voreinander und die Bereitschaft zur Aneignung von Fremdem, prägt auch noch Nietzsches Bild vom ›guten Europäer‹.

1.2. Nietzsche, darin lag seine *ursprüngliche Einsicht*, führte den Sinn der Griechen für Grausamkeit einerseits und für Kunst andererseits zusammen: Die Griechen konnten in die grausamsten Abgründe des menschlichen Daseins blicken, weil sie diesem Blick eine künstlerische Form zu geben vermochten, die Form der Tragödie. Die Abgründlichkeit des Daseins sprach für Nietzsche am deutlichsten der mythische Silen aus, der ausgelassen sinnenfreudige Begleiter des Dionysos, des Gottes auch der rauschhaften Zerstörung und Wiedergeburt: »›Das Allerbeste ist für dich gänzlich unerreichbar: nicht geboren zu sein, nicht zu sein, nichts zu sein. Das Zweitbeste aber ist für dich – bald zu sterben‹.« (GT 3, KSA 1.35) – der Spruch findet sich in Sophokles' *Ödipos auf Kolonos* (V.1225-1229); Hölderlin hatte ihn als Motto über den Zweiten Band seines *Hyperion* gesetzt. Zu Ehren eben des Dionysos zelebrierten die Athener in alljährlichen Festspielen Tragödienwettkämpfe, in denen sie sich die grausamsten Schicksale vor Augen stellten, durch die die Götter die Menschen mit Schuld beladen konnten. Drei Dichter hatten an je einem Tag eine Trilogie von Tragödien aufzuführen und mit einem zum Lachen befreienden Satyrspiel abzuschließen, den Ernst am Ende ins Heitere zu kehren. Ihre Kunst machte den Athenern die abgründlichsten Realitäten erträglich, so konnten sie sich ihnen vorbehaltlos stellen. Dies blieb Nietzsches Leitbild.

Die Griechen verstanden die Kunst jedoch noch als Gabe der Musen und fassten sie im weitesten Sinn als *Musik*; in der Bildung der jungen Männer trat sie neben die Gymnastik, die Kunst der Körperbildung. Die rhythmische, dithyrambische Sprache der Tragödien lebte aus einer – für uns fast völlig verstummten, weil kaum notierten – Musik, wurde, so Nietzsche, aus ihr ›geboren‹; Aischylos und Sophokles, die die griechische Tragödie auf ihren Gipfel führten, schufen zu ihr auch die Musik. Dies verband der junge Nietzsche mit Schopenhauers Metaphysik und Wagners Plänen mit seiner Musik. Nach Schopenhauer wird der Abgrund des Daseins, der ihm jeden Lebenswert nehme, der blinde, sinnlose Wille zu eben diesem Dasein im höchsten Genuss unendlich deutlicher Musik zeitweilig vergessen; sie beruhigt sein triebhaftes Drängen, erlöst von ihm, ohne noch der Erkenntnis des Daseins durch Ideen zu bedürfen. Nach Wagner sollte das menschliche Dasein durch seine, Wagners, Musik nicht nur gerechtfertigt, sondern darüber hinaus zu einer neuen Kultur höchsten Genusses gesteigert werden. So konnte, schloss der junge Nietzsche, mit beiden die griechische Tragödie auf deutschem Boden neu aufleben, eine neue Kultur aus der Musik geboren werden. In seiner späteren »Selbstkritik« nannte er das ernüchtert »Artisten-Metaphysik«, »willkürlich, müssig, phantastisch« (GT, Versuch einer Selbstkritik 2 u. 5). Doch blieb er dabei, dass das Dasein durch die Kunst zwar nicht metaphysisch gerechtfertigt, aber »erträglich« werde. Nietzsche nahm den berühmt gewordenen Satz aus GT »nur als aesthetisches Phänomen ist das Dasein und die Welt ewig gerechtfertigt« (GT 5, KSA 1.47) in FW 107 zurück in »Als ästhetisches Phänomen ist uns das Dasein immer noch erträglich«. Das ›ästhetische Phänomen‹ blieb, die metaphysische Rechtfertigung entfiel.

1.3. Auch die *Philosophie* wurde in Athen zu einer maßgeblichen Kulturerscheinung. Bei Anaximander, Heraklit oder Empedokles war sie noch am Tragischen orientiert. Mit Sokrates, der als ihr wichtigster Gründervater gilt, begann, so Nietzsche, ihr Niedergang und mit ihm der Niedergang der griechischen Kultur. Sokrates stand der Überlieferung nach der Musik und der Tragödie eher fern und drängte stattdessen auf logische Rechtfertigung nach ausdrücklich festgestellten und überlegt geordneten allgemeingültigen Begriffen; er unterschied in der Philosophie Kunst und Wissenschaft, um sie auf die Letztere festzulegen. Dazu musste er die Begriffe aus den wechselnden Situationen ihres pragmatischen Gebrauchs herauslösen, einen theoretischen Standpunkt jenseits der alltäglichen Sprache einnehmen. Mithilfe der persönlichen Faszination, die er auf sie ausübte, wandte er den Blick der vornehmen jungen Athener von der Schrecklichkeit des Daseins, wie sie die Tragödie zeigte, ab und einer allgemeingültigen, zeitlosen, theoretischen Verknüpfung ›reiner‹ Begriffe zu, brachte unter den auf Krieg und Wettkampf ausgerichteten Griechen den »Typus des theoretischen Menschen« zu Ansehen (GT 15, KSA 1.98). In Nietzsches Sicht verlor die Philosophie dadurch auf Jahrtausende den Anschluss an die Tiefen des Lebens, um sich nur noch mit seiner logischen Oberfläche zu befassen und in ihr nun den eigentlichen Wert des Lebens zu sehen. Die Philosophie verarmte, indem sie sich selbst illusionierte; der Geburtsfehler der sokratischen Philosophie, die als Aufklärung antrat und sich zur Instanz der Wahrheit erklärte, war ihr Wille zur Selbstillusionierung. Aus der Illusion der Kunst, die den Blick in die Abgründe öffnete, wurde eine Illusion, die vor ihnen schützte.

2. *Leitende Unterscheidungen*: Daraus ergab sich für Nietzsche die Aufgabe der Philosophie in der Gegenwart: sich als Instanz der Wahrheit, zu der sie Sokrates gemacht hatte, über ihren Willen zur Selbstillusionierung aufzuklären und dadurch eine neue Steigerung der Kultur zu ermöglichen. Sie sollte für eine illusionslose Orientierung sorgen. Nietzsche unterschied dazu (1.) die Haltung zur Realität nach Pessimismus und Optimismus (darin eingeschlossen: nach Stärke und Schwäche des Wahrheitssinns), (2.) die Realität selbst nach Chaos und Kosmos (darin eingeschlossen: nach Werden und Sein), (3.) die menschliche Realität nach Individuum und Gesellschaft (darin eingeschlossen: nach Gesundheit und Krankheit) und (4.) die menschliche Zurechtlegung der Realität nach Metaphern und Begriffen (darin eingeschlossen: nach Typen und Karikaturen). Solche Unterscheidungen wollte er als hypothetische, experimentelle verstanden wissen, nicht als metaphysische Gegensätze, die für ihn illusionäre Realitäten waren (vgl. JGB 2).

2.1. *Unterscheidung der Haltung zur Realität – Pessimismus/Optimismus*: ›Pessimismus‹ ist für Nietzsche (und Schopenhauer) nicht, was gewöhnlich darunter verstanden wird, die notorische *Erwartung* des pessimum, des Schlimmsten, sondern der philosophische Mut, das immer schon *gegenwärtige* Schlimmste, die Abgründe des Daseins, sehen und sich ihm illusionslos stellen zu können. Pessimismus, wie er ihn verstand, schwächt das Leben nicht, sondern stärkt es. Der Kunst, die diesen starken Pessimismus ermöglicht, stellte er (wiederum mit Schopenhauer) den ›Optimismus‹ des theoretischen Menschen gegenüber, der auf die Oberfläche der Begriffe setzt und auf die (scheinbar allgemeine) Vernunft, die sie bildet und ordnet, und der darin sein Glück sucht. Als eine auf Jahrtausende etablierte Selbstillusionierung des Denkens sei dieser Optimismus »eine wahrhaft ruchlose Denkungsart« (DS 6, 1.192). Schopenhauer wollte ihn verabschieden, indem er über ihn aufklärte; Nietzsche bezog ihn in einen neuen »dionysischen Pessimismus« (FW 370) ein, durch den er erträglich werden konnte und der ermutigen sollte, das Leben zu steigern statt sich von ihm abzuwenden.

2.2. *Unterscheidung der Realität selbst – Chaos/Kosmos*: »Der Gesammt-Charakter der Welt ist«, schrieb Nietzsche in FW 109, »in alle Ewigkeit Chaos, nicht im Sinne der fehlenden Nothwendigkeit, sondern der fehlenden Ordnung, Gliederung, Form, Schönheit, Weisheit, und wie alle unsere ästhetischen Menschlichkeiten heissen.« Diese lassen sich im Begriff ›Kosmos‹, wörtlich etwa ›schöne Ordnung‹, zusammenfassen. Menschen legen sie als Illusion über die Realität des Chaos, um mit ihm zurechtzukommen; sie brauchen irgendeine ›schöne Ordnung‹, um überhaupt leben zu können. Doch Illusionen, so lebensnotwendig sie von Zeit zu Zeit sind, gefährden das Leben auf lange Sicht; Aufgabe der Philosophie ist es darum, unter ihnen die nicht schön geordnete Realität, das unablässig anders werdende Chaos freizulegen. Da aber die sokratische theoretische Vernunft gerade die optimistische Illusionierung der Realität betrieben hatte, musste sie als erste entthront werden: Sie gab kein ewig bleibendes ›Sein‹ zu erkennen, wie es die (später so genannte) Metaphysik seit Parmenides postuliert hatte und dem gegenüber alles Sinnliche zum bloßen ›Schein‹ wurde, sondern schuf ihrerseits nur einen Schein; sie erfasste die Realität nicht, sondern illusionierte sie nur. So ersetzte Nietzsche die alte parmenideische und dann auch platonische und aristotelische Unterscheidung von ›Sein‹ und ›Schein‹ durch die von Realität und Illusion, Tiefe und Oberfläche oder, in mythischen Symbolen, dionysisch und apollinisch: die sichtbaren, greifbaren, wohlgeordneten, ruhevollen, schönen Gestalten, für die das Griechentum gefeiert wurde und als deren höchstes Symbol die Statuen des Gottes Apollo galten, sind nur die beruhigende Oberfläche chaotisch-rauschhaften Werdens in der Tiefe, an das keine Vernunft heranreicht und das nur die Musik symbolisieren kann. Sofern auch die Sprache dieser Oberfläche angehört, bleibt alle Rede von jenem Chaos problematisch.

2.3. *Unterscheidung der menschlichen Realität – Individuum/Gesellschaft*: Die Realität der Natur ebenso wie des Menschen ist zunächst, darin bestärkten Nietzsche ebenso der griechische Wettkampf- wie Darwins Selektionsgedanke, das Individuum. Realität bestimmt sich in der unablässigen Auseinandersetzung unter Individuellem, nicht nach Gesetzen, die man ihr um der schönen Ordnung willen unterstellt. Und auch ›Individuen‹ gibt es nicht schon vorab. Sie bilden sich ihrerseits immer neu in jener Auseinandersetzung als sich aneinander messende ›Mächte‹ heraus: »jede Macht«, so Nietzsche in JGB 22, zieht »in jedem Augenblicke ihre letzte Consequenz« (vgl. X.4). Die Gesellschaft und die Bindungen und Gesetzlichkeiten, die sie durchziehen, sind in dieser Sicht Oberflächenphänomene, die man auf die sie bestimmenden Realitäten hin durchstoßen muss. Menschen sind wohl auf Gesellschaft und politische Gemeinschaften angewiesen, aber nur aus Not, um überleben zu können, und von dieser Not her müssen alle sozialen Bindungen verstanden werden. Nietzsche setzte darum bei den Individuen an, die ›allein stehen‹ und auch ›allein stehen‹ können müssen – worüber sie soziale Bindungen leicht hinwegtäuschen. Sie brauchen die Kraft zur Einsamkeit, zu »sieben Einsamkeiten« (FW 285), um sich selbst orientieren und für sich verantwortlich sein zu können. Auch und gerade die Philosophen standen allein und im Wettkampf, bevor sie Schulen und Lager bildeten, und solange sie noch allein standen, konnte jeder von ihnen eine »Persönlichkeit« werden wie ein Heraklit, ein Empedokles, ein Sokrates oder ein Platon. Erst der gesellschaftliche Erfolg der Philosophie verpflichtete sie auch der Gesellschaft – und machte sie, so Nietzsche, oberflächlich. Menschen aber, die dauerhaft um die Ausübung ihrer Stärken gebracht werden, werden krank. Je länger die starken Individuen, auf die jede Gesellschaft zu ihrer Orientierung unter ihren beständig sich verändernden Lebensbedingungen angewiesen ist, Zwängen unterworfen wurden, die sie mit allen, auch den schwächeren und schwächsten Individuen, gleichstellen sollten, desto mehr misstrauten sie ihrer Stärke, und je bereitwilliger sie selbst diese Zwänge als Moral verinnerlichten, desto mehr sahen sie eine Schuld in ihr – und desto schwächer und kränker, so Nietzsche, wurde die Gesellschaft im Ganzen.

2.4. *Unterscheidung der menschlichen Zurechtlegung der Realität – Metaphern/Begriffe*: Erstes Erfordernis des Zusammenlebens von Menschen in einer Gesellschaft ist eine gemeinsame Sprache, die zu rascher Verständigung in der Not verhilft (vgl. JGB 268, FW 354). Sie bildet »Conventionen« aus (WL 1, KSA 1.878), die mit der Zeit zu einer neuen »Gewalt« werden, die »wie mit Gespensterarmen die Menschen fasst und schiebt, wohin sie eigentlich nicht wollen« (WB 5, KSA 1.455). Sie erzeugt gemeinsame Bilder der Realität und trennt dadurch die Individuen von ihrem eigenen Erleben ab. Es ist jedoch dieses eigene Erleben der chaotisch sich verändernden Realität, das jeweils und immer wieder anders zum Sprechen bringt. So muss auch die Sprache Spielräume zur unablässigen Veränderung lassen, muss »noch Chaos in sich haben« (Za, Vorrede 5, KSA 4.19), den Sinn durch Metaphern, eingängige Bilder, die vielfache Auslegungen zulassen, »flüssig« halten (GM II 12; vgl. IV.5). Zugleich darf sie den Menschen jedoch ihr »Sicherheitsgefühl« (M 174, FW 355) nicht nehmen, darf nicht, wie es Nietzsche von der Geschichtswissenschaft seiner Zeit befürchtete, das »rasend-unbedachte Zersplittern und Zerfasern aller Fundamente, ihre Auflösung in ein immer fliessendes und zerfliessendes Werden« betreiben und damit der Gesellschaft überhaupt und der Erziehung der Jugend den Boden entziehen (HL 9, KSA 1.313). Sie muss, wie Nietzsche sich notierte, Möglichkeiten bewahren, im wörtlichen Sinn »Begriffe feststellen« (N 1885, 35[84], KSA 11.548), um »vielleicht das Thier ›Mensch‹ damit feststellen« zu können (N 1885/86, 2[13], KSA 12.72), im Ganzen also eine haltbare und dennoch bewegliche Orientierung gewährleisten. Das Mittel dazu ist die Bildung von Typen. Ein Typus ist im Wortsinn eine Prägung, eine umrisshafte Kennzeichnung, ein vielfältig ausfüllbares Schema – also haltbar und beweglich zugleich. Er wird an Einzelnen oder Einzelnem festgemacht und hypothetisch als Allgemeines genommen, so lange, wie weitere Anhaltspunkte zu seiner Verschiebung nötigen. Er ist ein Begriff auf Zeit, erlaubt Verallgemeinerungen auch dort, wo sie auf Dauer nicht haltbar sind, also bei allem Lebendigen in Natur und Geschichte. In diesem Sinn macht Nietzsche Figuren der Geschichte wie Sokrates und Jesus, Goethe und Napoleon zu Typen und führt auch seinen Zarathustra oder den Übermenschen als Typus ein. Dass er hier Typen *bildet*, macht er durch ihre Überzeichnung kenntlich. Er notierte sich schon früh: »Ich zeige eine Karikatur. Nicht in der Meinung, daß alle sie als Karikatur erkennen: Hoffnung daß am Schluß sie jedermann als Karikatur klar sein wird.« (N 1869, 1[11], KSA

7.14) Und zuletzt sah er, dass alles Lebendige, das zu lange als Typus festgehalten und in Begriffen festgestellt wird, sich schließlich als Karikatur entpuppt: »Der Mensch, eingesperrt in einen eisernen Käfig von Irrthümern, eine Carikatur des Menschen geworden« (N 1888, 15[73], KSA 13.453).

VII. Nietzsches Kritik illusionärer Orientierungen

Über die Realität, so Nietzsches pessimistischer Schluss, können wir uns nur Illusionen bilden. Aber wir können das wissen und mit unseren Illusionen so umgehen, dass sie dem Leben nützen, statt zu schaden. Illusionen nützen dem Leben, solange sie der Orientierung das nötige Sicherheitsgefühl geben, sie schaden ihm, sofern sie dadurch unter neuen Bedingungen Neuorientierungen unnötig erscheinen lassen. Sie gefährden es, wenn sie die Orientierung in enge, dauerhafte Systeme einschließen, und sie steigern es, wenn sie dazu beitragen, die Horizonte und Spielräume der Orientierung zu erweitern und zu vervielfältigen. Wenn Orientierungen lebenstauglich bleiben sollen, müssen sie darum jeweils unterscheiden können, was ihnen nützt und schadet, sie gefährdet und steigert. Und dazu kann ihnen philosophische Kritik helfen, Kritik als Frage nach den Bedingungen der Möglichkeit des scheinbar Selbstverständlichen. Nietzsches Kritik war die bisher radikalste in der Geschichte der europäischen Philosophie. Sie bezog sich vor allem auf 1. Metaphysik und Christentum, 2. die herrschende Moral, 3. die Schauspielerei der Gesellschaft, 4.-6. die Wissenschaft, die Erkenntnis und die Logik, 7. das Bewusstsein, 8. die Sprache, 9. jede Art von Glauben und 10. die Lebensform im ganzen, die, so Nietzsche, an asketischen Idealen ausgerichtet ist.

1. *Metaphysik und Christentum*: Nach Nietzsches Typik entstand die europäische Kultur im Verbund von Metaphysik und Christentum. Die parmenideische Tradition der Philosophie einer mit dem Sein übereinstimmenden, begrifflich gefassten, logisch festgestellten und darum lehrbaren Wahrheit projiziert, so Nietzsches Kritik, jenes Sein als eine einheitliche und ewige Hinterwelt der Phänomene, die der menschlichen Orientierung immer nur perspektivisch und zeitlich zugänglich sind. Weil die Jünger Jesu nach dessen Geheiß ausziehen und den Menschen in aller Welt das Evangelium lehren sollten, mussten sie – und nach ihnen Paulus und die spätere christliche Theologie – es in Dogmen fassen und setzten dafür die Begriffe der griechischen Metaphysik ein. In der Folge stützten Metaphysik und Christentum einander wechselseitig, das dogmatische Christentum (nicht die ›evangelische Praktik‹ Jesu, vgl. XI.9) wurde zum »Platonismus für's ›Volk‹« (JGB, Vorrede). Im 19. Jahrhundert wurden denn auch beide zusammen unglaubwürdig.

2. *Herrschende Moral*: Metaphysik und Christentum kamen in einer Moral zusammen, die deren Unglaubwürdigwerden überstand. Ihre Kritik steht im Zentrum von Nietzsches Werk, besonders in M, JGB und GM. Moral bezieht sich so wenig wie Metaphysik und Religion, auch wenn sie »den ältesten Realismus« zum Anwalt hat, auf etwas Reales: »Die moralischen Handlungen sind in Wahrheit ›etwas Anderes‹, – mehr können wir nicht sagen: und alle Handlungen sind wesentlich unbekannt.« (M 116) Moral ist eine Interpretation, die »Moden« unterliegt (M 131). Als Ursprung der gegenwärtigen Moral »einer handeltreibenden Gesellschaft« vermutete Nietzsche »einen socialen Trieb der Furchtsamkeit«. Sie soll »dem Leben alle Gefährlichkeit« nehmen und ein »Sicherheitsgefühl der Gesellschaft« schaffen (M 174). Als »Gefahr der Gefahren« aber erscheint dann das unbeherrschte und übermächtige Individuum (M 173), die

»Abweichenden, welche so häufig die Erfinderischen und Fruchtbaren sind« (M 164). Die Moral drängt darum auf »Sich-gleichgeben, Sich-einordnen, Sich-verringern« (M 26), auf die »gründliche Umbildung, ja Schwächung und Aufhebung des Individuums« (M 132) – im Interesse der schon angepassten und geschwächten Menschen. Die griechische Moral der Selbstbeherrschung einerseits und das christliche Gebot der Nächstenliebe andererseits wurden dabei auf eine Moral der Selbstlosigkeit auf Gegenseitigkeit reduziert, und die Metaphysik unterstellte dazu einen freien Willen als Handhabe, einander Schuld zuzuweisen und so moralisch niederzuhalten (vgl. JGB 21). Moderne Europäer ertragen einander nur noch in dieser »Moral-Verkleidung« (FW 352). Die Moral, die gegen die Macht angetreten war, wurde so selbst zur herrschenden Macht, zur Macht der Ohnmächtigen über die Mächtigen. Sie lebt vom Ressentiment der »Schlechtweggekommenen«, die sich »durch eine imaginäre Rache schadlos halten« (GM I 10; vgl. XI). Priester und Lehrer, die sie erfanden und verbreiteten, konnten das wissen, schrieben jedoch, sei es »unehrlich-verlogen, abgründlich-verlogen« oder »aber unschuldigverlogen, treuherzig-verlogen, blauäugig-verlogen, tugendhaft-verlogen«, ihren Ursprung höheren Mächten oder Ordnungen zu, so dass niemand für sie verantwortlich scheint (GM II 19). Aber niemand, der in einer Gesellschaft lebt, ist von der Moral der Selbstlosigkeit auf Gegenseitigkeit frei. Ihre Kritik ist nur: »Aus Moralität!« zugunsten einer höheren Moral möglich (M, Vorrede 4). Nietzsche ist dem gefolgt (vgl. VIII-XI).

3. *Gesellschaft: Demokratie und Sozialismus* betrachtete Nietzsche als Erben der Moral der »Heerden-Furchtsamkeit« (JGB 201 f.); sie wurde nun zum Bindemittel der Gesellschaft. Waren die archaischen Griechen noch zu prekären Gesellschaften aus autarken Einzelnen imstande und die Menschen des Mittelalters zu

»jenen Ungeheuern von breiten Gesellschafts-Thürmen«, von denen die Kathedralen zeugen, so kehre nun »jener Athener-Glaube«, den die wachsende Demokratisierung erzwang, als »Europäer-Glaube« zurück: dass jeder für alle eintreten und darum jede Rolle spielen können muss. Dies, so Nietzsche, ist ein »Artisten-Glauben« von »Schauspielern« (FW 356), für den die Rolle den Charakter, die Kunst die Natur, das Sich-Verlassen auf die Institution das Alleinstehen-Können überwiege und die »Anpassungskunst« zur höchsten Kunst werde (FW 361). Eine Gesellschaft von Schauspielern lebt von der Illusion und arbeitet darum auch unablässig an ihrer Selbstillusionierung, wie unehrlich, abgründlich, treuherzig oder tugendhaft auch immer. Da Juden und Frauen – Nietzsche nennt sie in FW 361 zusammen – am längsten und stärksten zur Anpassung gezwungen wurden und dabei Schauspielerei gegenüber anderen und vor sich selbst unterscheiden lernten, müssten sie sich eines Tages als die Mächtigsten und Redlichsten, für die Übrigen aber als die Unbegreiflichsten erweisen. Für die allseitige Anpassung aber habe die moderne Gesellschaft den »›Segen der Arbeit‹« geschaffen (M 173, vgl. XI.7.2).

4. *Wissenschaft*: Die Wissenschaften, ebenso die Naturwissenschaften wie die historischen Wissenschaften, sind sowohl Instanzen als auch Gegenstände von Nietzsches Kritik illusionärer Orientierungen: Instanzen, sofern sie den Glauben an Illusionen methodisch auflösen, Gegenstände, sofern auch sie »noch fromm sind«, selbst noch einem Glauben anhängen, dem Glauben an die Wahrheit. Wissenschaft und Moral verbindet die Forderung nach Selbstlosigkeit. Beide verlangen, von eigenen Vorteilen, persönlichen Gefühlen und eigenwilligen Urteilen zugunsten von ausschließlich allgemein Gültigem abzusehen; um dieser Selbstlosigkeit einen positiven Anhalt zu geben, postulierte die Transzendentalphilosophie ein ›reines Subjekt‹. So aber ist der »Boden

der Moral« auch der Boden der Wissenschaft und die Wissenschaft, einschließlich der herkömmlichen Philosophie, damit blind für die Moral; sie kann sich nicht von ihr distanzieren, sie nicht zu ihrem Gegenstand machen (FW 344). Und so konnte sie auch nicht die Frage nach dem Wert des Willens zur Wahrheit stellen (»warum nicht lieber Unwahrheit? Und Ungewissheit? Selbst Unwissenheit?«, JGB 1), nicht die »Unwahrheit als Lebensbedingung« erkennen (JGB 4) und nicht sehen, dass selbst die »Physik auch nur eine Welt-Auslegung und -Zurechtlegung [...] und nicht eine Welt-Erklärung« ist (JGB 14). Dennoch hat sich in der europäischen Wissenschaft »die christliche Moralität selbst, der immer strenger genommene Begriff der Wahrhaftigkeit, die Beichtväter-Feinheit des christlichen Gewissens, übersetzt und sublimirt zum wissenschaftlichen Gewissen, zur intellektuellen Sauberkeit um jeden Preis.« (FW 357 / GM III 27) Mit dieser Wahrhaftigkeit wird sie auch noch ihren Glauben an die Wahrheit in Frage stellen und so zur höchsten und letzten Instanz der Kritik werden können, als ›fröhliche‹ Wissenschaft (vgl. VIII.7).

5. *Erkenntnis*: Wenn von Wahrheit im Sinn der Übereinstimmung wissenschaftlicher Aussagen mit ihren Gegenständen nicht mehr die Rede sein kann, weil die Gegenstände ohne die Aussagen gar nicht fassbar sind, wird sie zum »Glaubenssatz« (FW 347, GM I 13). »Solche irrthümliche Glaubenssätze«, zum Beispiel »dass es dauernde Dinge gebe, dass es gleiche Dinge gebe, dass es Dinge, Stoffe, Körper gebe, dass ein Ding Das sei, als was es erscheine, dass unser Wollen frei sei, dass was für mich gut ist, auch an und für sich gut sei«, dass es Subjekte gibt, wurden »immer weiter vererbt und endlich fast zum menschlichen Art- und Grundbestand« und wirken nun wie Instinkte, die fraglos orientieren. Eben darin liegt »die Kraft der Erkenntnisse«, »nicht in ihrem Grade von Wahrheit, sondern in ihrem Alter, ihrer

Einverleibtheit, ihrem Charakter als Lebensbedingung.« (FW 110) Dagegen anzugehen erregt Furcht, und das Erkennen im Ganzen, im Alltag ebenso wie in der Wissenschaft und Philosophie, folgt, so Nietzsches Hypothese, einem »Instinkt der Furcht«: Es versucht stets etwas Fremdes, Beunruhigendes »auf etwas Bekanntes« zurückführen, und so wäre »das Frohlocken des Erkennenden« auch hier »das Frohlocken des wieder erlangten Sicherheitsgefühls«. Dabei reicht es schon aus, im Fremden »unsre Logik oder unser Wollen und Begehren« wiederzufinden. Die philosophische Alternative zu diesem ›Erkennen‹ wäre, furchtlos auch das Bekannte »als Problem zu sehen, das heisst als fremd, als fern, als ›ausser uns‹ zu sehn ...« (FW 355, vgl. VIII.6)

6. *Logik*: »Auch hinter aller Logik und ihrer anscheinenden Selbstherrlichkeit der Bewegung stehen Werthschätzungen, deutlicher gesprochen, physiologische Forderungen zur Erhaltung einer bestimmten Art von Leben.« (JGB 3) Die Logik ist, wie Nietzsche (nur) in seinen Aufzeichnungen ausgeführt hat, eine »ungeheure Abbreviatur-Fähigkeit«, ein »Zeichen-Apparat«, der seine Überlegenheit gerade darin hat, »daß er sich von der Einzel-Thatsache möglichst weit entfernt«; die »Reduktion der Erfahrungen auf Zeichen, und die immer größere Menge von Dingen, welche also gefaßt werden kann: ist seine höchste Kraft« für das Leben (N 1885, 34 [131], KSA 11.464, korr.). Logik vereinfacht die »unsäglich anders complicirte« Wirklichkeit extrem und macht sie dadurch übersichtlich. Ihr »Simplificationsapparat« ist darin das »Muster einer vollständigen Fiction« – ohne die wir nicht auskommen. Ihre »Zeichenschrift« ermöglicht die »Mittheilbarkeit und Merkbarkeit der logischen Vorgänge«, sie schafft Zeichen, die unabhängig von allen individuellen Bedingungen des Erlebens und Erfahrens in der Schrift festgehalten und also allgemeingültig gelehrt werden können, und damit das Muster einer »regulativen Fiktion« (N 1885, 34[249],

KSA 11.505). Solange man ihr nicht metaphysisch ein Sein unterstellt, sondern sie als eine »nur auf das Oberflächlichste« anwendbare »Schematisir- und Abkürzungskunst [...] zum Zweck der Verständigung« betrachtet (N 1886/87, 5[16], KSA 12.190), ist sie eine höchst nützliche »Kunst der eindeutigen Bezeichnung« (ebd., 7[34], KSA 12.307). Solange man jedoch glaubte, »ein Kriterium der Realität in den Vernunftformen zu haben, während man sie hatte, um Herr zu werden über die Realität, um auf eine kluge Weise die Realität mißzuverstehen«, war sie »der größte Irrthum, der begangen worden ist, das eigentliche Verhängniß des Irrthums auf Erden« (N 1888, 14[153], KSA 13. 337). Die Philosophie und die Wissenschaften hätten sich nun einzugestehen, dass sie nur versuchen können, »das Heraklitische Werden irgendwie zu beschreiben und in Zeichen abzukürzen (in eine Art von scheinbarem Sein gleichsam zu übersetzen und zu mumisiren)« (N 1885, 36[27], KSA 11.562), und dass sie dazu »die größten Abstraktions-Künstler« (N 1886/87, 6[11], KSA 12.237) für die »Erfindung von Zeichen für ganze Arten von Zeichen« (N 1885/86, 1[28], KSA 12.17) brauchen. Sie können dabei durchaus zu höchsten Verallgemeinerungen vorstoßen, doch eben immer nur versuchsweise, vorläufig, in Zeichen.

7. *Bewusstsein*: Descartes hat das Bewusstsein des Seins, zu dem er vom Sein an sich übergegangen war, wiederum als ein Sein an sich gedacht, dem wiederum Unsterblichkeit zugeschrieben werden kann, und seither gilt es als »der Kern des Menschen; sein Bleibendes, Ewiges, Letztes, Ursprünglichstes« (FW 11). Evolutionistisch betrachtet ist das Bewusstsein jedoch ein noch nicht abgeschlossener Versuch, der »das noch nicht festgestellte Thier«, den Menschen (JGB 62), ebenso gefährden wie stärken kann. Phänomenologisch betrachtet äußert es sich als gelegentliche »Bewusstheit«, wenn »der erhaltende Verband der Instincte« nicht mehr ausreicht und unter erhöhter Aufmerksam-

keit neue und komplexere Orientierungen erprobt werden (FW 11). Das ist besonders in der »Mittheilung«, der Kommunikation durch Zeichen, der Fall. Weil in der »Noth«, »sich gegenseitig rasch und fein zu verstehen«, immer Spielräume des Verstehens und Missverstehens der Zeichen bleiben, bedarf die Kommunikation dauernder Bewusstheit und *in diesem Sinn* eines anhaltenden Bewusstseins. In einer »vielleicht ausschweifenden Vermuthung« führte Nietzsche darum »die Feinheit und Stärke des Bewusstseins« auf die »Mittheilungs-Fähigkeit eines Menschen (oder Thiers)« und das Bewusstsein überhaupt auf den »Druck des Mittheilungs-Bedürfnisses« zurück. Bewusstsein ist danach ein Effekt der Kommunikation, »eigentlich nur ein Verbindungsnetz zwischen Mensch und Mensch«, und darum ›enthält‹ es auch nur das, was sich in konventionell gewordenen Zeichen mitteilen lässt: es gehört »nicht eigentlich zur Individual-Existenz des Menschen [...], vielmehr zu dem, was an ihm Gemeinschafts- und Heerden-Natur ist« (FW 354).

8. *Sprache*: Die illusionären Orientierungen der Religion, Metaphysik, Moral, Wissenschaft und Logik haben sich allesamt in der Sprache niedergeschlagen und dort ihren »beständigen Anwalt« (GD, Die ›Vernunft‹ in der Philosophie 5). Die Sprache orientiert unwillkürlich in ihrem Sinn. Die indoeuropäischen Sprachen könnten mit ihrer Subjekt-Prädikat-Grammatik die metaphysische Grundunterscheidung bleibender Substanzen, die als Satzsubjekte fungieren, und wechselnder Eigenschaften, die diesen Subjekten prädiziert werden, nahegelegt haben (JGB 20), und auch die Annahme eines Gottes, der Grund alles Übrigen ist, könnte ein Effekt der Grammatik sein: »Ich fürchte, wir werden Gott nicht los, weil wir noch an die Grammatik glauben ...« (GD, Die ›Vernunft‹ in der Philosophie 5). Doch selbst wenn wir dieses »vernünftige Denken« als »ein Interpretiren nach einem Schema«, einem »sprachlichen Zwange« erkennen, können

wir es, notierte sich Nietzsche, doch »nicht abwerfen« (N 1886/87, 5[22], KSA 12.193 f.): »Es steht nicht in unserem Belieben, unser Ausdrucksmittel zu verändern: es ist möglich, zu begreifen, in wiefern es bloße Semiotik ist.« (N 1888, 14[122], KSA 13.302)

9. *Glauben*: Im Begriff des – keineswegs nur religiösen – Glaubens fasst Nietzsche die illusionären Orientierungen zusammen. Je weniger die Realität zu erkennen ist, desto mehr hat man ein »Bedürfniss nach Glauben, Halt, Rückgrat, Rückhalt«, um leben und handeln zu können. Die Frage ist dann nur, »wie viel einer Glauben nöthig hat, um zu gedeihen, wie viel ›Festes‹, an dem er nicht gerüttelt haben will, weil er sich daran hält«. Je weniger er davon nötig hat, desto mehr wird er sich der Realität öffnen können. Das kann sich unter wechselnden Umständen ändern. Es ist daher »ein Gradmesser seiner Kraft (oder, deutlicher geredet, seiner Schwäche)« (FW 347), wie weit einer dem »endlosen Vertrauen«, »einer letzten Weisheit, letzten Güte, letzten Macht«, der Hoffnung auf einen »Verbesserer letzter Hand«, einer »Vernunft« in dem, was geschieht, der »Liebe« in dem, was ihm selbst geschieht, irgendeinem »letzten Frieden« »entsagen« kann (FW 285). Dem Glauben steht kein Wissen gegenüber – selbst die »Annahmen von Körpern, Linien, Flächen, Ursachen und Wirkungen, Bewegung und Ruhe, Gestalt und Inhalt« sind »Glaubensartikel« (FW 121) –, sondern ein Wille, sich aus eigener Kraft Halt zu schaffen, jeweils selbst zu entscheiden, woran man sich halten will: »der Wille ist, als Affekt des Befehls, das entscheidende Abzeichen der Selbstherrlichkeit und Kraft.« (FW 347) Hat jemand Glauben, woran auch immer, auf Dauer nötig, nennt Nietzsche ihn einen gebundenen im Gegensatz zu einem freien Geist (MA I 225-229) und rechnet es zur ›Aufgabe‹ seines Philosophierens, ihm – immer neu – zur Befreiung seines Geistes zu verhelfen.

10. *Asketisches Ideal*: In der III. Abhandlung der GM hat Nietzsche die metaphysisch-christliche Moral Europas, die ihre philosophische Begrifflichkeit und auch noch ihre Wissenschaft durchdringt, auf den Begriff des asketischen Ideals gebracht. Damit fasste er, in Erinnerung an die mönchischen Tugenden der Armut, Demut und Keuschheit, die illusionäre Orientierung der Europäer (wo immer sie sich niedergelassen hatten) prägnant zusammen. ›Askese‹ bedeutet Übung, strenge Zucht, Disziplinierung des Lebens. Ein asketisches Ideal verlangt unermüdliche Anstrengung ein Leben hindurch und kann doch, als Ideal, nie erfüllt werden; es schafft ein um so schlechteres Gewissen, je mehr man sich ihm ergibt, fordert eine dauernde Selbstvergewaltigung. Aber es hat Sinn, den Sinn, dem sinnlosen Leiden in einer sinnlosen Welt einen Sinn zu geben: »Die Sinnlosigkeit des Leidens, nicht das Leiden, war der Fluch, der bisher über der Menschheit ausgebreitet lag, – und das asketische Ideal bot ihr einen Sinn! Es war bisher der einzige Sinn; irgend ein Sinn ist besser als gar kein Sinn«. Doch dieser Sinn ist leer, das asketische Ideal »bedeutet, wagen wir es, dies zu begreifen, einen Willen zum Nichts, einen Widerwillen gegen das Leben, eine Auflehnung gegen die grundsätzlichsten Voraussetzungen des Lebens« (GM III 28).

VIII. Nietzsches Anhaltspunkte und Maßstäbe einer selbstkritischen Orientierung

Eine selbstkritische Orientierung, die Illusionen eines Halts außer ihr, jenseits ihrer eigenen Standpunkte, Horizonte und Perspektiven, entsagt, muss und kann ihren Halt in sich selbst finden. Das ist, so Nietzsche, da sie auch dafür keine letzten Gründe hat, eine Sache des Willens, der Entscheidung aus eigener Kraft (vgl. X.4). Es wäre angesichts der Ungewissheit, der alle Orientierung ausgesetzt ist, eine »Willenslähmung«, bei bloßer Skepsis stehen zu bleiben, es sich im Zweifel bequem zu machen (JGB 208; vgl. N 1881, 15[2], KSA 9.634). Nietzsche hat die Kräfte zur eigenen Orientierung, zur eigenen Entscheidung und zum eigenen Handeln wieder im ganz alltäglichen Leben gesucht und damit der Philosophie neue Horizonte geschaffen.

1. *Natürlichkeit*: Er verstand seine »Aufgabe« auch als »Entmenschung der Natur« einerseits, d.h. als Abbau ihrer jahrtausendelangen Anthropomorphisierung, und als »Vernatürlichung des Menschen« andererseits, d.h. als seine Neuorientierung an einer nicht (oder weniger) vermenschlichten Natur (N 1881, 11[211], KSA 9.525). Menschen sollten sich aus der Natur verstehen, wie sie unverstellt ist, weder vergöttlicht noch verteufelt, weder dämonisiert noch verharmlost. Nietzsche setzte das Natürliche als das aus Bedürfnissen und Nöten heraus allmählich Gewachsene dem Künstlichen, nur Ausgedachten und Gespielten entgegen. Man müsse zuerst einmal die »aller nächsten Dinge« besser kennenlernen, »wissen, was uns förderlich, was uns schädlich ist, in

der Einrichtung der Lebensweise, Vertheilung des Tages, Zeit und Auswahl des Verkehres, in Beruf und Musse, Befehlen und Gehorchen, Natur- und Kunstempfinden, Essen, Schlafen und Nachdenken«, kurz das Menschlich-Allzumenschliche; »das Bedürfniss des Einzelnen, seine grosse und kleine Noth innerhalb der vierundzwanzig Tagesstunden« dürfe für die Philosophie nicht länger etwas »Verächtliches oder Gleichgültiges« sein (MA II, WS 5f.).

2. *Leiblichkeit*: Das Natürliche fängt beim eigenen Leib an. Nietzsche hat mit Verve die Affekte, Triebe, Instinkte, Gefühle und Leidenschaften (oder was davon in der modernen Zivilisation übrig geblieben ist) und insbesondere die Sexualität für die Philosophie enttabuiert: »Grad und Art der Geschlechtlichkeit eines Menschen reicht bis in den letzten Gipfel seines Geistes hinauf« (JGB 75). Er drängte darauf, den Menschen in seiner ganzen Komplexität neu am »Leitfaden des Leibes« zu erschließen (N 1884, 26 [374], KSA 11.249, u.ö.). Dabei folgte er zum einen der Unterscheidung männlich – weiblich, setzte, weil jeder an ein Geschlecht und dessen Denkweisen gebunden ist (auch wenn er es wechseln kann), als Mann sich immer neu mit dem »Räthsel« »Weib« auseinander, das die »Wahrheit« für ihn blieb (FW, Vorrede 4). Quer dazu stellte er alles Philosophieren zugleich unter die Unterscheidung gesund – krank. An seine leiblichen und seelischen ›Gesundheiten‹ ist man individuell gebunden und kann, zumal über die Krankheiten, denen sie ausgesetzt sind, geistig mehr oder weniger daraus gewinnen – so wie Nietzsche es selbst vorgelebt hat. Eine kritische Philosophie müsse darum immer auch »Gesundheitslehre« sein (MA II, Vorrede 2, vgl. II).

3. *Vernünftigkeit*: Nietzsche hat die metaphysische »Vernunft« entthront, umso mehr aber auf pragmatische »Vernünftigkeit« gesetzt, die »nach Zweckmässigkeit und Nützlichkeit geschätzt und gehandelt wissen will« (JGB 191). Er verbindet sie mit Klar-

heit, Übersicht und Planbarkeit innerhalb der eigenen Lebensverhältnisse. Sie muss dem »Vernunftlosen«, dem Leiblichen und seinen Regungen und Bedürfnissen, »auf eine unvernünftige Weise« entsprungen (MA I 1, M 123) sein und bleibt auch an sie gebunden, ist als »das Nicht-Beliebige im Urtheilen« und mögliche »Allverbindlichkeit« im Verkehr mit andern aber unentbehrlich (FW 76). Es ist dieser Verkehr, die alltägliche Kommunikation, die Maßstäbe der ›Vernünftigkeit‹ setzt und durch wechselseitige Korrekturen unablässig darauf dringt, dass sie eingehalten werden – durch die Sanktion, den jeweils anderen fallweise für ›verrückt‹ zu erklären (vgl. N 1881, 11[156], KSA 9.501; FW 10). In diesem Sinn »vernünftig zu sein« verhilft dem Einzelnen zur Kontrolle alles Ausschweifenden, zur Selbstdisziplin (GD, Das Problem des Sokrates 10). Dabei kann bald dies, bald anderes vernünftig erscheinen, »Vernunft« sich wieder als »Unvernunft« entpuppen (FW 307); »zur Freiheit der Vernunft« kommt man nur »als Wanderer«, indem man sich auf wechselnde Vernünftigkeiten einlässt (MA I 638). In diesem Sinn wird auch die pragmatische Vernunft eine selbstkritische »Vernunft für die Vernunft« (MA II, WS 189), eine Vernunft im Umgang mit Vernunft. Nietzsche verstand, wie er sich im Rückblick notierte, sein ganzes Philosophieren als einen »Versuch meinerseits, die absolute Vernünftigkeit des gesellschaftlichen Urtheilens und Werthschätzens zu begreifen: natürlich frei von dem Willen, dabei moralische Resultate herauszurechnen.« (N 1887, 9[140], KSA 12.415)

4. *Geistigkeit*: Nietzsche pragmatisierte nicht nur Kants Begriff der Vernunft, sondern auch Hegels leitenden Begriff des Geistes. Wie Hegel die Vernunft zum Geist steigerte, so steigerte er die Vernünftigkeit zur Geistigkeit. ›Geist‹, in dem Hegel sein Denken gipfeln ließ, war auch Nietzsches Begriff für die Freiheit, die das gebundene Denken erreichen kann, wenn es all seine leitenden Unterscheidungen konsequent durchdacht hat und

nun souverän über sie entscheiden, sie mit Nietzsches Worten ›aus- und einhängen‹ kann. Die aufklärerischen ›Freigeister‹, die »das erlangte gute Gewissen bei der Feindseligkeit gegen das Gewohnte, Ueberlieferte, Geheiligte« (FW 297) schon glauben ließ, im Denken von allen Bindungen frei zu sein, und die doch noch den alten »Vorurtheilen der Philosophen« (JGB 1 ff.) über eine allgemeine und gleiche Vernunft anhingen, mit der jeder durch das Wahre das Gute finden sollte, hatten für Hegel und Nietzsche jene Freiheit noch nicht erreicht. Frei ist ein Geist nach Nietzsche erst, wenn er sich vom »Martyrium« für ewige Wahrheiten zu mehr »Wahrhaftigkeit in jedem kleinen Fragezeichen« an den eigenen »Lieblingslehren« (JGB 25) durchgerungen, »jedem Wunsch nach Gewissheit den Abschied« (FW 347) gegeben hat und sich zugleich darüber klar geworden ist, dass auch seine Spielräume der Beweglichkeit im Denken begrenzt bleiben. Denn er wird stets mit dem Willen zur Selbsttäuschung als »Grundwillen des Geistes« rechnen, der dann am meisten Geist ist, wenn er grausam, »gegen sich selbst gewendete Grausamkeit« ist (JGB 229 f.), und dazu muss er mit »Vorder- und Hinterseelen« begabt sein, »denen Keiner leicht in die letzten Absichten sieht, mit Vorder- und Hintergründen, welche kein Fuss zu Ende laufen dürfte« (JGB 44). Über sie verfügte, wie Nietzsche für sich notierte, gerade Sokrates, der ›Erfinder‹ der ›theoretischen Vernunft‹ (vgl. N 1885, 34[66], KSA 11.440).

Anhand dieser anthropologischen Anhaltspunkte setzte Nietzsche seine erkenntnis-ethischen (nicht-theoretischen) Maßstäbe. Erste Bedingung einer selbstkritischen Orientierung war für ihn

5. *Redlichkeit*: ›Redlichkeit‹ oder auch ›Wahrhaftigkeit‹ oder ›Gewissenhaftigkeit‹ ist das, was zurückbleibt, wenn die Rechenschaftsreden, Wahrheiten und Gewissheiten von Jahrtausenden auf immer verloren sind. Aus dem Gewissen wird dann ein »intellectuales Gewissen« (FW 2), nach dem jeder Einzelne selbst über

Religion, Moral und Vernunft entscheiden muss. Doch man hat diese Redlichkeit nicht wie einen Besitz, sondern muss »mit aller Bosheit und Liebe an ihr arbeiten«, um sie nicht zur Ruhe kommen zu lassen (JGB 227), darf gerade an seine Redlichkeit nie glauben, sondern muss mit »ausschweifender Redlichkeit« beharrlich nach den zu ihr drängenden Trieben fragen und den »schrecklichen Grundtext homo natura« nicht aus dem Blick verlieren (JGB 230).

6. *Furchtlosigkeit*: »Und wenn dennoch unsre Redlichkeit eines Tages müde wird und seufzt und die Glieder streckt und uns zu hart findet und es besser, leichter, zärtlicher haben möchte, [...] schicken wir ihr zu Hülfe, was wir nur an Teufelei in uns haben – [...] unsern Abenteuerer-Muth, unsre gewitzte und verwöhnte Neugierde« (JGB 227). Die Redlichkeit braucht als ständigen Anreiz die Bereitschaft zum furchtlosen Experimentieren – Nietzsche hat das V. Buch der FW im Ganzen »Wir Furchtlosen« überschrieben. Trotz der »Heerden-Furchtsamkeit« sind in der Gesellschaft auch »starke und gefährliche Triebe, wie Unternehmungslust, Tollkühnheit, Rachsucht, Verschlagenheit, Raubgier, Herrschsucht [...] gross-gezogen und -gezüchtet« worden, weil man ihrer zu notwendigen Neuorientierungen bedarf (JGB 201). Es könnte zuletzt die Aufgabe gerade von Philosophen sein, ihr Leben zum »Experiment« zu machen (FW 324), ihre Orientierung versuchsweise so an ihre Grenzen zu treiben, dass sie in verzweifelte Desorientierung umschlägt. Sie könnten auf diese Weise die Grenzen der menschlichen Orientierung überhaupt testen, »Versuchs-Stationen der Menschheit« werden, wie Nietzsche sich notierte (N 1880, 1[38] f., KSA 9.14 f.; vgl. M 453). Wie weit sie das können, hängt von ihrer Kraft ab, sich ungewohnte und unerhörte Orientierungen »einzuverleiben«, d.h. zur Routine und so für sich wieder erträglich zu machen (HL 1, KSA 1.251; MA I 224; FW 11; N 1881, 11[141], KSA 9.494).

7. *Fröhlichkeit, Heiterkeit*: »›Das Leben ein Mittel der Erkenntniss‹ – mit diesem Grundsatze im Herzen kann man nicht nur tapfer, sondern sogar fröhlich leben und fröhlich lachen! Und wer verstünde überhaupt gut zu lachen und zu leben, der sich nicht vorerst auf Krieg und Sieg gut verstünde?« (FW 324) Fröhlichkeit ist für Nietzsche das Zeichen eines in seiner Natürlichkeit, Leiblichkeit und Vernünftigkeit nach langen Kämpfen frei gewordenen, ungebundenen, zuweilen ausgelassenen, über seine Bindungen selbst verfügenden Geistes (vgl. FW, Vorrede 1). Fröhlich kann man Realitäten viel freier ins Auge sehen, weit eher sich auf Überraschungen einlassen. Eine solche Fröhlichkeit kann man vielleicht lernen, aber nicht lehren. Wer sie nicht kennt, kann sie auch nicht einschätzen: »jenes ächt philosophische Beieinander einer kühnen ausgelassenen Geistigkeit, welche presto läuft, und einer dialektischen Strenge und Nothwendigkeit, die keinen Fehltritt thut, [ist] den meisten Denkern und Gelehrten von ihrer Erfahrung her unbekannt und darum, falls Jemand davon vor ihnen reden wollte, unglaubwürdig.« (JGB 213) Reift die ausgelassene Fröhlichkeit, wird sie zur gelassenen Heiterkeit, die Nietzsche früh bei den Griechen gefunden hatte. Seinen Zarathustra wollte er heiter, »vor Glück« sterben lassen (N 1883, 21[3], KSA 10.599), und die FW sollte, wenn es die vorhergehenden Bücher noch nicht waren, der Beweis seiner Heiterkeit sein (vgl. FW 343). Das »neue Glück«, das sie ihm brachte, der »Reiz alles Problematischen, die Freude am X«, schlage bei »geistigeren, vergeistigteren Menschen« immer wieder »wie eine helle Gluth über alle Noth des Problematischen, über alle Gefahr der Unsicherheit« zusammen (FW, Vorrede 3). Nicht die vermeintliche Wahrheit, sondern ein solches Glück spricht nach Nietzsche für die Plausibilität eines Philosophierens.

8. *Verantwortlichkeit*: Die Kritik illusionärer Orientierungen hat die »bitterste« Einsicht in die »völlige Unverantwortlichkeit

des Menschen für sein Handeln und sein Wesen« zur Folge: »Alles ist Nothwendigkeit, – so sagt die neue Erkenntniss: und diese Erkenntniss selber ist Nothwendigkeit. Alles ist Unschuld: und die Erkenntniss ist der Weg zur Einsicht in diese Unschuld.« (MA I 107) Doch je weniger es an sich und für alle Verantwortlichkeit gibt, desto mehr fällt die Verantwortung Einzelnen zu, je nachdem, ob sie in einer Not die ›Nächsten‹ sind, die die Kraft haben zu urteilen, zu entscheiden und zu handeln, um der Not abzuhelfen. So kam schon der »Stifter des Christenthums« zur entgegengesetzten ethischen »Lehre von der völligen Verantwortlichkeit und Verschuldung Jedermannes« (MA II, WS 81), wie er am Samariter-Gleichnis deutlich macht (Lk. 10, 25-37). War für ihn noch Gott die Instanz, vor der jeder sich zu verantworten hatte, kann es jetzt nur noch der Einzelne selbst sein. Dann wird, soweit sie ihm zukommt, seine »hohe unabhängige Geistigkeit, der Wille zum Alleinstehn, die grosse Vernunft«, seine »hohe und harte Vornehmheit und Selbst-Verantwortlichkeit« maßgebend (JGB 201). Mit ihr kann der Einzelne »versprechen«, mit seinem Urteil und schon mit seinem bloßen Dasein für die Zukunft gutsagen (GM II 1). Sofern er dazu die »Sittlichkeit der Sitte«, deren »lange Geschichte« eine solche Verantwortlichkeit herangezüchtet hat, ihrerseits überwunden haben muss, nannte Nietzsche ihn das »autonome übersittliche« oder »souveraine Individuum«. Es nimmt »das Bewusstsein dieser seltenen Freiheit, dieser Macht über sich und das Geschick«, das sich bei ihm »bis in seine unterste Tiefe hinabgesenkt« hat und »zum dominirenden Instinkt« geworden ist, nicht als Verdienst, sondern als ein »ausserordentliches Privilegium« wahr, dem es gerecht werden muss (GM II 2). Nietzsche zog aus der autonomen übersittlichen Eigenverantwortung, der Voraussetzung alles Ethischen, das über das konventionell Moralische hinausgeht, die stärksten, heute kaum mehr erträglichen Konsequenzen: Ein Philosoph, der zur Versuchsstation der menschlichen Orientierung wurde und ihre Horizonte erweitert hat, ist dann auch »der Mensch der umfänglichsten Verantwortlichkeit«, er hat »das Gewissen für die Gesammt-Entwicklung des Menschen« und wird sich für die, die ihm nicht anders folgen können, auch der Religionen und »der jeweiligen politischen und wirthschaftlichen Zustände« zu seinem »Züchtungs- und Erziehungswerke« bedienen (JGB 61). Aber er hat nichts als seine Philosophie, und diese Philosophie steht weiter im Wettkampf mit anderen.

IX. Nietzsches Wege der Umwertung

Werte, nicht nur moralische, auch religiöse, politische, ökonomische, wissenschaftliche, ästhetische, stabilisieren die Orientierung; sie umgrenzen mit ihren Positiv-Negativ-Unterscheidungen die Spielräume des Willkommenen und Unwillkommenen, Zuträglichen und Abträglichen, Nützlichen und Schädlichen, Beglückenden und Gefährdenden. Man kann unter ihnen wählen, sich mehr oder weniger fest an sie binden, sie in eine Rangordnung bringen – und sie umwerten: Werte lassen Wertewandel zu. Werte wandeln sich, wenn sie unglaubwürdig werden, meist unauffällig; Nietzsche hat den Wertewandel im 19. Jahrhundert, in dem er einen Wandlungsschub nach Jahrtausenden entdeckte, auffällig gemacht und forderte, ihn bewusst zu gestalten. Er betrachtete es als ein »Glück der Zeit«, dass sich uns »zum ersten Male in der Geschichte der ungeheure Weitblick menschlich-ökumenischer, die ganze bewohnte Erde umspannender Ziele« erschließt und wir uns zugleich »der Kräfte bewusst« fühlen, »diese neue Aufgabe ohne Anmaassung selber in die Hand nehmen zu dürfen, ohne übernatürlicher Beistände zu bedürfen; ja, möge unser Unternehmen ausfallen, wie es wolle, mögen wir unsere Kräfte überschätzt haben, jedenfalls giebt es Niemanden, dem wir Rechenschaft schuldeten als uns selbst: die Menschheit kann von nun an durchaus mit sich anfangen, was sie will.« (MA II, VM 179) Es ist nun nicht mehr Sache eines Gottes, sondern der Menschen selbst und letztlich jedes einzelnen Menschen, die Werte umzuwerten. Nietzsche sah dafür kein anderes Kriterium mehr als das »Leben« und das Neue, das es bringt und fordert. Im »Horizont des Lebens und der Cultur« (MA I 234) orientierte er sich an den Möglichkeiten ihrer Steigerung. Begründungen sind hier nur begrenzt möglich, weil auch und gerade die Voraussetzungen der Begründungen in Frage stehen. Nietzsche hat darum andere Wege der Umwertung gesucht und entdeckt, 1. den negativen Weg, die Widerlegung, 2. den hypothetischen Weg, die Perspektivierung, 3. den entlarvenden Weg, die Aufdeckung, und 4. den humoristischen Weg, die Parodie.

1. *Widerlegung*: *Logischen Widerlegungen* sah Nietzsche, nach seiner Kritik des Logischen, in der Philosophie den Boden entzogen. Sie setzen die unbedingte Geltung des Logischen voraus; in der ›unsäglich anders komplizierten‹ Realität könnte jedoch der Widerlegende ebenso Unrecht haben wie der Widerlegte. Nach Jahrhunderten der Kritik ist nicht zu erwarten, dass den begrifflichen Entgegensetzungen, mit denen logische Widerlegungen arbeiten müssen, in der Realität etwas entspricht. Nietzsche treibt sie durch kritische Selbstanwendung in die Paradoxie – Vernunft entspringt, so die Vernunft jetzt selbstkritisch, Vernunftlosem, Moral, so die Moral jetzt selbstkritisch, dem Außermoralischen. Er geht stattdessen von »Stufen der Scheinbarkeit« (JGB 34) aus. Mit den überholten begrifflichen Entgegensetzungen verschwinden ganze Problemkomplexe, die sie erzeugt haben, darunter notorisch ungelöste Fragen wie die nach dem Verhältnis von Sein und Werden, Sein und Schein, Sein und Bewusstsein, Leib und Seele, Gehirn und Geist, Erkenntnis und Gegenstand. Gegenüber der Moral können logische Widerlegungen moralisch unangebracht sein: »Man thut gut, gemachte Anschuldigungen, selbst wenn sie uns Unrecht thun, ohne Widerlegung hinzunehmen, im Fall der Anschuldigende darin ein noch grösseres Unrecht unsererseits sehen würde, wenn wir ihm widersprächen und etwa gar ihn widerlegten.« (MA I 340) Zeigt sich, dass

jemand eine Moral zum Leben braucht, wird man sie ihm, so unangebracht sie sein mag, nach Möglichkeit lassen und geduldig abwarten, bis sie sich von selbst, *historisch*, erledigt: »Also: ja nicht verhöhnen, beschmutzen, was man endgültig beseitigen will, sondern es achtungsvoll auf Eis legen, immer und immer wieder, in Anbetracht, dass Vorstellungen ein sehr zähes Leben haben.« (MA II, WS 211) »Existenz-Bedingungen«, notierte Nietzsche für Lou, »kann man nicht widerlegen: man kann sie nur – nicht haben!« (N 1882, 1[2], KSA 10.9) Da moralische Vorschriften den Sinn, den sie einst gehabt haben, oft längst verloren haben, können logische Widerlegungen hier ohnehin leicht ins Leere greifen (vgl. M 24). Dann kommt die *ästhetische Widerlegung* zum Zug, die »Veränderung des allgemeinen Geschmackes«: »Meinungen mit allen Beweisen, Widerlegungen und der ganzen intellectuellen Maskerade sind nur Symptome des veränderten Geschmacks und ganz gewiss gerade Das nicht, wofür man sie noch so häufig anspricht, dessen Ursachen.« (FW 39; vgl. N 1881, 11[109], KSA 9.480) So wird der Sieg, den Sokrates mit seiner logischen Rechtferti-gung erlangte, noch erstaunlicher. Denn man »weiss, man sieht es selbst noch, wie hässlich er war. Aber Hässlichkeit, an sich ein Einwand, ist unter Griechen beinahe eine Widerlegung.« (GD, Das Problem des Sokrates 3) Die für Nietzsche plausibelsten sind jedoch die *»physiologischen«* Widerlegungen, die Erfahrung, dass »Denkweisen« krank machen können (N 1884, 26[316], KSA 11.234, s.o.).

2. *Perspektivierung*: Noch mehr verzichtet Nietzsche auf ontologische Reduktionen, Rückführungen alles Bedingten auf ein seinerseits dann unbedingtes Sein (»Unsinn aller Metaphysik als einer Ableitung des Bedingten aus dem Unbedingten«, N 1883, 8[25], KSA 10.342). Stattdessen räumt er verschiedene Zugangsweisen von verschiedenen Standpunkten aus ein, er respektiert, in dieser Konsequenz als Erster in der Geschichte der europäi-

schen Philosophie, die Perspektivität der Orientierung. Dabei geht er pragmatisch vom Handeln des Einzelnen aus, in das er auch alles Erkennen und Philosophieren einschließt: »Unsre Handlungen sind im Grunde allesammt auf eine unvergleichliche Weise persönlich, einzig, unbegrenzt-individuell, es ist kein Zweifel; aber sobald wir sie in's Bewusstsein übersetzen, scheinen sie es nicht mehr ... Diess ist der eigentliche Phänomenalismus und Perspektivismus, wie ich ihn verstehe: die Natur des thierischen Bewusstseins bringt es mit sich, dass die Welt, deren wir bewusst werden können, nur eine Oberflächen- und Zeichenwelt ist« (FW 354). Gerade das scheinbar Nichtperspektivische, das Allgemeine, ist eine Perspektive, ein bloßes Oberflächenphänomen. Der Glaube an es, auch noch in Gestalt der kantischen synthetischen Urteile a priori, mag »nöthig« sein »als ein Vordergrunds-Glaube und Augenschein, der in die Perspektiven-Optik des Lebens gehört« (JGB 11); doch dieses »Perspektivische, die Grundbedingung alles Lebens«, im Sinn des alten Platonismus als etwas an sich Seiendes zu betrachten (was Kant und auch Platon selbst nicht unterlief) heißt »die Wahrheit auf den Kopf stellen« (JGB, Vorrede). Der Phänomenalismus und Perspektivismus ist seinerseits nur paradox zu behaupten (auch über die Orientierung selbst kann man sich nur unter ihren eigenen Bedingungen orientieren); Nietzsche *zeigt*, wie er sich zugleich rechtfertigt und widerlegt. Er rechtfertigt sich dadurch, dass »ein Dasein ohne Auslegung, ohne ›Sinn‹ eben zum ›Unsinn‹ wird«, also »alles Dasein essentiell ein auslegendes Dasein ist«. Da wir aber »nicht um unsre Ecke sehn«, keine andere Perspektive als unsere eigene einnehmen und also auch nicht positiv feststellen können, dass es andere Perspektiven tatsächlich gibt, wird die Behauptung zugleich widerlegt. Der Perspektivismus kann folglich nur eine Hypothese und als Hypothese keine positive Behauptung, sondern nur eine negative Einräumung sein. Wir können, formuliert Nietzsche so behutsam wie genau, »die Möglichkeit nicht abweisen«, dass die »Welt« (oder was wir so nennen) »unendliche Interpretationen in sich schliesst.« (FW 374) Interpretationen sind Erkenntnisse in Perspektiven; sie sind unendlich, sofern sie sich niemals beenden, sondern die Möglichkeit immer weiterer Interpretationen in immer weiteren Perspektiven offen lassen; und auch dies ist eine selbstbezüglich-paradoxe Aussage: »Gesetzt, dass auch dies nur Interpretation ist – und ihr werdet eifrig genug sein, dies einzuwenden? – nun, um so besser.« (JGB 22)

So läuft auch der Perspektivismus, ohne selbst eine positive Lehre zu sein, darauf hinaus, stets an mögliche Alternativen zu positiven Lehren zu erinnern oder der Wirklichkeit ihre unsägliche Komplexität zu bewahren. Dazu dienen auch Nietzsches ungewöhnliche Pluralisierungen (vgl. IV.4), vor allem die der ›Moral‹ zu ›Moralen‹ (»mehrere unterschiedliche Moralen«, M 9 u.ö.). In der ganz der »Umwerthung aller Werthe« (GM I 8, III 27) gewidmeten GM perspektiviert er sie dreifach: In ihrer eigenen Perspektive lässt ›die Moral‹ nur sich selbst als gut gelten und schließt jeden Gegensatz zu ihr als böse aus. In der umfangreicheren Perspektive des Lebens stellt sich jedoch die Frage, wie weit eine solche Moral gesund oder krank macht, also physiologisch gut oder schlecht ist, nicht für alle, sondern für Einzelne oder Gruppen, je nachdem, wie stark oder schwach sie sind. Schwach sind sie nach Nietzsche dann, wenn sie auf eine herrschende Moral angewiesen sind, um vor sich und anderen bestehen zu können, stark oder in (reflektiert) moralischer Sprache »vornehm«, wenn sie zur Selbstverantwortung fähig, in (aggressiv) politischer Sprache Herren, nicht Sklaven einer Moral sind. In der Perspektive des Geistes (vgl. VIII.4) werden diese Unterscheidungen noch einmal überschritten. Denn redlicherweise wird man jedem unter seinen Bedingungen sein Recht auf seine Moral zugestehen und auf wiederum paradoxe Weise gerecht auch gegenüber Ungerechtigkeiten sein müssen, seien es die anderer, seien es die eigenen.

3. *Aufdeckung*: Den entlarvenden Weg der Umwertung ging Nietzsche in vier Varianten, dem Setzen von Fragezeichen, der Heuristik der Not, der Psychologie, wie er sie verstand, und der Genealogie, wie er sie verstand.

3.1. *Setzen von Fragezeichen*: Als kritischer Philosoph setzte er zuoberst »das grosse Fragezeichen vom Werth des Daseins« (GT, Vorrede 1). Der »Name Dionysos« ist nur »ein Fragezeichen mehr« (ebd., 3), »das Fragezeichen einer immer gefährlicheren Neugierde« (MA I, Vorrede 3). Nietzsches ganze Philosophie will ein einziges »Fragezeichen« sein (FW 346). Dazu muss sie misstrauisch sein (»So viel Misstrauen, so viel Philosophie«, ebd.), aber auch hinter das Misstrauen wieder ein Fragezeichen setzen. Denn um leben zu können, braucht man beides, Vertrauen und Misstrauen; unbedingtes Vertrauen kann lebensgefährlich sein, unbedingtes Misstrauen lebensunfähig machen. Ihr Wert für das Leben ist nicht entschieden: »wie? ist wirklich das Sich-nicht-täuschen-lassen-wollen weniger schädlich, weniger gefährlich, weniger verhängnissvoll: Was wisst ihr von vornherein vom Charakter des Daseins, um entscheiden zu können, ob der grössere Vortheil auf Seiten des Unbedingt-Misstrauischen oder des Unbedingt-Zutraulichen ist?« (FW 344) Eine letzte Instanz der Entscheidung gibt es auch hier nicht; gäbe es sie, müsste man ihr wiederum vertrauen. So oszilliert man in der alltäglichen Orientierung zwischen beiden, Vertrauen und Misstrauen. Als Philosoph wird man dabei einen grundsätzlichen »Argwohn« entwickeln, einen »unerbittlichen, gründlichen, untersten Argwohn über uns selbst, der uns Europäer immer mehr, immer schlimmer in Gewalt bekommt« und inzwischen vor den »Nihilismus« gestellt hat – wenn man denn bereit ist, in dessen Abgrund zu blicken (FW 346, vgl. XI.1).

Argwöhnisch ›wähnt‹ man überall ›Arges‹, ohne einen bestimmten Anlass dazu zu haben, und kann dabei verbittern. Fröhlich bleibt man dabei, wenn man sich an einen »Verdacht« aus gegebenem Anlass hält. Nietzsche hat begrüßt, dass man seine Philosophie eine »Schule des Verdachts« genannt hat (MA I, Vorrede 1). Aber auch sie kann wiederum zum »Abgrund« werden: Ein Philosoph, so Nietzsche, »hat heute die Pflicht zum Misstrauen, zum boshaftesten Schielen aus jedem Abgrunde des Verdachts heraus.« (JGB 34)

3.2. *Heuristik der Not*: Ein Verdacht gegen eine Philosophie wird abgründig, wenn sich hinter ihr etwas ganz anderes, ein Bedürfnis, ein Trieb, eine Not verbirgt, die sich durch sie nur maskieren. Nietzsche folgte in seinen Entlarvungen einer Heuristik der Not, machte es sich zum Programm, die »Nothstände der Menschheit« »bis in ihre letzten Folgen« zu studieren (N 1880, 5[46], KSA 9.192; N 1881, 15[9], KSA 9.636) und bis in ihre philosophischen Ausdeutungen hinein: wer »die Grundtriebe des Menschen darauf hin ansieht, wie weit sie gerade hier als inspirirende Genien (oder Dämonen und Kobolde –) ihr Spiel getrieben haben mögen, wird finden, dass sie Alle schon einmal Philosophie getrieben haben« (JGB 6). Nöte lassen sich jedoch nur sehr begrenzt generalisieren; »eine Menge verschiedenartiger Individuen« wird auch ihre »verschiedenartige Noth« haben (FW 149). So muss man bei jeder Religion, Moral, Philosophie, Wissenschaft einzeln hinsehen. Da man aber immer nur die ›Oberfläche‹, also die Zeugnisse der Religionen usw. und die ihrerseits ›oberflächlich‹ zurechtgelegten Zeugnisse aus dem Leben ihrer Stifter vor sich hat, muss man die Nöte hinter ihnen weitgehend »errathen«. Die Heuristik der Not ist eine Kunst für »tastende Räthselrather« (M 113). Tastendes Rätselraten geht allen Theorien in Dingen des Lebens voraus. Man muss sich hier auf vage Symptome und Symbole als Anhaltspunkte zu Hypothesen verstehen, die man dann vielleicht zu wissenschaftlichen Theorien ausbauen kann, die Erklärungen ermöglichen. So schreibt Nietzsche zum ersten Philosophen, Thales: »Ein genialisches Vorgefühl zeigt sie ihm, es erräth von ferne, daß an diesem Punkte beweisbare Sicherheiten sind.« (PHG 3, KSA 1.814) Vorbild blieb für Nietzsche hier Ödipus, der Rätselrater, der sich den eigenen Abgrund auftat. Das Erraten reicht bis in die elementarsten Wahrnehmungen hinein. Menschen haben aneinander immer nur Oberflächen und können darum auch einander immer nur erraten; »die Furcht will errathen, wer der Andere ist, was er kann, was er will: sich hierin zu täuschen, wäre Gefahr und Nachtheil.« (M 309) Dabei bleibt immer nur eine »Minute der Erkenntniss und des Errathens« (M 314) und die Orientierung darum unruhig: »Die Unruhe des Entdeckens und Errathens ist uns so reizvoll und unentbehrlich geworden, wie die unglückliche Liebe dem Liebenden wird« (M 429). Beim Sehen errät man aus wenigen Anhaltspunkten, beim Hören aus wenigen Lauten, beim Lesen aus wenigen Wortbildern, worum es geht, und dichtet den Rest vollends aus (vgl. N 1881, 11[13], KSA 9.445, u. 11[18], KSA 9.448). »Am deutlichsten aber zeigt uns die Musik, welche Meister wir im schnellen und feinen Errathen von Gefühlen und in der Mitempfindung sind« (M 142). Dabei regt ein Trieb den anderen an, »jeder phantasirt und will seine Art Irrthum durchsetzen: aber jeder dieser Irrthümer wird sofort wieder die Handhabe für einen anderen Trieb (z.B. Widerspruch Analyse usw.)« (N 1881, 11[119], KSA 9.483; vgl. JGB 192). Seinen Zarathustra lässt Nietzsche von den »Räthsel-Trunkenen« schwärmen, »den Zwielicht-Frohen, deren Seele mit Flöten zu jedem Irr-Schlunde gelockt wird: / – denn nicht wollt ihr mit feiger Hand einen Faden nachtasten; und, wo ihr errathen könnt, da hasst ihr es, zu erschliessen« (Za III, Vom Gesicht und Räthsel 1, KSA 4.197). Auch den »historischen Sinn« ordnet er hier ein, als »Fähigkeit, die Rangordnung von Werthschätzungen schnell zu errathen, nach welchen ein Volk, eine Gesellschaft, ein Mensch gelebt hat« (JGB 224), und schließlich auch den »dionysischen Menschen«, dem es unmöglich sei, »irgend eine Suggestion nicht zu verstehn«: »er übersieht kein Zeichen des Affekts, er hat den höchsten Grad des verstehenden und errathenden Instinkts, wie er den höchsten Grad von Mittheilungs-Kunst besitzt.« (GD, Streifzüge eines Unzeitgemässen 10)

3.3. *Psychologie*: In Bezug auf Personen nannte Nietzsche seine Heuristik der Not ›Psychologie‹. Er wollte sie durch die widerständigen moralischen Oberflächen hindurch »in die Tiefe« treiben, um »in dem, was bisher geschrieben wurde, ein Symptom von dem, was bisher verschwiegen wurde, zu erkennen« und sie zum »Weg zu den Grundproblemen« zu machen (JGB 23). Ihr »Jagdbereich« sollte die »menschliche Seele und ihre Grenzen, der bisher überhaupt erreichte Umfang menschlicher innerer Erfahrungen, die Höhen, Tiefen und Fernen dieser Erfahrungen, die ganze bisherige Geschichte der Seele und ihre noch unausgetrunkenen Möglichkeiten« sein (JGB 45); er stand nicht an, zu »neuen Fassungen und Verfeinerungen der Seelen-Hypothese« zu kommen, »›als Gesellschaftsbau der Triebe und Affekte‹« (JGB 12). Doch der Blick dieser Psychologie musste sich dann auch und vor allem auf den Psychologen selbst richten, und um die nötige »Feinheit« zu erreichen, musste er »vielleicht selbst so tief, so verwundet, so ungeheuer sein, wie es das intellektuelle Gewissen Pascal's war« (JGB 45). Erst die »Selbst-Befragung, Selbst-Versuchung« verhilft zu »einem feineren Auge«: »man erräth [dann] besser als vorher die unwillkürlichen Abwege, Seitengassen, Ruhestellen, Sonnenstellen des Gedankens, auf die leidende Denker gerade als Leidende geführt und verführt werden, man weiss nunmehr, wohin unbewusst der kranke Leib und sein Bedürfniss den Geist drängt, stösst, lockt – nach Sonne,

Stille, Milde, Geduld, Arznei, Labsal in irgend einem Sinne.« (FW, Vorrede 2) Er wird dann vielleicht erraten, wie »unter der heiligen Fabel und Verkleidung von Jesu Leben einer der schmerzlichsten Fälle vom Martyrium des Wissens um die Liebe verborgen liegt« (JGB 269) und dass Religionsstifter selbst große Erratende gewesen sein müssen: »Die Bedeutung, die Originalität des Religionsstifters kommt gewöhnlich darin zu Tage, dass er sie« – eine neue Wertung des Lebens – »sieht, dass er sie auswählt, dass er zum ersten Male erräth, wozu sie gebraucht, wie sie interpretirt werden kann.« (FW 353) Nietzsche hat seine ganze GM als Kunst eines solchen Erratens angelegt.

3.4. *Genealogie*: Den Begriff ›Genealogie‹ gebrauchte er spezifisch für die Moral. In der GM hat er seine Heuristik der Not für die europäische Moral im Ganzen kompakt und konsequent durchgeführt (Werner Stegmaier, Nietzsches ›Genealogie der Moral‹. Werkinterpretation, Darmstadt 1994). Wenn außermoralische Ursprünge moralischer Werte aufgedeckt werden, wird die fraglose Geltung gebrochen, auf die sie angewiesen sind. Nietzsche hatte die Genealogie schon in WL mit der Unterscheidung von Wahrheit und Lüge (»im aussermoralischen Sinne«) begonnen, als ›kritische Historie‹ in HL und als »Geschichte der moralischen Empfindungen« (MA I, Zweites Hauptstück) und »Naturgeschichte der Moral« (JGB, Fünftes Hauptstück) fortgeführt. In der GM zeigt er, wie sich die vermuteten Ursprünge immer weiter in ungewissen Vergangenheiten verlieren, so wie jede Ahnenforschung, aus der Nietzsche den Begriff ›Genealogie‹ überträgt, im Ungewissen enden muss; sie wird immer hypothetischer und die Moral immer weniger selbstverständlich. Sein stärkster Anhaltspunkt ist auch in der GM die Zivilisierung der Grausamkeit zur Moral. In EH schließt er mit der Schicksalhaftigkeit der »Entdeckung der christlichen Moral«, die ihn, den ›Entdecker‹, selbst zum Schicksal macht: »Wer über sie aufklärt, ist eine force majeure, ein Schicksal, – er bricht die Geschichte der Menschheit in zwei Stücke.« (EH, Warum ich ein Schicksal bin 8)

4. *Parodierung*: Der humoristische Weg der Umwertung der Werte scheint der leichteste. Er ist der am schwersten nachzuvollziehende. Er ist auch Nietzsche am schwersten gefallen; jedenfalls ist er ihn nicht erkennbar zu Ende gegangen. Er will der Moral einfach den Ernst nehmen – durch eine Parodie des Ernstes. Gegen Ende des V. Buchs der FW stellt er sein »andres Ideal«, »das Ideal eines menschlich-übermenschlichen Wohlseins und Wohlwollens, das oft genug unmenschlich erscheinen wird [...], neben den ganzen bisherigen Erden-Ernst, neben alle Art Feierlichkeit in Gebärde, Wort, Klang, Blick, Moral und Aufgabe wie deren leibhafteste unfreiwillige Parodie« (FW 382). Wird die Parodie neben den Ernst gestellt, verliert sich der Ernst, sein angestrengtes Pathos fällt in sich zusammen. Nietzsche scheint Ähnliches schon in Za vorgehabt zu haben: »Zarathustra«, notiert er sich, »sich beständig parodisch zu allen früheren Werthen verhaltend, aus der Fülle heraus.« (N 1886/87, 7[54], 12.313) Er lässt ihn mit den ›höheren Menschen‹ das ›Eselsfest‹ feiern, umgibt ihn danach mit turtelnden Tauben und einem lachenden Löwen, aber Zarathustra bleibt stumm und weint, verfällt in eine fremdartige Betäubung, als der Löwe schon wieder gegen die sich nähernden höheren Menschen brüllt, lacht dann zornig, versinkt noch einmal in sich und schreit vor Mitleid mit den höheren Menschen, um zuletzt wie eine Morgensonne einen neuen, ›grossen‹ Mittag heraufzurufen (Za IV, Das Zeichen). Ähnliches, weniger Bilderreiches geschieht dann am Ende des V. Buchs der FW (von 1887). FW 382 schließt mit einem Hinweis auf Za: »– und mit dem, trotzalledem, vielleicht der grosse Ernst erst anhebt, das eigentliche Fragezeichen erst gesetzt wird, das Schicksal der Seele sich wendet, der Zeiger rückt, die Tragödie beginnt ...« Am Ende des IV. Buchs der FW (von 1882) hat Nietzsche mit dem-

selben »Incipit tragoedia« Za begonnen (FW 342). War die FW im Ganzen als ›fröhliche Wissenschaft‹ eine Parodie auf Za (so wie die Vorspiele und Nachgesänge Parodien auf FW), und soll Za nun neu als Tragödie beginnen – nun als tragische Parodie auf die fröhliche Parodie? Die neue Vorrede zu FW (von 1886/87) scheint das zu bestätigen: »›Incipit tragoedia‹ – heisst es am Schlusse dieses bedenklich-unbedenklichen Buchs: man sei auf seiner Hut! Irgend etwas ausbündig Schlimmes und Boshaftes kündigt sich an: incipit parodia, es ist kein Zweifel ...« (FW, Vorrede 1) Was ist dann noch der Ernst, was die Parodie? (Gabriella Pelloni/Isolde Schiffermüller (Hg.), Pathos, Parodie, Kryptomnesie, Heidelberg 2015). Bei einer Parodie auf den Ernst lässt sich das nicht sagen, denn mit ihr könnte es selbst ernst sein. Man kann, man soll sich hier wohl nicht sicher sein. Beim ›grossen Ernst‹ könnte die Parodie die Tragödie und die Tragödie die Parodie einschließen; er könnte so ein weiterer Name für das Dionysische sein. Bliebe er ein Rätsel, so entspräche er noch immer Nietzsches Begriff der »Philosophen der Zukunft« (wer immer das sei): »denn es gehört zu ihrer Art, irgend worin Räthsel bleiben zu wollen« (JGB 42).

X. Nietzsches Lehren und Anti-Lehren in *Also sprach Zarathustra*

In Za, seiner episch-dramatisch-lyrischen Lehrdichtung, trägt Nietzsche viele Themen vor, die er auch in den Aphorismen-Büchern behandelt, hier jedoch als Lehren eines Lehrers von höchster Autorität. Darüber hinaus lässt er seinen Zarathustra, mit dem er nicht verwechselt werden will, die Lehren vom Übermenschen und von der ewigen Wiederkehr des Gleichen lehren, die seine berühmtesten geworden sind. Sie sind jedoch nicht für ihn, sondern für den von ihm erfundenen Lehrer Zarathustra kennzeichnend, den er mit ihnen scheitern lässt (s. IV.3). Er deutet in den Titeln der Reden an, dass Zarathustra seinerseits sich Schritt für Schritt vom Lehren zurückzieht. Abschnitte mit Lehren sind stets »Von ...« (»Von den drei Verwandlungen«, »Von den Lehrstühlen der Tugend« usw.) überschrieben. Im I. Teil sind das noch alle, im II. Teil zwei Drittel, im III. Teil etwa die Hälfte, im IV. Teil ein Zehntel. An die Stelle der Lehren treten Schilderungen und Lieder (»Das Kind mit dem Spiegel«, »Auf den glückseligen Inseln«, »Das Nachtlied«, »Das Tanzlied« usw.), am Ende »Das Zeichen«. Nietzsche führt die ganze *Zarathustra*-Dichtung auf ein Zeichen hinaus, das Zarathustra vorbehalten ist (der lachende Löwe). Zarathustra seinerseits kann mit seinen Lehren nichts anderes als Zeichen geben, dem Volk auf dem Markt, seinen Jüngern, seinen Tieren, den ›höheren Menschen‹, die sie verstehen oder missverstehen können, und Zarathustra selbst ist wiederum Nietzsches ›Semiotik‹, ein Zeichen, das seine Leser verstehen oder missverstehen und nicht einmal als Zeichen erkennen können. So muss man bei Zarathustras Lehren besonders auf der Hut sein, zumal bei den ihm zunächst vorbehaltenen Lehren vom Übermenschen und der ewigen Wiederkehr des Gleichen.

1. *Gabe* (*Schenken und Schaffen*): Der epischen Anlage der Lehrdichtung gemäß werden die Lehren über Geschichten eingeführt. Den Auftakt macht die ›schenkende Tugend‹, die Zarathustra, bevor er sie lehrt, von der Sonne lernt (am Ende wird er »seine Höhle, glühend und stark, wie eine Morgensonne, die aus dunklen Bergen kommt«, verlassen, hat dann erst ausgelernt; Za IV, Das Zeichen, KSA 4.408). Von der Licht, Wärme und Leben spendenden Sonne will er ›schenken‹, ›geben‹, von seinem ›Überfluss‹ abgeben lernen, von ihr lässt er sich ermutigen, unter die Menschen zu gehen, sie bringt ihn zum Lehren, und von ihr aus müssen darum die folgenden Lehren verstanden werden. Aber sein Lehren *muss* scheitern. Denn Lehre, Lehrbares im strengen Sinn ist gr. máthaesis, und nur Mathematik, die es allein mit Regeln der Verknüpfung von Zeichen und nicht mit Lebenssituationen zu tun hat, ist im strengen Sinn lehrbar, von einem zum andern ohne Sinnveränderung übertragbar. Nur sie kann nach Kant »ihrer Evidenz wegen als eine gewisse und beständige Lehre gleichsam aufbehalten werden«, und Naturwissenschaft sei nur insoweit »eigentliche Wissenschaft«, »als darin Mathematik anzutreffen ist.« (Immanuel Kant, Logik, Einleitung, III: Begriff von der Philosophie überhaupt, AA IX.26; Metaphysische Anfangsgründe der Naturwissenschaft, Vorrede, AA IV. 470) Ihre strenge Allgemeingültigkeit ist konstruiert. Für alle übrigen Lehren zeigt Nietzsche mit Za die Grenzen dieser Konstruktion an der überkomplexen Wirklichkeit. In der Trennung der individuellen Orientierungen mit ihren jeweiligen Stand-

punkten und Perspektiven werden Zeichen in Spielräumen jeweils anders verstanden; dieses Anders-Verstehen kann man wohl bemerken und einschränken, aber niemals ganz aufheben (es sei denn durch Mathematik). »Zu jeder Seele«, lässt Nietzsche seinen Zarathustra an entscheidender Stelle, dort, wo es um die ewige Wiederkunft geht, sagen, »gehört eine andre Welt; für jede Seele ist jede andre Seele eine Hinterwelt.« (Za III, Der Genesende 2, KSA 4.272) In anderen Orientierungen *bewirken* Zeichen etwas – ohne dass man allgemeingültig feststellen könnte, wie und was; dies würde wieder einen Standpunkt jenseits der Orientierungen, einen rein theoretischen Standpunkt voraussetzen. Eben das unberechenbare Bewirken ist in Zarathustras Sprache ein ›Geben‹, ›Schenken‹ und ›Schaffen‹: ein Geben, das kein gleichsinniges Nehmen erwarten lässt, ein Schenken, das keine Gegenseitigkeit braucht, ein Schaffen, das eine andere Orientierung auf deren Weise weiterbringt. Es gleicht dem der Sonne, die in diesem Sinn gibt, schenkt und schafft – aber nicht lehrt. Doch die meisten Menschen *wollen* Gleichsinnigkeit, Gegenseitigkeit und Berechenbarkeit und allgemeingültige Verhaltenslehren, die sie ermöglichen; vor allem die, die zu schwach sind, eigenen ethischen Orientierungen zu folgen, wollen eine herrschende Moral (s. VII.2). Gebende, Schenkende, Schaffende wirken auf sie bedrohlich (»Kannst du dir selber dein Böses und dein Gutes geben und deinen Willen über dich aufhängen wie ein Gesetz?«, Za I, Vom Wege des Schaffenden, KSA 4.81). Sie wollen Lehren, denen sie folgen können, und bekommen Gaben, aus denen sie selbst ihre Folgerungen ziehen müssen. So versucht Zarathustra etwas Paradoxes, wenn er das Geben, Schenken und Schaffen lehrt.

2. *Übermensch*: Alle Lehren Zarathustras und insbesondere die vom Übermenschen und von der ewigen Wiederkehr des Gleichen sind Gaben in diesem Sinn. Nietzsche hat in einer spä-

ten Aufzeichnung, die er sich selbst vorbehielt, zuletzt von ›Gegen-Begriffen‹ gesprochen, die er ›nötig‹ habe: »Ich habe diese starken Gegen-Begriffe nöthig, die Leuchtkraft dieser Gegen-Begriffe, um in jenen Abgrund von Leichtfertigkeit und Lüge hinabzuleuchten, der bisher Moral hieß.« (N 1888, 23[3], KSA 13.603) Die Lehren vom Übermenschen und von der ewigen Wiederkehr des Gleichen haben ungeheure Leuchtkraft bewiesen; sie ist jedoch rasch von neuen metaphysischen Deutungen, insbesondere der Heideggers, überstrahlt worden. Als paradoxe Lehren sind sie Anti-Lehren, Lehren, die ihre eigene Lehrbarkeit in Frage stellen (Werner Stegmaier, Anti-Lehren. Szene und Lehre in Friedrich Nietzsches Also sprach Zarathustra, in: Volker Gerhardt (Hg.), Friedrich Nietzsche, Also sprach Zarathustra (Klassiker auslegen), Berlin 2000, 191-224). Die Lehre vom Übermenschen richtet Zarathustra gegen den »letzten Menschen« (Za, Vorrede 5). Der letzte Mensch ist der, der sich selbst für den letzten hält in dem Sinn, dass über ihn hinaus der Mensch nicht mehr zu steigern ist und er also den letzten, definitiven und damit allgemeingültigen Begriff von ihm und dessen Bild an sich selber hat. Es ist der, der überall Gleichsinnigkeit, Gegenseitigkeit und Berechenbarkeit und dafür allgemeingültige Verhaltenslehren braucht. Später nennt ihn Zarathustra den ›kleinen‹ Menschen, weil er nicht die Größe hat, über sich hinauszugehen. Der letzte oder kleine Mensch macht sich selbst ontologisch und moralisch zur Norm für alle. Zarathustra dagegen geht es um die Überschreitung scheinbar allgemeingültiger ontologischer und moralischer Normen um neuer Orientierungs- und Lebensmöglichkeiten für die Einzelnen willen. Er gibt darum keinen allgemeingültigen Begriff vom Übermenschen, sondern vielfältig deutbare Zeichen, immer neu sich verwandelnde Bilder, Metaphern vor allem des Wassers, Sees, Flusses, Stroms und Meers, aber auch andere, bewusst gegenläufige Metaphern wie Blitz, Treppe, Brücke, Wolken, Götter, Teufel. Er lässt das Zeichen des Übermenschen im Geflecht dieser Metaphern niemals ›fest‹ werden, sondern schafft mit ihm Anstöße für immer neue Entdeckungen, wie Menschen über ihr jetziges, scheinbar endgültiges Menschsein hinauskommen können. So kann es nicht gelehrt werden, und nur weil die Menschen Lehren erwarten, bietet er es ihnen zunächst als Lehre an. Wenn sie sich erst von einem festen Begriff vom Menschen (wie dem des ›vernünftigen‹ Lebewesens oder des ›guten‹, moralisch korrekten Menschen) gelöst haben, werden sie nicht nur sich selbst, sondern auch alles übrige ›freier‹ verstehen, neue Spielräume ihrer Orientierung gewinnen können. Wird aber ›Übermensch‹ wieder als Gattungsbegriff verstanden, unter den Arten und Einzelne eingeordnet werden können, ist er wieder ein ›letzter Mensch‹, der lediglich dem jetzigen überlegen, der übermächtig und gewaltig und aus Sicht der herrschenden Moral gewalttätig ist. Nietzsche hat dazu, vielleicht bewusst, selbst immer wieder verlockt, indem er historische Beispiele wie Alexander, Caesar oder Napoleon ins Spiel brachte. Doch wären sie die Norm, wäre der Übermensch schon vergangen und *käme* nicht erst wie das Zeichen Zarathustras, das ihn aus seiner Höhle ruft. Der Übermensch, der über den jetzigen Menschen hinausführt, kann immer nur etwas Künftiges sein.

3. *Ewige Wiederkunft*: Der letzte oder kleine Mensch ist das, wovor Zarathustra beim Gedanken der ewigen Wiederkunft des Gleichen am stärksten ekelt (»Ach, Ekel! Ekel! Ekel!«). Dieser Ekel ist das Einzige, was Nietzsche Zarathustra zum Gedanken der ewigen Wiederkunft äußern lässt – alles andere, was gesagt wird (»ewig rollt das Rad des Seins«, »du bist der Lehrer der ewigen Wiederkunft«, »Du lehrst, dass es ein grosses Jahr des Werdens giebt«) ist das »Leier-Lied«, das die Tiere schon wieder aus dem Gedanken gemacht und das die meisten Interpret(inn)en

nachgesungen haben (Za III, Der Genesende 2, KSA 4.272, 275 f.). In Nietzsches Inszenierung schaudert Zarathustra wegen des kleinen Menschen vor einer ewigen Wiederkehr, wird er für ihn zum »abgründlichen Gedanken« (Za, Vom Gesicht und Räthsel 2, KSA 4.199; vgl. Za III, Von der Seligkeit wider Willen, KSA 4.205). Aber das scheint nicht alles zu sein, dafür wäre kaum ein so wuchtiger Gedanke von metaphysischer Dimension nötig gewesen. Betrachtet man auch ihn als Gegen-Begriff und Anti-Lehre, so scheint er, wie der Gedanke des Übermenschen gegen einen festen, zeitlosen Begriff des Menschen nun gegen feste, zeitlose und damit metaphysische Begriffe überhaupt gerichtet zu sein. ›Ewig‹ und ›Gleiches‹ sind fraglos Leitbegriffe der Metaphysik, ebenso ›Alles‹, das ewig und gleich wiederkehren soll; ›Alles‹ ist, schon nach Kant, in keiner Erfahrung jemals zu erfassen und damit transzendent. Aber wie in den Begriff des Menschen lässt Nietzsche seinen Zarathustra nun in den Begriff der Ewigkeit die Zeit eintragen – mit der ewigen *Wiederkehr* ist das Ewige nicht mehr ein Sein, sondern die Zeit. Sie ist darin paradox, dass sie immer gleich bleibt und zugleich immer eine andere wird, wie schon Parmenides und Aristoteles, die Begründer der Metaphysik, dargelegt haben. Zugleich mit der Zeit aber wird alles, das ihr unterworfen ist, ebenfalls paradox, logisch unbegreiflich. Nietzsche paradoxiert die Metaphysik, die die Zeit so entschlossen auszuschließen versuchte, indem er die Zeit wieder in sie einträgt. Die ewige Wiederkehr ist zeitlos und zeitlich zugleich. Sie kann nicht widerspruchsfrei gedacht und gar nicht erkannt werden. Denn um zu erkennen, dass alles gleich wiederkehrt, müsste man eine frühere von einer späteren Wiederkehr unterscheiden können, und dazu müssten sie sich in irgendetwas, und sei es der bloßen Zahl der Wiederkehr nach, unterscheiden. Dann aber würde *nicht das Gleiche* wiederkehren. Stellt man sich aber, um die Wiederkehr erkennen zu können, außerhalb des Wiederkehrenden auf jenen rein theoretischen oder göttlichen Standpunkt, den die Metaphysik stets unterstellt hat, würde *nicht alles* wiederkehren, sondern jener Standpunkt bleiben. Mit seiner paradoxierenden Wirkung, der Erschütterung alles metaphysischen Denkens, kann auch der Gedanke der ewigen Wiederkehr des Gleichen keine Lehre, aber umso mehr eine Gabe sein. Denn mit ihm entlarven sich zugleich alle scheinbar zeitlosen Begriffe, an die man sich ›fest‹ halten zu können glaubte, als paradoxe metaphysische Illusionen, auch und gerade die Begriffe, die man sich von sich selbst macht, um ›gut‹ vor sich selbst und anderen ›dastehen‹ zu können. So stellt der Gedanke der ewigen Wiederkehr, indem er fordert, alles, auch das, was man an sich und in seinem Leben um keinen Preis wiederkehren sehen will, als ewig wiederkehrend zu denken, zugleich vor die Abgründe der Realität seiner selbst. Das macht ihn unerträglich, und so hat ihn Nietzsche vor Za in FW 341 angekündigt: »Wenn jener Gedanke über dich Gewalt bekäme, er würde dich, wie du bist, verwandeln und vielleicht zermalmen; die Frage bei Allem und Jedem ›willst du diess noch einmal und noch unzählige Male?‹ würde als das grösste Schwergewicht auf deinem Handeln liegen! Oder wie müsstest du dir selber und dem Leben gut werden, um nach Nichts mehr zu verlangen, als nach dieser letzten ewigen Bestätigung und Besiegelung?«

Nach Za, in JGB 56, auch hier, ohne ihn zu benennen, scheint Nietzsche den Gedanken der ewigen Wiederkehr als »circulus vitiosus deus« noch einmal aufzunehmen, wörtlich ›fehlerhafter Zirkel Gott‹. Hier spricht er von einem »Schauspiel«, nach dem auch den vom schopenhauerschen Pessimismus befreiten »übermüthigsten lebendigsten und weltbejahendsten Menschen« verlangt, das er »im Grunde«, in seinen unerkannten und unerkennbaren Tiefen, »nöthig hat – und nöthig macht: weil er immer wieder sich nöthig hat – und nöthig macht«, illusionäre Begriffe, die er braucht, um überhaupt von sich sprechen zu können, und von denen er doch weiß, dass sie haltlose Notlügen sind. Mit ihnen – schon mit dem ›Ich‹, das ›denkt‹, und dem ›Subjekt‹, das für ein Tun verantwortlich ist – macht man sich zu einem scheinbar unbedingten Beobachter und völlig frei Entscheidenden und Handelnden, so wie man in der Metaphysik Gott gedacht hat, man macht, zugespitzt, den fehlerhaften Zirkel zum Gott. Als Nietzsche am Ende der GD noch einmal darauf zurückkommt, dass *er* erst »jenes wundervolle Phänomen ernst nahm, das den Namen des Dionysos trägt«, sieht er in *ihm* und dem Kult, den die Griechen ihm weihten, schon den Gedanken der ewigen Wiederkehr eingeschlossen, »das ewige Leben, die ewige Wiederkehr des Lebens; die Zukunft in der Vergangenheit verheissen und geweiht; das triumphirende Ja zum Leben über Tod und Wandel hinaus; das wahre Leben als das Gesammt-Fortleben durch die Zeugung, durch die Mysterien der Geschlechtlichkeit«, und *nun* identifiziert er sich auch als »Lehrer« der ewigen Wiederkunft: »– ich, der letzte Jünger des Philosophen Dionysos, – ich, der Lehrer der ewigen Wiederkunft ...« (GD, Was ich den Alten verdanke 4-5) Doch auch hier macht er mit den abschließenden Auslassungspunkten die begriffliche Selbstfestlegung wieder fraglich. Als er bald darauf in EH den Hinweis auf seine Neuentdeckung des Dionysischen wiederholt, weist er den Gedanken – hypothetisch – Heraklit zu: »Die Lehre von der ›ewigen Wiederkunft‹, das heisst vom unbedingten und unendlich wiederholten Kreislauf aller Dinge – diese Lehre Zarathustra's könnte zuletzt auch schon von Heraklit gelehrt worden sein.« (EH, GT 2-3) Und am Ende ist es wieder Zarathustra, der »den ›abgründlichsten Gedanken‹ gedacht hat«, dass, wenn alles ewig wiederkehrt, auch der kleine Mensch ewig wiederkehrt, »trotzdem darin keinen Einwand gegen das Dasein, selbst nicht gegen dessen ewige Wiederkunft findet« und darin Dionysos gleicht (»Aber das ist der Begriff des Dionysos noch einmal«, EH, Za 6).

4. *Wille zur Macht*: Als starker Gegen-Begriff und Anti-Lehre ist schließlich auch die ›Lehre‹ vom Willen zur Macht zu verstehen, die Nietzsche ebenfalls in Za einführt. Er lässt sie »das Leben selber« Zarathustra als »Geheimniss« des Lebens mitteilen (Za II, Von der Selbst-Ueberwindung, KSA 4.148), gibt sie also nicht als dessen Lehre aus und behält sie dann auch im eigenen Namen bei. Nietzsche lässt Zarathustra ausdrücklich eine metaphysische Deutung des Willens zur Macht als optimistische Alternative zu Schopenhauers pessimistischem Willen zum Dasein zurückweisen (»Der traf freilich die Wahrheit nicht, der das Wort nach ihr schoss vom ›Willen zum Dasein‹: diesen Willen – giebt es nicht! / Denn: was nicht ist, das kann nicht wollen; was aber im Dasein ist, wie könnte das noch zum Dasein wollen!«, ebd., KSA 4.148 f.). Die Anti-Lehre des Willens zur Macht ist, tiefer noch als die Anti-Lehren vom Übermenschen und von der ewigen Wiederkehr des Gleichen, bereits gegen die *Bildung* von scheinbar zeitlosen Begriffen gerichtet. Nietzsche versucht mit ihr die Realität jenseits metaphysischer Illusionen zu denken. Wird auf die metaphysische Illusion allgemeingültiger, zeitloser Begriffe überhaupt verzichtet, bleiben Willen zur Macht (im Plural) zurück. Dann ist alles einander unmittelbar ausgesetzt, reagiert jedes auf alles Übrige, verbindet sich mit anderem und trennt sich von ihm, wird von ihm einverleibt oder ausgestoßen, wird von anderem überwältigt oder überwältigt anderes. »›Entwicklung‹ eines Dings, eines Brauchs, eines Organs« stellt sich dann nicht mehr als ein »progressus auf ein Ziel hin« dar, »noch weniger [als] ein logischer und kürzester, mit dem kleinsten Aufwand von Kraft und Kosten erreichter progressus, – sondern [als] die Aufeinanderfolge von mehr oder minder tiefgehenden, mehr oder minder von einander unabhängigen, an ihm

sich abspielenden Überwältigungsprozessen, hinzugerechnet die dagegen jedes Mal aufgewendeten Widerstände, die versuchten Form-Verwandlungen zum Zweck der Vertheidigung und Reaktion, auch die Resultate gelungener Gegenaktionen (GM II 12). An sich gibt es auch Willen nicht, wie Nietzsche für sich notierte: »1. – alles ist Wille gegen Willen / 2 Es giebt gar keinen Willen« (N 1886/87, 5[9], KSA 12.187). Von ›Willen‹ spricht man, wenn es nicht mehr um eine Begründung von etwas geht, der andere zustimmen können, sondern um seine Durchsetzung, wenn sie ihre Zustimmung verweigern; dann steht, sagt man, ›Wille gegen Wille‹. Mit der Rede vom Willen geht Nietzsche also, und *darin* ging ihm Schopenhauer voran, hinter den Begriff der Vernunft mit ihren ›guten Gründen‹ für alle zurück. Der Wille zur Durchsetzung führt unvermeidlich zur Auseinandersetzung und damit zur Entscheidung durch Macht, der Übermächtigung des einen Willens durch den andern. Wille ist darum auch schon Wille *zur Macht*, und da Macht in Auseinandersetzungen stets gefährdet bleibt, muss sie ihrerseits immer *Wille* zur Macht sein. Im Leben, so Nietzsche, entzieht sich nichts dem Willen zur Macht, auch nicht die ihm scheinbar entgegengesetzte Vernunft: Aus seiner Sicht ist Vernunft lediglich der Wille, Macht-Auseinandersetzungen durch den Vortrag von guten Gründen zu ersetzen, wobei stets strittig bleibt, was in welchem Fall wem gegenüber ›gute Gründe‹ sind. Nach Za, in JGB 13, empfiehlt Nietzsche die Rede vom Willen zur Macht darum aus methodologischen Gründen. Er rät zunächst den Physiologen zur »Vorsicht vor überflüssigen teleologischen Prinzipien«: Um der »Principien-Sparsamkeit« willen sei statt von »Selbsterhaltungstrieb« besser von »Wille zur Macht« zu reden, nach dem »etwas Lebendiges seine Kraft auslassen« will. Auch die »›Gesetzmässigkeit der Natur‹«, von der die Physiker redeten und damit vielleicht noch einem moralischen Vorurteil erlägen (»›Überall Gleichheit vor dem Gesetz, – die Natur hat es darin nicht anders und nicht besser als wir‹«), sei so noch kritisch in Frage zu stellen: die sparsamste, voraussetzungsärmste Hypothese sei hier, dass die Welt zwar »einen ›nothwendigen‹ und ›berechenbaren‹ Verlauf habe, aber nicht, weil Gesetze in ihr herrschen, sondern weil absolut die Gesetze fehlen, und jede Macht in jedem Augenblicke ihre letzte Consequenz zieht.« Und darin lasse sich dann auch diese Hypothese selbst noch einbeziehen (»Gesetzt, dass auch dies nur Interpretation ist [...]«, JGB 22). In JGB 36 mit seiner berühmten Schlussformel »›Wille zur Macht‹ und nichts ausserdem« geht Nietzsche dann aufs Ganze, aber nicht, wie es die vorbereitende Aufzeichnung erscheinen lässt, die die Herausgeber des vermeintlichen Hauptwerks *Der Wille zur Macht* als krönenden metaphysischen Schlussstein setzten und dem viele Interpreten folgten, mit einem metaphysischen Dogma (»Diese Welt ist der Wille zur Macht – und nichts außerdem!« N 1885, 38[12], KSA 11.611), sondern wiederum mit einer vorsichtig in den Konjunktiv und in Anführungszeichen gesetzten Hypothese (»sie wäre eben ›Wille zur Macht‹ und nichts ausserdem«). In GM fasst er sie noch schärfer als »Haupt-Gesichtspunkt der historischen Methodik« und bloße »Theorie« (»eines in allem Geschehn sich abspielenden Macht-Willens«, GM II 12). Da es stets um Willen gegen Willen geht (Wolfgang Müller-Lauter, Nietzsches Lehre vom Willen zur Macht, in: Nietzsche-Studien 3 (1974), 1-60), ist die Wille-zur-Macht-Hypothese auch eine Formel für Nietzsches Pluralismus; da auch Interpretationen von Willen zur Macht ausgehen (»Der Wille zur Macht interpretirt«, »In Wahrheit ist Interpretation ein Mittel selbst, um Herr über etwas zu werden«, notierte er sich dazu N 1885/86, 2[148], KSA 12.139 f.), eine Formel für seine Philosophie der Interpretation (Johann Figl, Interpretation als philosophisches Prinzip. Friedrich Nietzsches universale Theorie der

Auslegung im späten Nachlaß, Berlin/New York 1982); und, da die Welt »unendliche Interpretationen in sich schliesst« (FW 374), auch eine Formel seiner Philosophie vielfältiger Perspektiven. So konnte sie zur Leitformel seiner Philosophie im Ganzen werden. Wille zur Macht ist das Zeichen zur Verzeitlichung der Begriffe schlechthin, das Zeichen des Unerkennbaren und logisch nur paradox Fassbaren, aus dem alles Erkennen und begriffliche Erfassen hervorgeht.

XI. Nietzsches Bejahungen

Nietzsche führte seine radikale Desillusionierung unserer Orientierung am Ende auf eine große Bejahung hinaus. Eine Umwertung und Neuorientierung wird erst plausibel, wenn sie bejaht, wenn sie neue Werte und Horizonte vorgibt. Die »Erlösung« der »Wirklichkeit« vom ›Geist der Schwere‹, der Belastung des Lebens durch eine illusionäre und darum lebensfeindliche Moral, musste philosophisch eine »Vertiefung in die Wirklichkeit« sein (GM II 24), sie in einer neuen »Unschuld des Werdens« zeigen (GD, Die vier großen Irrthümer 7 f.), wie sie fröhlich spielende Kinder an den Tag legen. Nietzsches Bejahungen nehmen seine Kritik nicht zurück und widersprechen ihr auch nicht, sondern schließen sie ein; auch seine ›starken Gegen-Begriffe‹, Übermensch, ewige Wiederkunft und Wille zur Macht, hatte er als bejahende dargestellt. Umstrittener noch als sie sind seine politischen Entwürfe für Europa und die Welt, die sich für ihn aus seiner Kritik ergeben, manche bis heute faszinierend, manche zunehmend provozierend. Sie sind auf irritierende Weise eingefügt in den epistemologischen und ethischen Horizont des ›amor fati‹, der Liebe zum Schicksal. Aus ihm sind sie zu verstehen.

Nietzsche nannte seine »Art« eine, die »mit Widerspruch und Kritik nur mittelbar, nur unfreiwillig zu thun hat« und »jasagend« ist (GD, Was den Deutschen abgeht 6). Er wollte vorbehaltlos jasagen zum Leben, wie es ist. Aber jede Bejahung verneint auch – nämlich die Verneinungen, die der Bejahung entgegenstehen. Im Rückblick von EH schrieb Nietzsche, mit Za sei, nachdem er dort einen neuen Typus mit neuen Werten hingestellt hatte, »der jasagende Theil meiner Aufgabe gelöst« gewesen. Mit JGB »kam die neinsagende, neinthuende Hälfte derselben an die Reihe: die Umwerthung der bisherigen Werthe selbst, der grosse Krieg, – die Heraufbeschwörung eines Tags der Entscheidung« (EH, JGB 1), der Entscheidung, wer zur Bejahung der Unschuld des Lebens fähig sei. Die Entscheidung *für* die Bejahung ist eine Entscheidung *gegen* die Verneinung, die Verneinung der Lebendigkeit des Lebens durch Theorie und Moral. Ein Neinsagen zu *diesem* Neinsagen aber ist nicht einfach ein logischer Gegensatz, bei dem aus der doppelten Negation einfach wieder eine Bejahung wird, sondern ein existenzieller: »Ich widerspreche, wie nie widersprochen worden ist [,] und bin trotzdem der Gegensatz eines neinsagenden Geistes.« (EH, Warum ich ein Schicksal bin 1). Ein ›neinsagender Geist‹ sagt habituell nein, kann zu seinen Lebensbedingungen nicht anders als nein sagen, nicht wollen, dass sie ewig wiederkehren. In GM hat Nietzsche (mit Eugen Dühring) dieses Neinsagen auf die Formel »Geist des Ressentiment« gebracht (GM II 11): Das Ressentiment ist eine aus anhaltenden Rachegefühlen gegen ein ›Schlechterweggekommensein‹ entstandene Abwehrhaltung gegen das Leben, die, so Nietzsche, in Metaphysik und Christentum ihre stärksten Stützen fand. Das Neinsagen *zum* Ressentiment unterscheidet sich vom Neinsagen *des* Ressentiments dadurch, dass es keine Theorie und Moral mehr braucht, nichts mehr sagen und sich sagen lassen, vom Widersprechen nicht mehr reden muss, sondern Ausdruck eines ›souveränen‹ Lebens ist, das Ressentiments *nicht nötig* hat und, wenn andere mit ihnen kommen, an sich abperlen lässt, das, so Nietzsche, »Nein thut« (JGB 208). Das bejahende »Neinthun« (EH, Warum ich ein Schicksal bin 2) ist nicht wieder in Werten und Normen einer für alle gleich gültigen Moral zu formulieren; es zeigt sich und macht solche Formulierungen überflüssig. Man will dann »Nichts anders haben« (EH, Warum ich so klug bin 10).

1. *Nihilismus*: Am Anfang von Nietzsches Bejahungen steht die Bejahung des Nihilismus. Mit dem Absterben der Religion und dem Durchbruch der Evolutionstheorie, der in philosophischer Sicht eine Verzeitlichung aller Werte folgen musste, wurden die metaphysisch gestützten Werte des Christentums nicht nur entwertet; es wurde zugleich offenkundig, dass sie ihrerseits seit Jahrtausenden die Werte des Lebens entwertet hatten. Nihilismus hieß für Nietzsche – die Formel wurde in wechselndem Sinn schon seit dem 18. Jahrhundert gebraucht –, dass die »obersten Werthe« »sich entwerthen« (AC 5; N 1887, 9[35], KSA 12.350) und dadurch sich zeigt, dass es mit ihnen immer schon nichts (nihil) war, dass sie keine obersten Werte waren. Nietzsche sprach davon mehr in seinen Aufzeichnungen als im veröffentlichten Werk. Er erwartete, dass der Entwertungsprozess sich durch seine rückhaltlose Aufdeckung beschleunigen, ja dass er geradezu explodieren werde (»ich bin Dynamit«, EH, Warum ich ein Schicksal bin 1). Entsprungen war er der Suche nach einem letzten Halt, einer letzten Gewissheit. In JGB 10 führt Nietzsche den »Nihilismus« als »Willen zur Wahrheit« ein, als »Metaphysiker-Ehrgeiz des verlornen Postens«, »der zuletzt eine Handvoll ›Gewissheit‹ immer noch einem ganzen Wagen voll schöner Möglichkeiten vorzieht; es mag sogar puritanische Fanatiker des Gewissens geben, welche lieber noch sich auf ein sicheres Nichts als auf ein ungewisses Etwas sterben legen.« Nihilismus ist so das »Anzeichen einer verzweifelnden sterbensmüden Seele«, die die Kraft zur eigenen Orientierung und den Mut zu deren unaufhebbaren Ungewissheiten verloren hat, psychologisch die Chance für eine herrschende Moral, der sich derart schwach gewordene Menschen willig unterwerfen können, historisch die Chance für das metaphysizierte Christentum, »die ausschweifend-

ste Durchfigurirung des moralischen Thema's, welche die Menschheit bisher anzuhören bekommen hat«, sich dauerhaft durchzusetzen (GT, Vorrede 5). Als Moral der Schwachen und Schlechtweggekommenen (und nur für sie) war Christentum »von Anfang an, wesentlich und gründlich, Ekel und Ueberdruss des Lebens am Leben, welcher sich unter dem Glauben an ein ›anderes‹ oder ›besseres‹ Leben nur verkleidete, nur versteckte, nur aufputzte. Der Hass auf die ›Welt‹, der Fluch auf die Affekte, die Furcht vor der Schönheit und Sinnlichkeit, ein Jenseits, erfunden, um das Diesseits besser zu verleumden, im Grunde ein Verlangen in's Nichts, an's Ende, in's Ausruhen, hin zum ›Sabbat der Sabbate‹ – dies Alles dünkte mich, ebenso wie der unbedingte Wille des Christenthums, nur moralische Werthe gelten zu lassen, immer wie die gefährlichste und unheimlichste Form aller möglichen Formen eines ›Willens zum Untergang‹, zum Mindesten ein Zeichen tiefster Erkrankung, Müdigkeit, Missmuthigkeit, Erschöpfung, Verarmung an Leben« (ebd.). Christentum, so Nietzsche in seiner umfassenden Lenzerheide-Aufzeichnung von Juni 1887, überschrieben »Der europäische Nihilismus«, wollte »das große Gegenmittel gegen den praktischen und theoretischen Nihilismus« sein, und war doch seine Vertiefung. Er durchsetzte die ganze europäische Kultur, verleibte ihr ein Bedürfnis nach »Moral-Interpretation« ein, das man nun nicht mehr loswird, selbst wenn man seine Gründe und Abgründe genealogisch aufgedeckt hat: »Der Nihilismus erscheint jetzt, nicht weil die Unlust am Dasein größer wäre als früher, sondern weil man überhaupt gegen einen ›Sinn‹ im Übel, ja im Dasein mißtrauisch geworden ist. Eine Interpretation gieng zu Grunde; weil sie aber als die Interpretation galt, erscheint es, als ob es gar keinen Sinn im Dasein gebe, als ob alles umsonst sei.« Gerade für den, der das erkennt, ist dies »der lähmendste Gedanke, namentlich noch wenn man begreift, daß man gefoppt wird und doch ohne Macht <ist>, sich nicht foppen zu lassen.« Man kann daher den Nihilismus nur überwinden, indem man ihn bejaht. Ein »aktiver Nihilismus« wird leichter, wenn die Nöte, wie in Europa am Ende des 19. Jahrhunderts, geringer werden; nun würde man vielleicht auch fähig, sich dem gedanklichen Lebensexperiment der ewigen Wiederkunft zu stellen. Vielleicht, so Nietzsche weiter, war das aber auch gar nicht mehr nötig. Soweit man auch die ja ihrerseits metaphysisch konzipierte ewige Wiederkunft unter die »extremen Glaubenssätze« rechnen kann, könnten »die Stärksten« gerade die sein, die sie gar nicht nötig haben, sondern »einen guten Theil Zufall, Unsinn nicht nur zugestehen, sondern lieben, die welche vom Menschen mit einer bedeutenden Ermäßigung seines Werthes denken können, ohne dadurch klein und schwach zu werden: die Reichsten an Gesundheit, die den meisten Malheurs gewachsen sind und deshalb sich vor den Malheurs nicht so fürchten – Menschen die ihrer Macht sicher sind, und die die erreichte Kraft des Menschen mit bewußtem Stolze repräsentiren.« (N 1886/87, 5[71], KSA 12.211-217) Menschen mit einer souveränen Orientierung – Nietzsches Typus dafür war, wie gesagt, Goethe – werden das Dasein auch ohne die Brücke des Wiederkunftsgedankens bejahen können. Den christlich-metaphysischen Nihilismus kann man ›überwinden‹, den »grundsätzlichsten« Nihilismus (N 1888, 16[32], KSA 13.492, korr. nach KGW IX 9, W II 7.144) dagegen nicht. Er ist, wie Nietzsche zuletzt notierte, ein »normaler Zustand«, der als »Zeichen von Stärke« oder von »Schwäche« gedeutet werden kann (N 1887, 9[35], KSA 12.350-352, KGW IX 6, W II 1.115 f.), und der normale Zustand ist der immer fortlaufende Prozess der Umwertung von Werten, an dem man verzweifeln, mit dem man aber auch zurechtkommen, mit dem man durchaus leben, aus dem man Gewinn für sein Leben ziehen kann, weil er zu neuen Lebensorientierungen befreit (Werner

Stegmaier, Nietzsches Philosophie der Orientierung, in: Sebastian Kaufmann/Philipp Schwab/Andreas Urs Sommer (Hg.), Nietzsches Philosophien, Berlin/Boston 2024).

2. *décadence*: Den Nihilismus als Schwäche in der Kultur seiner Zeit nannte Nietzsche vor allem in den Schriften von 1888 mit einem Begriff, in dessen Gebrauch er durch Paul Bourgets *Essais de psychologie contemporaine* von 1883, aber auch durch historische und medizinische Literatur bestärkt wurde, *décadence*; er übersetzte ihn mit »niedergehendes Leben« (WA, Epilog, u.ö.). Die *décadence* bewies in der zeitgenössischen Kunst, vor allem der französischen und russischen Literatur und – für Nietzsche – in der Musik Wagners eine verführerische Attraktivität; eine eigene Zeitschrift *Le Décadent*, die 1886 bis 1889 erschien, kultivierte die Zersetzung der bürgerlichen Moral durch Rausch, Perversion, Exotismus und die Lust am Verfall. Nietzsche ging es mehr als um den moralischen und ästhetischen Sinn der *décadence* um den physiologischen: »Eine solche Gesammt-Abirrung der Menschheit von ihren Grundinstinkten, eine solche Gesammt-Décadence des Werthurtheils ist das Fragezeichen par excellence, das eigentliche Räthsel, das das Thier ›Mensch‹ dem Philosophen aufgiebt –« (N 1887/88, 11[227], KSA 13.89). Er deutete sie so, dass die Instinkte, die lange eingespielten, unwillkürlich gewordenen Steuerungen des Lebens, nun untereinander zerfallen seien, so dass man sie bekämpfen und in der Moral sein Glück suchen müsse (vgl. GD, Das Problem des Sokrates 11). *Décadence* sei, notierte er sich, »nichts, was an sich zu verurtheilen wäre«, sondern »eine nothwendige Consequenz des Lebens, des Wachsthums an Leben«, das, wenn es aufsteigt, auch abfallen muss (N 1888, 14[75], KSA 13.255). So bejahte Nietzsche auch sie für sich selbst, als Herausforderung für sein Philosophieren. Hatte er 1887/88 notiert: Ich bin »der erste vollkommene Nihilist Europas, der aber den Nihilismus selbst schon in sich zu

Ende gelebt hat, – der ihn hinter sich, unter sich, außer sich hat ...« (11[411], KSA 13.190), so schrieb er jetzt: »Ich bin so gut wie Wagner das Kind dieser Zeit, will sagen ein décadent: nur dass ich das begriff, nur dass ich mich dagegen wehrte. Der Philosoph in mir wehrte sich dagegen.« (WA, Vorwort) Und weiter: »Abgerechnet nämlich, dass ich ein décadent bin, bin ich auch dessen Gegensatz. Mein Beweis dafür ist, unter Anderem, dass ich instinktiv gegen die schlimmen Zustände immer die rechten Mittel wählte: während der décadent an sich immer die ihm nachtheiligen Mittel wählt.« (EH, Warum ich so weise bin 2) Er verstand sich als décadent *und* existenziellen Gegensatz zu ihm, als Anti-décadent. So konnte er auch die *décadence* bejahen.

3. *Überreichtum des Lebens*: Das gesteigerte Leben mit dem normalen und grundsätzlichen Nihilismus erforderte einen erweiterten Begriff des Lebens. Das Leben, betonte Nietzsche nun immer nachdrücklicher, kann ›arm‹ und ›reich‹, ›verarmt‹ und ›überreich‹ an Lebensmöglichkeiten, an Erkenntnis- und Handlungsperspektiven sein. Es verarmt umso mehr, je weniger es seine Vielfalt entfalten kann, je mehr es nötig hat, sie auf Durchschnittliches, Allgemeingültiges, Einheitliches, einzuschränken. Dazu gehörte nach Nietzsche auch noch die »Selbsterhaltung« im »›Kampf um's Dasein‹«. Sie sei »nur eine Ausnahme« in Notlagen; die Regel sei »der Ueberfluss, die Verschwendung, sogar bis in's Unsinnige« (FW 349). Es sei einem verarmten Leben zu verdanken, dass die »Kunst und Erkenntniss« Europas weitestgehend lebensfeindliche Metaphysiken und Moralen hervorgebracht habe. Dazu konnte ebenso ein »Verlangen nach Starrmachen, Verewigen, nach Sein« wie ein »Verlangen nach Zerstörung, nach Wechsel, nach Neuem, nach Zukunft, nach Werden« nötigen: Im einen Fall hält man den Wechsel und das immer Neue nicht aus, im andern erträgt man nicht, dass im Ganzen alles so bleibt, wie es ist; in beiden Fällen nimmt man »an allen

Dingen gleichsam Rache«, dadurch, dass man »ihnen sein Bild, das Bild seiner Tortur, aufdrückt, einzwängt, einbrennt« und dabei »Erlösung von sich« sucht. Aber man kann nicht nur an der »Verarmung des Lebens« leiden, sondern auch an der »Ueberfülle des Lebens«, wenn man den Überreichtum an Schaffensmöglichkeiten nicht ausleben und von ihm nicht abgeben kann, wenn man niemand findet, mit dem man sie teilen oder dem man sie wenigstens mitteilen kann – Zarathustra war Nietzsches Typus dafür. Nur solche Überreichen aber werden zur »tragischen Ansicht und Einsicht in das Leben« fähig sein, zu jenem harten und kalten Blick auf die Realitäten des Lebens, der es nicht nötig hat, sie zu verklären. Und von diesem freien Blick hängt wieder ab, ob in neuen Zeiten neue Lebens- und Überlebensmöglichkeiten für alle entdeckt werden. Kommt das Verlangen nach ›Sein‹ aus einer solchen Überfülle des Lebens, »aus Dankbarkeit und Liebe« für sie, wird das Ergebnis kaum mehr Philosophie, sondern, so Nietzsche, »immer eine Apotheosenkunst sein, dithyrambisch vielleicht mit Rubens, seligspöttisch mit Hafis, hell und gütig mit Goethe, und einen homerischen Licht- und Glorienschein über alle Dinge breitend.« Sie gab es schon. Das Verlangen nach ›Werden‹ aus der Überfülle des Lebens heraus aber sah Nietzsche noch nicht. Er behielt es einem Philosophieren vor, das erst kommen werde, dem »dionysischen Pessimismus« (FW 370). Es wäre ein Philosophieren, das Sein *und* Werden, Verewigung *und* Zerstörung, Zeitlosigkeit *und* Zeit bejahen könnte, weil sie aus ganz unterschiedlichen Bedürfnissen und Nöten kommen, ein Philosophieren, das sich nicht ein für alle Mal festlegen muss, sondern in den wechselnden Nöten des Lebens dieses Leben auf wechselnde Weise verstehen kann. Ein solches Philosophieren wäre dann auch zur bis heute unheimlichsten und abgründigsten Einsicht bereit und könnte sie bejahen: dass mit dem Guten auch das Böse wachsen muss, dass die Menschheit, wenn immer sie ›verbessert‹ wird, auch verschlimmert wird – weil die Kraft zum Guten, die aus einem reichen und überreichen Leben kommt, unvermeidlich die herrschende Moral überschreitet und für sie damit eine Kraft zum Bösen wird. Das Gute und das Böse ist, folgt man nicht schon dem moralischen Vorurteil, »aus den selben Wurzeln gewachsen«; »zwischen guten und bösen Handlungen giebt es keinen Unterschied der Gattung, sondern höchstens des Grades. Gute Handlungen sind sublimirte böse; böse Handlungen sind vergröberte, verdummte gute.« (MA I 107; vgl. Za I, Vom Baum am Berge) In der Tat sind zumindest die Europäer und insbesondere die Deutschen, seit sie in den vergangenen Jahrhunderten durch philosophisch-pädagogische Programme immer mehr ›verbessert‹ wurden, auch zu immer Schlimmerem fähig geworden, bis hin zu kalt organisierten Morden an Millionen Unschuldiger. Nietzsche schauderte davor, dass »die Schlechtweggekommenen«, wenn sie einmal von der Moral, nach der sie ›verbessert‹ wurden, enttäuscht würden, »auch ihrerseits Macht wollen, indem sie die Mächtigen zwingen, ihre Henker zu sein. Dies ist [...] das Nein-thun, nachdem alles Dasein seinen ›Sinn‹ verloren hat«, in Zeiten des Nihilismus (N 1886/87, 5[71], KSA 12.216). Öffentlich sprach er nicht mehr davon: »Auch der Muthigste von uns hat nur selten den Muth zu dem, was er eigentlich weiss ...« (GD, Sprüche und Pfeile 2)

4. *Rangordnung*: Nietzsche misst den Reichtum und Überreichtum des Lebens am Mehr oder Weniger an ›Geistigkeit‹, d.h. Orientierungs-, Urteils- und Führungsfähigkeit. Daraus ergibt sich eine Rangordnung. Sie war aristokratischen Gesellschaften wie der griechischen und römischen noch völlig ›natürlich‹, wurde jedoch umso unpopulärer, je mehr zunächst die christliche, dann die moderne Moral auf der Gleichheit der Menschen bestanden hat. Das Christentum hat verhindert, »die abgründlich

verschiedene Rangordnung und Rangkluft zwischen Mensch und Mensch zu sehen: – solche Menschen haben, mit ihrem ›Gleich vor Gott‹, bisher über dem Schicksale Europa's gewaltet, bis endlich eine verkleinerte, fast lächerliche Art, ein Heerdenthier, etwas Gutwilliges, Kränkliches und Mittelmässiges, herangezüchtet ist, der heutige Europäer ...« (JGB 62) Zugleich hat die Moderne jedoch im Zug der funktionalen Differenzierung der Gesellschaft immer mehr auf die Fähigkeiten und Fertigkeiten der Individuen und den Wettbewerb unter ihnen gesetzt und ihnen darum zunehmend Freiräume geschaffen. So sollen die Individuen nun zugleich ungleich und gleich sein, ungleich in ihren Fähigkeiten und Fertigkeiten, gleich (und umso gleicher) in ihren moralischen Urteilen. Nietzsche wollte gegen die moralische Gleichheitsideologie auf die weiterhin bestehende, unvermeidliche und unentbehrliche Rangordnung unter Menschen aufmerksam machen, stellte deren moralische Ächtung als *sein* Problem: »– ich bin dazu gedrängt, im Zeitalter des suffrage universel, d.h. wo Jeder über Jeden und Jedes zu Gericht sitzen darf, die Rangordnung wieder herzustellen.« (N 1884, 26[9], KSA 11.152) Er bejahte die Rangordnung, nicht den Individualismus: »Meine Philosophie ist auf Rangordnung gerichtet: nicht auf eine individualistische Moral.« (N 1886/87, 7[6], KSA 12.280 f., vgl. Benjamin Alberts, Nietzsches Problem der Rangordnung, Berlin/Boston 2022).

Er setzte die Rangordnung schon im Physiologischen an. Sie beginne mit dem »Unterschied von niederen und höheren Funktionen: Rangordnung der Organe und Triebe, dargestellt durch Befehlende und Gehorchende«. Die »Aufgabe der Ethik« sei darum nicht, sie zu leugnen, sondern »die Werthunterschiede als physiologische Rangordnung von ›höher‹ und ›nieder‹ (›wichtiger, wesentlicher, unentbehrlicher, unersetzlicher‹ usw.)« daraufhin zu analysieren, wie weit sie unvermeidlich in die Ethik eingehen (N 1884, 25[411], KSA 11.119). Denn eine Moral sei nichts anderes als »eine Abschätzung und Rangordnung der menschlichen Triebe und Handlungen«, in der Regel »der Ausdruck der Bedürfnisse einer Gemeinde und Heerde: Das, was ihr am ersten frommt – und am zweiten und dritten –, das ist auch der oberste Maassstab für den Werth aller Einzelnen.« Dennoch »gab es sehr verschiedene Moralen; und in Hinsicht auf noch bevorstehende wesentliche Umgestaltungen der Heerden und Gemeinden, Staaten und Gesellschaften kann man prophezeien, dass es noch sehr abweichende Moralen geben wird.« (FW 116) Moralphilosophen müssten also schon um der Moral selbst willen, damit sie sich in neuen Zeiten neu formieren kann, über »die gegenwärtige herrschende Rangordnung« hinaussehen; doch dazu mangele es den meisten »an historischem Sinne einerseits, andrerseits sie werden selber von der Moral beherrscht, welche das Gegenwärtige als das Ewig-Gültige lehrt.« (N 1885, 35[5], KSA 11.510, korr.) So spitzt Nietzsche alles auf das Problem der Rangordnung zu. Es gegen den Jahrtausende alten moralischen Druck überhaupt zu sehen mache den Philosophen zum Philosophen; man könne wiederum *dessen* Rang danach ermessen, ob und wie er es und von ihm aus alle übrigen Probleme zu sehen vermag. Dazu aber seien reiche und tiefe eigene Lebenserfahrungen notwendig, Menschen, die »die vielfachsten und widersprechendsten Noth- und Glücksstände an Seele und Leib erfahren mussten«, um endlich sagen zu können, sagen zu *dürfen*: »›Hier eine lange Leiter, auf deren Sprossen wir selbst gesessen und gestiegen sind, – die wir selbst irgend wann gewesen sind! Hier ein Höher, ein Tiefer, ein Unter-uns, eine ungeheure lange Ordnung, eine Rangordnung, die wir sehen: hier – unser Problem!‹––« (MA I, Vorrede 7).

»Natürlich«, notierte sich Nietzsche, geht es um Rangordnung »abseits von allen bestehenden Gesellschaftsordnungen.« (N 1886/87, 5[71]14, KSA 12.217) Sie liegt weit tiefer, in einer »Rangordnung seelischer Zustände, welcher die Rangordnung der Probleme gemäss ist; und die höchsten Probleme stossen ohne Gnade Jeden zurück, der ihnen zu nahen wagt, ohne durch Höhe und Macht seiner Geistigkeit zu ihrer Lösung vorherbestimmt zu sein.« Darin machen sich Tugenden geltend, die »einzeln erworben, gepflegt, fortgeerbt, einverleibt worden sein« müssen, bei einem Philosophen »nicht nur der kühne leichte zarte Gang und Lauf seiner Gedanken, sondern vor Allem die Bereitwilligkeit zu grossen Verantwortungen, die Hoheit herrschender Blicke und Niederblicke, das Sich-Abgetrennt-Fühlen von der Menge und ihren Pflichten und Tugenden, das leutselige Beschützen und Vertheidigen dessen, was missverstanden und verleumdet wird, sei es Gott, sei es Teufel, die Lust und Übung in der grossen Gerechtigkeit, die Kunst des Befehlens, die Weite des Willens, das langsame Auge, welches selten bewundert, selten hinauf blickt, selten liebt ...« (JGB 213) Eine Rangordnung »zwischen Mensch und Mensch« ist dann auch schon eine Rangordnung »zwischen Moral und Moral« (JGB 228): »Welche Gruppen von Empfindungen innerhalb einer Seele am schnellsten wach werden, das Wort ergreifen, den Befehl geben, das entscheidet über die gesammte Rangordnung ihrer Werthe, das bestimmt zuletzt ihre Gütertafel.« (JGB 268) Die »Erste Frage in Betreff der Rangordnung« ist dabei, notierte sich Nietzsche weiter, »wie solitär oder wie heerdenhaft Jemand ist / (im letzteren Falle liegt sein Werth in den Eigenschaften, die den Bestand seiner Heerde, seines Typus sichern, im anderen Falle in dem, was ihn abhebt, isolirt, vertheidigt und solitär ermöglicht.« Doch sie sind »beide nothwendig; insgleichen ist ihr Antagonism nothwendig« (N 1887, 10[59], KSA 12.492). Beide Typen können und sollen nicht aneinander gemessen, aneinander ›abgeschätzt‹ werden. Denn sie folgen unvermeidlich unterschiedlichen Perspektiven: Die Rangordnung muss von jedem Rang in ihr aus anders aussehen, es kann von ihr kein allgemeines Verständnis, keinen allgemeingültigen Begriff geben, und auch Nietzsche hat von ihr nur *sein* Verständnis.

5. *Pathos der Distanz*: Nietzsches bejahender Begriff dafür, dass es für die Rangordnung unter Menschen und Moralen keinen allgemeingültigen Begriff gibt, ist der des »Pathos der Distanz« (JGB 257). Das ›Pathos‹, gr. für ›Empfindung, Erfahrung, Leiden, Leidenschaft‹, ist die Negation des (scheinbar rein rationalen) Begriffs, die ›Distanz‹, lat. für ›Auseinanderstehen, Abstand, Verschiedenheit‹ ein begriffloser Unterschied. Nietzsche gebraucht für ihn auch den Begriff der ›nuance‹, der Abweichung von einem Begriff, für die es keinen Begriff mehr gibt (»ich bin eine nuance«, EH, WA 4). Das Pathos der Distanz liegt nie fest; es wird, so Nietzsche, erfahren in »immer neuer Distanz-Erweiterung innerhalb der Seele selbst«, als »Herausbildung immer höherer, seltnerer, fernerer, weitgespannterer, umfänglicherer Zustände«, die andere Moralen und mit ihnen eine »Erhöhung des Typus ›Mensch‹, die fortgesetzte ›Selbst-Überwindung des Menschen‹« denkbar machen (JGB 257; vgl. Za II, Von der Selbst-Ueberwindung, KSA 4.148). ›Pathos der Distanz‹ ist auch ein Begriff für Vornehmheit im ethischen Sinn, die Nietzsche der ›Herden-Moral‹ entgegensetzt: ohne alle Eitelkeit sich des eigenen Wertes nach eigenen Maßstäben bewusst zu sein (JGB 261), ein »Instinkt für den Rang«, »Lust an den Nuancen der Ehrfurcht« (JGB 263), »nie daran denken, unsre Pflichten zu Pflichten für Jedermann herabzusetzen; die eigne Verantwortlichkeit nicht abgeben wollen, nicht theilen wollen; seine Vorrechte und deren Ausübung unter seine Pflichten rechnen« (JGB 272), aber auch eine »eigenthümliche hochgeartete Güte gegen Mitmenschen«, die nicht »auf seiner Höhe« sind (JGB 273). Beim Philosophen aber bedeutet Vornehmheit den Zweifel, ob er »›letzte und eigentliche‹ Meinungen überhaupt haben könne, ob bei ihm

nicht hinter jeder Höhle noch eine tiefere Höhle liege, liegen müsse – eine umfänglichere fremdere reichere Welt über einer Oberfläche, ein Abgrund hinter jedem Grunde, unter jeder ›Begründung‹« (JGB 289).

6. *Größe*: Rangordnung lässt Größe zu. Nietzsche bejaht wie die meisten seiner Zeit auch die Größe, ohne sie zu verehren; die Verehrung ›großer Menschen‹ scheint ihm klein und pöbelhaft. Er gebraucht das Prädikat ›groß‹ Tausende Male in seinem Werk, weithin im gewohnten Sinn, (a) dem pragmatisch messenden oder *quantitativen* von ›mehr als üblich‹, ›überragend‹, (b) häufig auch in dem emphatisch wertenden oder *qualitativen* von ›eindrucksvoller‹, ›wirkungsvoller‹, ›bedeutsamer als üblich‹. Im ersten Sinn können z.B. abzählbare Mengen, Menschen ihrer körperlichen Gestalt nach oder ein Glück seiner Unwahrscheinlichkeit nach, im zweiten z.B. Ereignisse, Schicksale oder Menschen ›groß‹, ›größer‹ oder ›am größten‹ sein. Nach dem frühen Nietzsche sollte es die alleinige Aufgabe der Menschheit sein, »einzelne grosse Menschen zu erzeugen« (SE 6, KSA 1.384). Sie setzen Maßstäbe für ihre und die künftige Zeit, sind aber auch Produkte vielfältiger, oft ganz zufälliger und weit zurückliegender Bedingungen. Im späten Werk fügt Nietzsche dem Sinn von ›groß‹ (c) einen dritten, *dialektischen* Sinn hinzu. Danach ist groß das, was auch noch seinen Gegensatz, der es negiert, einbeziehen, für sich fruchtbar machen und sich dadurch steigern kann. Auffällig wird dieser Sinn in ungebräuchlichen Wendungen wie ›große Vernunft‹ oder ›große Politik‹, bei denen Nietzsche eine ›kleine‹ zum Mittel einer ›großen‹ macht, wobei die ›kleine‹ die bekannte ist, im Fall der Vernunft die (scheinbar) ›reine Vernunft‹, die in der europäischen philosophischen Tradition zum Maßstab alles Übrigen wurde und sich über alles Leibliche erhaben glaubte. Nietzsche versteht sie nun als bloßes »Werk- und Spielzeug« der »grossen Vernunft« des Leibes, der in seiner Komplexität für sie

»ein unbekannter Weiser« bleibt (Za I, Von den Verächtern des Leibes, KSA 4.39 f.). So befreit der »grosse Schmerz« , »als der Lehrmeister des grossen Verdachtes«, den Geist, lähmt ihn nicht mehr (FW, Vorrede 3). Die »grosse Form des Lebens« ist die, die an den Fraglichkeiten der Moral nicht verzweifelt, sondern noch wächst (FW 344). Die »grosse Gesundheit« wird durch Krankheiten nicht schwächer, sondern stärker (FW 382; EH, Za 2). Der »grosse Ernst« schließt auch die ›Fröhlichkeit‹ noch ein, die die Wissenschaft bisher ausgeschlossen hat, und eröffnet ihr damit neue Horizonte (FW 382). Die »grosse Entscheidung« entscheidet auch noch über die Kriterien der Entscheidung, denen sie zu unterliegen scheint, sie macht »den Willen wieder frei« (GM II 24). Das »grosse Leben« muss nicht auf den »Krieg« verzichten, sondern kann sich durch ihn steigern (GD, Moral als Widernatur 3). Die »grosse Toleranz« kann mit »grossmüthiger Selbstbezwingung« selbst Intoleranz tolerieren (AC 38). Der »grosse Stil« kann höchstes Pathos mit Nüchternheit und Heiterkeit vereinigen (EH, Warum ich so gute Bücher schreibe, 4). Und die »grossen Probleme«, die so groß sind, dass sie bisher gar nicht als Probleme erkannt wurden, verlangen »alle die grosse Liebe«, die blind machen würde, wäre sie nicht durch die »grosse Verachtung« gegangen, die das Geliebte ohne alle Illusionen sehen kann (FW 345, Za III, Von der verkleinernden Tugend 3, KSA 4.216; GM II 24).

7. *Große Politik*: So schließt auch die »grosse Politik« für Nietzsche »kleine Politik« ein – die Machtpolitik der Dynastien und Nationalstaaten, die sich, wie die Bismarcksche, mit ihren traditionellen Kriegen zu Unrecht schon für ›große Politik‹ hält (JGB 241 u.ö.), begnügt sich aber nicht mit ihr. Für Nietzsche ist »der grosse Krieg« »die Umwerthung der bisherigen Werthe«, er bezieht auch ein, was ihr gewöhnlich entgegengesetzt wird: Moral, Religion, Wissenschaft, Philosophie (EH, JGB 1). Die Umwer-

tung werde, glaubt er, nicht ohne militärische Kriege abgehen, und so bejaht er auch sie: »grosse Politik« werde ein »Geisterkrieg«, ein Krieg um die Durchsetzung von Ideen und Ideologien, sein, grausamer und erschütternder, als die Geschichte sie bis zum Ende des 19. Jahrhunderts kannte (EH, Warum ich ein Schicksal bin 1). Nietzsche will den militärischen Krieg nicht, hat ihn hinreichend kennengelernt, fürchtet seine »Einbussen« (MA I 481), rechnet aber nüchtern mit der Kriegsbegeisterung seiner Zeit (vgl. M 189). Nietzsche schätzt auch die Politik nicht – »Alle grossen Zeiten der Cultur sind politische Niedergangs-Zeiten: was gross ist im Sinn der Cultur war unpolitisch, selbst antipolitisch.« (GD, Was den Deutschen abgeht 4) –, aber er stellt sich ihr.

7.1. *Europa, die Erdregierung und die Juden*: Der Gegenstand von Nietzsches großer Politik ist eine Vision Europas. Sie ist ungewöhnlich und zukunftsweisend in einer Zeit des sich scharf zuspitzenden Nationalismus. Mit ihr verbindet Nietzsche eine Vision für die Rolle der Juden, noch ungewöhnlicher in der Zeit des aggressiv werdenden Antisemitismus. Beide sind nur möglich im souveränen Abstand zur herrschenden Moral. Europa versteht Nietzsche weniger als eine territoriale, ökonomische oder politische Einheit denn als Erbin eben der griechisch-jüdisch-christlichen Moral (vgl. MA II, WS 215), als »Summe von kommandirenden Werthurteilen [...], welche uns in Fleisch und Blut übergegangen sind.« (FW 380) Mit seiner Aufklärung, seinen demokratischen Revolutionen, seiner avancierten kapitalistischen Wirtschaft und Industrialisierung und der ihnen folgenden sozialistischen Bewegung und schließlich seinem Nihilismus hat Europa zugleich weltweit das Äußerste an Modernisierung gewagt, im großen Stil mit sich experimentiert. Eben diese Wagnisse aber droht es nun mit dem grassierenden Nationalismus und Antisemitismus zu verspielen und damit auch die Aufgabe, die nun sichtbar anstand: »bessere Bedingungen für die Entstehung der Menschen, ihre Ernährung, Erziehung, Unterrichtung schaffen, die Erde als Ganzes ökonomisch verwalten, die Kräfte der Menschen überhaupt gegen einander abwägen und einsetzen.« (MA I 24) Große Politik in Europa ist Politik zur Bewältigung der Globalisierung. Dazu brauche man weniger eine »bewusste Gesammtregierung« als »eine alle bisherigen Grade übersteigende Kenntniss der Bedingungen der Cultur, als wissenschaftlicher Maassstab für ökumenische Ziele«, und »ein zukünftiger Ueberblick über die Bedürfnisse der Menschheit« lasse es vielleicht »durchaus nicht wünschenswerth erscheinen, dass alle Menschen gleich handeln, vielmehr dürften im Interesse ökumenischer Ziele für ganze Strecken der Menschheit specielle, vielleicht unter Umständen sogar böse Aufgaben zu stellen sein.« (MA I 25) Jetzt schon finde »ein Auswählen in den Formen und Gewohnheiten der höheren Sittlichkeit statt, deren Ziel kein anderes, als der Untergang der niedrigeren Sittlichkeiten sein kann« (MA I 23), ein Wettbewerb also unter Moralen, und künftig bedürfe es dann vielleicht auch »keiner Anlehnung an Metaphysik und die Irrthümer der Religionen mehr [...], keiner Härten und Gewaltsamkeiten als mächtigster Bindemittel zwischen Mensch und Mensch, Volk und Volk« (MA I 245). Hierfür die Maßstäbe zu finden, sei »die ungeheure Aufgabe der grossen Geister des nächsten Jahrhunderts« (MA I 25). Sie seien am ehesten vom »geist- und formerfindenden Genius Europa's« zu schaffen (MA II, WS 215), und die große Musik, Kunst, Literatur, Wissenschaft und Philosophie, die erst groß sei, wenn sie europäisch sei, gebe auch, entgegen dem »Nationalitäts-Wahnsinn« der amtierenden europäischen Politiker, hinreichend Zeichen, »dass Europa Eins werden will« (JGB 256). Man danke es dann »Europa's längster und tapferster Selbstüberwindung« (FW 357), dass es vielleicht auch schon über sich hinaussehen und so fähig zur »Leitung und Ueberwachung der gesammten Erdcultur« (nicht zur Weltherrschaft in einem durch Kriege zu schaffenden Weltstaat) werden könne (MA II, WS 87). Europäer, die dazu imstande wären, nennt Nietzsche »gute Europäer« (FW 357 u.ö.). Er hatte also vom künftigen Europa einen moralischen Begriff, den Begriff nun aber einer Moralität, die sich zugunsten anderer Moralitäten selbst zur Disposition stellen kann (vgl. FW 380). Dennoch bleibt er skeptisch. Er sieht, dass Europa sich wohl erst unter starkem politischem Druck einigen werde, und erwartet den Druck aus Russland auf der einen, den USA auf der andern Seite. Dann aber werde es um den »Kampf um die Erd-Herrschaft« gehen, »den Zwang« zur großen – und dann militärischen Politik (JGB 208).

Die »Herrschaft über Europa« könnten, so Nietzsche, jetzt schon »die Juden« haben, »wenn sie wollten – oder, wenn man sie dazu zwänge, wie es die Antisemiten zu wollen scheinen«: »Ein Denker, der die Zukunft Europa's auf seinem Gewissen hat, wird, bei allen Entwürfen, welche er bei sich über diese Zukunft macht, mit den Juden rechnen wie mit den Russen, als den zunächst sichersten und wahrscheinlichsten Faktoren im grossen Spiel und Kampf der Kräfte.« Gerade die Juden seien »ohne allen Zweifel die stärkste, zäheste und reinste Rasse, die jetzt in Europa lebt; sie verstehen es, selbst noch unter den schlimmsten Bedingungen sich durchzusetzen (besser sogar, als unter günstigen), vermöge irgend welcher Tugenden, die man heute gern zu Lastern stempeln möchte, – Dank, vor Allem, einem resoluten Glauben, der sich vor den ›modernen Ideen‹ nicht zu schämen braucht« (JGB 251). Sie könnten, soweit es um Rassen gehe – im 19. Jahrhundert wird noch weitgehend unbefangen und außermoralisch von Rassen geredet –, Europa mit seinem »unsinnig plötzlichen Versuch von radikaler Stände- und folglich Rassenmischung« (JGB 208) gerade guttun, könnten die Rassenmischung, die weit heilsamer sei als Rassenreinheit, verstetigen; die »verlogne

Rassen-Selbstbewunderung und Unzucht« wies Nietzsche ausdrücklich zurück (FW 377). Die Juden hätten schon einmal, als sie das Christentum auf den Weg brachten, ihre Kraft zur »radikalen Umwerthung« von Werten bewiesen, hätten sich, nachdem sie mit allen militärischen Aufständen gegen die verhasste Herrschaft der Römer gescheitert waren, »durch einen Akt der geistigsten Rache Genugthuung zu schaffen« gewusst; dies sei »wahrhaft grosse Politik« gewesen (GM I 7 f.). Jetzt, nachdem das christliche Europa an sich verzweifelte, könnten es wiederum die Juden sein, die ein neues, besseres Europa hervorbringen: »man vergleiche nur die verwandt-begabten Völker, etwa die Chinesen oder die Deutschen, mit den Juden, um nachzufühlen, was ersten und was fünften Ranges ist.« (GM I 16) In gleicher Weise sagt Nietzsche von seinem Zarathustra, dem Nicht-Europäer als Lehrer Europas: »Zarathustra schuf diesen verhängnissvollsten Irrthum, die Moral: folglich muss er auch der Erste sein, der ihn erkennt.« (EH, Warum ich ein Schicksal bin 3) Nietzsche hat keine Sympathie für »die Juden« (»Ich bin noch keinem Deutschen begegnet, der den Juden gewogen gewesen wäre«, JGB 251), aber höchste Achtung vor ihnen (vgl. MA I 475, M 205, JGB 250f., 361).

7.2. *Züchtung einer regierenden Kaste und die Notwendigkeit einer neuen Sklaverei*: Nietzsche rührt, schreibt er, an seinen »Ernst«, wenn er das »europäische Problem« als »die Züchtung einer neuen über Europa regierenden Kaste« (JGB 251) versteht und sie mit der »Nothwendigkeit [...] auch einer neuen Sklaverei« verbindet (FW 377). Das löst heute Schaudern aus. Aber wenn man ihn ernst nimmt, muss man auch dies ernst zu nehmen versuchen. ›Züchtung‹ heißt für ihn nicht schon staatlich organisierte Selektion, sondern, wie damals üblich, ›natürliche Zuchtwahl‹, aber auch ›Erziehung‹. Lebewesen, auch Menschen, suchen stets in ihrem Sinn beste Nachkommen ›aufzuziehen‹;

Nietzsche bewundert, wie es aristokratischen Gesellschaften durch sorgfältige Heiratspolitik in vielen Generationen gelungen ist, einen nicht nur dem Stand, sondern auch der Persönlichkeit nach ›vornehmen‹ Typus hervorzubringen, für den ›Rangordnungen‹ in seinem Sinn und darum auch ›Befehlen und Gehorchen‹ selbstverständlich sind. Dies musste auch unter Bedingungen der nun mehr und mehr demokratisch verfassten Gesellschaften gelingen, wenn Europa in der anstehenden Globalisierung tatsächlich Maßstäbe setzen sollte. Es würde dann, auch unabhängig von den nun überholten Ständen, Persönlichkeiten von außerordentlichen Orientierungs-, Urteils- und Führungsfähigkeiten brauchen, die wiederum über Generationen hinweg voneinander lernen und sich aneinander steigern müssten. Wenn Nietzsche dabei von ›Kasten‹ spricht (und zuletzt noch, in AC 57, auf die indische »Ordnung der Kasten« verweist), unterscheidet er auch sie nicht als verhärtete gesellschaftliche Stände. Vielmehr sollten die Einzelnen je nach dem Grad ihrer ›Geistigkeit‹ und der Größe ihrer ›Aufgabe‹ die Kasten wechseln (vgl. MA I 439). In Machtstellungen würde man danach nicht einfach qua Geburt, sondern durch bewiesene Orientierungs-, Urteils- und Führungsfähigkeiten gelangen. Macht ist, anders als Jacob Burckhardt behauptet hatte, für Nietzsche nicht an sich böse, sondern entspringt solchen überlegenen Fähigkeiten und wird gerade von den darin Unterlegenen begrüßt und gewollt; wer sich schwer orientieren kann, ist dankbar, wenn ihm jemand den Weg weist, ist dann aber auch in seiner Macht.

›Befehlen und Gehorchen‹ in diesem Sinn ist jedem tief einverleibt (vgl. MA II, WS 6, u. VIII.1). Man »befiehlt« auch sich selbst, wenn man ›sich zu beherrschen‹ und ›in den Griff zu bekommen‹ sucht, um ›frei‹ etwas zu ›wollen‹: »›Freiheit des Willens‹ – das ist das Wort für jenen vielfachen Lust-Zustand des Wollenden, der befiehlt und sich zugleich mit dem Ausführenden als Eins setzt, – der als solcher den Triumph über Widerstände mit geniesst, aber bei sich urtheilt, sein Wille selbst sei es, der eigentlich die Widerstände überwinde.« Nietzsche will angesichts der unaufhaltsamen Demokratisierung und Sozialisierung, und das heißt für ihn: Nivellierung der europäischen Gesellschaften, nicht vergessen lassen, dass »das Phänomen ›Leben‹« unter »Herrschafts-Verhältnissen« entsteht, die sich auch in Moralen, die Herrschaft bekämpfen, noch durchsetzen. Bei allem Wollen handele es sich um ein Befehlen und Gehorchen in einem »Gesellschaftsbau vieler ›Seelen‹«, die eine Person ausmachen, und so auch in jedem politischen Gesellschaftsbau (JGB 19). Macht wird erst dann ›böse‹, kann erst dann missbraucht werden, wenn sie institutionalisiert wird, zur Befugnis einer festen ›Stellung‹ welcher Art auch immer wird und sich dann nicht mehr durch überlegene Orientierungsleistungen beweisen muss, sondern eigenen Interessen dienen kann; der Mächtige wird dann zum ›Machthaber‹. Am krassesten erscheint Nietzsche hier »die berüchtigte Fabricanten-Vulgarität mit rothen, feisten Händen«, die im aufschießenden rücksichtslosen Kapitalismus wenn nicht den Typus, so doch das Cliché des Unternehmers prägte. In der »industriellen Cultur« sei es viel schwerer, Vorgaben anderer zu gehorchen, als unter Soldaten: »Hier wirkt einfach das Gesetz der Noth: man will leben und muss sich verkaufen, aber man verachtet Den, der diese Noth ausnützt und sich den Arbeiter k a u f t. Es ist seltsam, dass die Unterwerfung unter mächtige, furchterregende, ja schreckliche Personen, unter Tyrannen und Heerführer, bei Weitem nicht so peinlich empfunden wird, als diese Unterwerfung unter unbekannte und uninteressante Personen, wie es alle Grössen der Industrie sind: in dem Arbeitgeber sieht der Arbeiter gewöhnlich nur einen listigen, aussaugenden, auf alle Noth speculirenden Hund von Menschen, dessen Name, Gestalt, Sitte und Ruf ihm ganz gleichgültig sind.« (FW 40)

Soweit man nicht anders kann, als einem überlegenen Willen zu folgen, ist man, spitzt Nietzsche noch einmal zu, ›Sklave‹. Werden in immer komplexeren Lebensverhältnissen immer stärkere Orientierungs-, Urteils- und Führungsfähigkeiten nötig, wird es unvermeidlich auch neue ›Sklavereien‹ geben – nicht in rechtlichem Sinn, als ob wieder viele zu Leibeigenen von wenigen würden, die dann willkürlich über ihr Leben verfügen dürften, sondern in viel subtilerem. Nietzsche rechnet jede ›Arbeit‹ nach vorgegebenen Maßstäben unter Sklaverei, nicht nur ›mechanische‹ und handwerkliche: »wer von seinem Tage nicht zwei Drittel für sich hat, ist ein Sclave, er sei übrigens wer er wolle: Staatsmann, Kaufmann, Beamter, Gelehrter« (MA I 283). Auch der Gelehrte ist es, soweit er wissenschaftliche Programme abarbeitet und ihnen nicht Ziele setzt (»Der objektive Mensch ist ein Werkzeug, ein kostbares, leicht verletzliches und getrübtes Mess-Werkzeug und Spiegel-Kunstwerk, das man schonen und ehren soll; aber er ist kein Ziel«, JGB 207), und selbst Philosophen wie Kant und Hegel sind es, sofern sie »irgend einen grossen Thatbestand von Werthschätzungen – das heisst ehemaliger Werthsetzungen, Werthschöpfungen, welche herrschend geworden sind und eine Zeit lang ›Wahrheiten‹ genannt werden – festzustellen und in Formeln zu drängen« sich zur Aufgabe gemacht haben (JGB 211). Was einmal gescheut und verachtet wurde, preist man jetzt, so Nietzsche, als »›Segen der Arbeit‹«; doch er habe »bei diesen schönen Worten um so hässlichere Hintergedanken« (FW 359 u. 377): »jene harte Arbeitsamkeit von früh bis spät« diszipliniere die Menschen und entziehe sie »dem Nachdenken, Grübeln, Träumen, Sorgen, Lieben, Hassen, sie stellt ein kleines Ziel immer in's Auge und gewährt leichte und regelmässige Befriedigungen. So wird eine Gesellschaft, in welcher fortwährend hart gearbeitet wird, mehr Sicherheit haben: und die Sicherheit betet man jetzt als die oberste Gottheit an.« Und so wird es »gefährlich«, wenn der »›Arbeiter‹« aufblickt und doch zum selbstständig denkenden und handelnden »individuum« wird (M 173). Doch die Gefahr sei gering: der ›Segen der Arbeit‹ werde von den meisten willig angenommen, ein Zeichen »der tiefen Schwächung, der Ermüdung, des Alters, der absinkenden Kraft« der modernen Gesellschaften im Ganzen (FW 377). Für die Menschen der Antike war »ein Wesen, das nicht über sich selber verfügen kann und dem die Musse fehlt«, noch »etwas Verächtliches«, und der Philosoph fühlte sich als freiester Mann. Nun aber, so Nietzsche, »ist von derlei Sclavenhaftem vielleicht zu viel an Jedem von uns, nach den Bedingungen unserer gesellschaftlichen Ordnung und Thätigkeit, welche grundverschieden von denen der Alten sind«, und so hat »nicht einmal im Gleichniss [...] das Wort ›Sclave‹ für uns seine volle Kraft« (FW 18). Wir sind mehr Sklaven geworden, als wir zu denken wagen.

Nietzsche will auch dies noch bejahen können. Er tut es unter seinem Gesichtspunkt der Steigerung der Kultur: Sofern große Kulturleistungen über Generationen hinweg breiteste Vorarbeiten erfordern, würden maßgebende Kulturen, in der Antike wie in der Moderne, nur durch ›Sklavenarbeit‹ möglich, und soweit sie von irgendjemand »gethan werden muss«, sei es sinnvoller, notiert er für sich, Menschen, die nicht zu mehr als solcher Arbeit fähig sind, Zufriedenheit damit zu schaffen, statt das »Gefühl der Empörung« gegen sie zu schüren. Andernfalls müsse man an »eine massenhafte Einführung barbarischer Völkerschaften aus Asien und Africa denken, so dass die civilisirte Welt fortwährend die uncivilisirte Welt sich dienstbar machte« (N 1877, 25[1], KSA 8.481 f.), also die bis in seine Zeit hineinreichende Sklavenwirtschaft fortsetzen (was Nietzsche nicht einmal erwägt). Doch inzwischen hätten die ›Verbesserer der Menschheit‹ verhindert, dass »sich eine bescheidene und selbstgenügsame Art Mensch, ein Typus Chinese zum Stande herausbilde«, hätten es in »unverantwortlichster Gedankenlosigkeit« dazu gebracht, dass »der Arbeiter seine Existenz heute bereits als Nothstand (moralisch ausgedrückt als Unrecht –) empfinde« (GD, Streifzüge 40). Nietzsche spricht sich nicht dafür aus, Arbeiter (jeder Art) im Elend zu halten, sondern dagegen, sie mit ihrem Dasein, auch und gerade wenn es sich verbessert, moralisch unzufrieden zu machen. Wer immer aber die Kraft dazu hat, solle aus dem alten Europa, das ihn in die Sklaverei getrieben hat, auswandern, draußen eine neue Existenz gründen, »und, durch diese That der Freizügigkeit im grossen Stil, gegen die Maschine, das Capital und die jetzt ihnen drohende Wahl protestiren, entweder Sclave des Staates oder Sclave einer Umsturz-Partei werden zu müssen.« (M 206)

So verliert auch seine Unterscheidung von »Herren-Moral und Sklaven-Moral« an Aggressivität. Nietzsche setzt auch sie als »Grundtypen« der Moral, nicht als Moralen bestimmter Stände an. Sie mochten wohl »entweder unter einer herrschenden Art entstanden [sein], welche sich ihres Unterschieds gegen die beherrschte mit Wohlgefühl bewusst wurde, – oder unter den Beherrschten, den Sklaven und Abhängigen jeden Grades«. Nun aber zeichneten sie sich auch »innerhalb Einer Seele« ab, sofern man nämlich von Fall zu Fall selbst Maßstäbe setzt oder sich denen anderer unterwirft – und sich dafür selbst geringschätzt (JGB 260). Da nun »Gehorsam bisher am besten und längsten unter Menschen geübt und gezüchtet worden ist«, also »durchschnittlich jetzt einem Jeden das Bedürfniss darnach angeboren« sein dürfte und so »der Heerden-Instinkt des Gehorsams am besten und auf Kosten der Kunst des Befehlens vererbt« sei, litten schließlich auch »die Befehlshaber und Unabhängigen«, die Machtbefugnisse auszuüben haben, »innerlich am schlechten Gewissen« und hätten es nötig,

»sich selbst erst eine Täuschung vorzumachen, um befehlen zu können: nämlich als ob auch sie nur gehorchten. Dieser Zustand besteht heute thatsächlich in Europa: ich nenne ihn die moralische Heuchelei der Befehlenden. Sie wissen sich nicht anders vor ihrem schlechten Gewissen zu schützen als dadurch, dass sie sich als Ausführer älterer oder höherer Befehle gebärden (der Vorfahren, der Verfassung, des Rechts, der Gesetze oder gar Gottes) oder selbst von der Heerden-Denkweise her sich Heerden-Maximen borgen, zum Beispiel als ›erste Diener ihres Volks‹ oder als ›Werkzeuge des gemeinen Wohls‹. [...] Für die Fälle aber, wo man der Führer und Leithammel nicht entrathen zu können glaubt, macht man heute Versuche über Versuche, durch Zusammen-Addiren kluger Heerdenmenschen die Befehlshaber zu ersetzen: dieses Ursprungs sind zum Beispiel alle repräsentativen Verfassungen.« (JGB 199)

Das könnte eine noch immer bedenkenswerte Beschreibung der Not selbst herausragender Politiker(innen) in modernen Demokratien sein.

8. *amor fati*: »Alles in Allem und Grossen«, hat Nietzsche schon 1882, vor seinem Za, geschrieben: »ich will irgendwann einmal nur noch ein Ja-sagender sein!«, und dieses Ja-Sagen hat er ›amor fati‹ genannt: »Amor fati: das sei von nun an meine Liebe! Ich will keinen Krieg gegen das Hässliche führen. Ich will nicht anklagen, ich will nicht einmal die Ankläger anklagen. Wegsehen sei meine einzige Verneinung!« (FW 276) Der Begriff des amor fati, der ›Liebe zum Schicksal‹, schließt sein Denken zusammen und damit auch ab. Auch er ist sichtlich paradox, und er gehört zu seinen schwierigsten. Die Paradoxie, beim Nicht-Anklagen-Wollen die Ankläger nicht auszunehmen, zwingt zum Wegsehen. Zarathustra lässt Nietzsche dann ähnlich paradox über die Gerechtigkeit sprechen: »Ich mag eure kalte Gerechtigkeit nicht; und aus dem Auge eurer Richter blickt mir immer der Henker und sein kaltes Eisen. [...] So erfindet mir doch die Gerechtigkeit, die Jeden freispricht, ausgenommen den Richten-

den!« Gerechtigkeit müsse »Liebe mit sehenden Augen« sein (Za I, Vom Biss der Natter, KSA 4.88). Nicht anklagen, jeden freisprechen heißt alles geschehen lassen, wie es geschieht und so ihm in aller Klarheit und doch ohne alle Vorbehalte gerecht werden wollen. Anklagen, gr. ›kategoreín‹, also Kategorisieren, und Richten, Urteilen, stehen einander nahe; auf beides verzichtet die Liebe. Zuletzt will Nietzsche den amor fati »ohne Abzug, Ausnahme und Auswahl« (N 1888, 16[32], KSA 13.492). Das aber treibt dessen ganze Paradoxie, das Wollen des Nicht-Wollens, hervor; denn Wollen ist immer Wollen, dass etwas anders ist, als es ist. Dieses paradoxe Nicht-Wollen wollte schon Spinoza, den Nietzsche als seinen großen ›Vorgänger‹ entdeckt hatte. Er hatte sein Denken mit dem Begriff des amor Dei intellectualis abgeschlossen. Nach Spinoza ist deus sive natura, ist Gott von der Natur, seiner Schöpfung, nicht zu unterscheiden, die Natur dann aber auch nicht von ihm. So ist aus ihr alles zu begreifen, und doch ist sie, wie Gott, letztlich unbegreiflich. Man kann nur versuchen, so weit wie möglich ihre Zusammenhänge in ihrer eigenen Notwendigkeit zu verstehen, dies jedoch als beschränkter Teil der Natur (oder Gottes), beschränkt nicht nur im Erkenntnisvermögen, sondern auch und vor allem durch die Sorge um Selbsterhaltung, die jeden alles affektiv abwehren lässt, was ihm abträglich zu sein scheint. So wird man vieles anders wollen, als es ist, und darum anklagen und richten. Doch je mehr man die Zusammenhänge auch der eigenen Abwehr durchschaut, desto eher wird man diese abbauen und alles lieben können, wie es ist, und da man es als Teil der Gott-Natur lieben wird, liebt in dieser sehenden Liebe (amor intellectualis) letztlich Gott (Deus) sich selbst. Spinoza galt ein Jahrhundert lang als Atheist, bis ihn Goethe und andere als das gerade Gegenteil, als ›*theissimum* ja *christianissimum*‹ begriffen. Der paradoxe Zusammenschluss Gottes mit der Natur lässt beides zu, und damit bleibt auch nach dem ›Tod Gottes‹ Spinozas amor Dei intellectualis noch denkbar, als amor hominis fati, als Liebe des Menschen zum Schicksal. Nach Nietzsches dialektischem Begriff der Größe ist er ›grosse Liebe‹, die auch ihren Gegensatz, die sehend machende ›grosse Verachtung‹, einschließt und *nicht* mehr anklagt und richtet. Er bringt ihn zuletzt auf den Begriff des Nichts-anders-haben-Wollens: »Meine Formel für die Grösse am Menschen ist amor fati: dass man Nichts anders haben will, vorwärts nicht, rückwärts nicht, in alle Ewigkeit nicht. Das Nothwendige nicht bloss ertragen, noch weniger verhehlen – aller Idealismus ist Verlogenheit vor dem Nothwendigen –, sondern es lieben ...« (EH, Warum ich so klug bin 10) Damit glaubt Nietzsche erreicht zu haben, was Spinoza gewollt hatte: »Etwas ›wollen‹, nach Etwas ›streben‹, einen ›Zweck‹, einen ›Wunsch‹ im Auge haben – das kenne ich Alles nicht aus Erfahrung. Noch in diesem Augenblick sehe ich auf meine Zukunft – eine weite Zukunft! – wie auf ein glattes Meer hinaus: kein Verlangen kräuselt sich auf ihm. Ich will nicht im Geringsten, dass Etwas anders wird als es ist; ich selber will nicht anders werden.« (ebd., 9; vgl. Spinoza, Ethik I, Anhang) So hebt Nietzsche zuletzt, für sich selbst, im Gedanken des amor fati auch den Gedanken des Willens zur Macht noch auf. Doch er fügt noch hinzu: »amor fati ist meine innerste Natur. Dies schliesst aber nicht aus, dass ich die Ironie liebe, sogar die welthistorische Ironie.« (EH, WA 4) Ironie schafft Distanz, die Distanz des sokratischen Wissens vom Nicht-Wissen. Man kann nie wissen, nie sicher sein, ob man im Stand des amor fati ist, man kann auch ihn, notiert Nietzsche für sich, nur als Experiment zu leben versuchen, nur paradox ›wollen‹. In einer stark bearbeiteten späten Aufzeichnung spricht er so davon:

»Eine solche Experimental-Philosophie, wie ich sie lebe, nimmt versuchsweise selbst die Möglichkeiten des grundsätzlichsten Nihilismus ~~selbst~~ vorweg, {ohne daß} damit gesagt {wäre}, daß sie {bei einem Nein}, bei einer ~~{Negation~~ beim} Willen zum ~~Nichts~~ {Nein} ~~enden~~ ~~müßte~~ {stehen blieben~~wolle~~}. ~~Mein Instinkt~~ {Sie} will vielmehr bis zum Umgekehrten hindurch – bis zu einem dionysischen Jasagen zur Welt, wie sie ist ~~u war und sein wird~~, ohne Abzug, Ausnahme u Auswahl{;} ~~Wieder als Formel ausgedrückt:~~ – sie will den ewigen Kreislauf {, –} dieselben Dinge, {dieselbe ~~Verknotung~~ u} ~~dieselben Erlebnisse dem Dasein inhärent u. seit Ewigkeiten schon dagewesen u. immer in Ewigkeiten wiederkommend ...~~ {~~dieselbe Abfolge~~ u Logik. Verknotung ~~vom Kleinsten bis ins Größte~~ dieselbe Logik und Unlogik der Knoten.} ~~Das erscheint mir als der~~ {Das scheint mir} Höchste Zustand, den ein Philosoph erreichen kann: dionysisch zum Dasein stehen ...: ~~das ist mein Ideal der {höchsten} philosophischen Sensibilität~~ {: meine Formel dafür ist amor fati...}« (N Frühjahr – Sommer 1888, 16[32], KSA 13.492/KGW IX 9, W II 7, 144))

9. *»ganz in Symbolen und Unfasslichkeiten schwimmendes Sein«*: Auch beim ›Typus Jesus‹ fehlte, so Nietzsche, der »neinsagende, neinthuende Zug« (AC 40). Und so fasziniert ihn, mitten in seinem »Fluch auf das Christenthum«, der »psychologische Typus des Erlösers« (AC 29), dessen

»Instinkt-Hass gegen die Realität: Folge einer extremen Leid- und Reizfähigkeit, welche überhaupt nicht mehr ›berührt‹ werden will, weil sie jede Berührung zu tief empfindet.

Die Instinkt-Ausschliessung aller Abneigung, aller Feindschaft, aller Grenzen und Distanzen im Gefühl: Folge einer extremen Leid- und Reizfähigkeit, welche jedes Widerstreben, Widerstreben-Müssen bereits als unerträgliche Unlust (das heisst als schädlich, als vom Selbsterhaltungs-Instinkte widerrathen) empfindet und die Seligkeit (die Lust) allein darin kennt, nicht mehr, Niemandem mehr, weder dem Übel, noch dem Bösen, Widerstand zu leisten, – die Liebe als einzige, als letzte Lebens-Möglichkeit ...« (AC 30)

Hier spricht er unverkennbar auch von seiner eigenen »chronischen Verwundbarkeit« durch alles, was ihm begegnet: »Ich weiß mich mit keiner Art Realität mehr zu arrangieren. Wenn ich es nicht zu Stande bringe, sie zu vergessen, bringt sie mich um.« (Briefe an Köselitz vom 1. Febr. u. 15. Jan. 1888, KSB 8.231, 239) Im ›Typus des Erlösers‹ sei »kein erkämpfter Glaube« gewesen: »Der Begriff, die Erfahrung ›Leben‹, wie er sie allein kennt, widerstrebt bei ihm jeder Art Wort, Formel, Gesetz, Glaube, Dogma.« Er habe keine Widerlegungen, keine Gründe, keine Beweise, keine Dialektik nötig gehabt, habe sich »ein gegentheiliges Urtheilen gar nicht vorzustellen« gewusst (AC 32). Seine Wirklichkeit sei eine ganz andere gewesen, »ein ganz in Symbolen und Unfasslichkeiten schwimmendes Sein« (AC 31), »die ganze Realität, die ganze Natur, die Sprache selbst, hat für ihn bloss den Werth eines Zeichens, eines Gleichnisses.« (AC 32) Er habe auch anders gehandelt, »eine neue Praktik« gelebt, »die eigentlich evangelische Praktik« (AC 33). Nietzsche versteht sie als ›Praktik‹ ohne Theorie und damit auch ohne den Gegensatz von Theorie und Praxis. Eine solche Praktik, die ›in Fleisch und Blut übergegangen‹ ist, kann bestimmter und eindeutiger sein als die festesten Begriffe, weil keine Gegenbegriffe sie in Frage stellen können. Sie hält auch Paradoxien stand.

10. *Dionysos gegen den Gekreuzigten*: Nietzsches letztes Wort in EH ist: »– Hat man mich verstanden? – Dionysos gegen den Gekreuzigten ...« (EH, Warum ich ein Schicksal bin 8) Es ist die Schlussformel seines Kampfes um die Aufdeckung der außermoralischen Ursprünge des Christentums. Der ›Gekreuzigte‹ ist der Christus des Christentums, das seinen schmählichen Tod zu rechtfertigen hatte und ihn dogmatisch überhöhte. Für Nietzsche ist der Tod am Kreuz ein Schicksal, mehr nicht, aber eines Typus, der »die Freiheit, die Überlegenheit über jedes Gefühl von ressentiment« gelebt hatte: »An sich konnte Jesus mit

seinem Tode nichts wollen als öffentlich die stärkste Probe, den Beweis seiner Lehre zu geben ...« (AC 40) Der ›Antichrist‹ ist der, der Jesus wieder als bloßen Menschen sehen lässt: ›Ecce homo‹. »Ich bin«, schreibt Nietzsche, »auf griechisch, und nicht nur auf griechisch, der Antichrist ...« (EH, Warum ich so gute Bücher schreibe 2) Das gr. ›anti‹ hat eine vierfache Bedeutung: es bedeutet wohl (a) Gegnerschaft, aber auch (b) Gegenüberstellung und von daher (c) Gleichstellung und Stellvertretung und schließlich (d) Überbietung (so wie man im Deutschen ›Freude über Freude‹ sagen kann). Nietzsche erkennt in der »Logik« seines Lebens zuletzt eine Überbietung der »Logik« des Lebens Jesu: »der Antichrist«, hat er in einer Vorstufe zu EH geschrieben, »ist selbst die nothwendige Logik in der Entwicklung eines echten Christen, in mir überwindet sich das Christenthum selbst.« (N 1888, 24[1], KSA 13.622) So ist er »ein froher Botschafter, wie es keinen gab« (EH, Warum ich ein Schicksal bin 1) – sofern er die frohe Botschaft wieder vom ›Geist des Ressentiment‹ befreit, der sich in Jahrtausenden über sie gelegt hat. Dennoch behält das ›anti‹ auch den Sinn der Gegnerschaft – nicht nur gegen das Christentum, sondern auch gegen den Typus Jesus: ›Antichrist‹ heißt auch ›Antijesus‹. Antichristlich in diesem Sinn nennt Nietzsche alle, die etwas Bestimmtes wollen, also anders haben wollen und auch durchsetzen wollen, Soldaten, Richter, Staatsmänner, Philologen, Ärzte (vgl. AC 38, 47) – und Philosophen als ›Befehlende und Gesetzgeber‹. Dieses ›Antichristliche‹ im vollen Sinn schreibt Nietzsche zunächst seinem Typus Zarathustra und zuletzt seinem Typus Dionysos zu. Zarathustra »definirt«, so zitiert er ihn in EH, »die höchste Art alles Seienden« als »tiefste«, »umfänglichste«, »nothwendigste«, »seiende«, »weiseste« und »sich selber liebendste« Seele – und zugleich durch die Gegensätze all dieser Bestimmungen: sie könne ebenso die oberflächlichsten Masken annehmen, »irren und schweifen«, »sich mit Lust in den Zufall stürzen«, »ins Wollen und Verlangen wollen«, »sich selber fliehen« und sich von der »Narrheit am süssesten zureden« lassen (Za III, Von alten und neuen Tafeln 19, KSA 4.261; EH, Za 6). Nietzsche hebt die Gegensätze nicht auf, sondern lässt sie bewusst nebeneinander stehen. Auch Dionysos ist ein Gott, sofern alles Übrige aus ihm begriffen werden soll, ohne dass er selbst begriffen werden könnte. Gegen jeden Begriff aber, unter dem etwas verstanden wird, können andere geltend gemacht werden, unter denen es anders verstanden werden kann. Nietzsches ›Dionysos‹ ist wie sein ›Typus Jesus‹ anders gegenüber jedem Begriff, unter den man ihn zu begreifen versucht, und der eine Begriff ist die ›nuance‹ des andern. Zuletzt *spricht* Nietzsche nicht mehr von Dionysos, sondern ›singt‹ von ihm, in seinen DD.

XII. Nietzsches Morgen und Übermorgen – Methodische philosophische Nietzsche-Forschung

»wer begreift, was da vernichtet wurde, mag zusehn, ob er überhaupt noch Etwas in den Händen hat.«
(EH, Warum ich ein Schicksal bin 8)

Nietzsche nannte sich einen »posthumen Menschen«, der erst nach seinem Tod lebendig werde (FW 365): »Erst das Übermorgen gehört mir.« (AC, Vorwort, vgl. EH, Warum ich so gute Bücher schreibe 1). Sein Ruhm kam bald, nachdem er in Wahnsinn verfallen war, wuchs ins Unermessliche und weit über die Philosophie hinaus. Wer immer mit intellektueller Neugierde geistige Anregung und Auseinandersetzung suchte, Künstler, Intellektuelle, Politiker, Journalisten, Unternehmer, Wissenschaftler aller Disziplinen, Religionsstifter und natürlich auch Philosophen, las ihn und ließ sich von ihm faszinieren oder abstoßen (die akademische Philosophie hatte verständlicherweise Vorbehalte und hat sie bis heute). Aber auch schlichteren Geistern, denen die Kunst, Wissenschaft und Philosophie ansonsten fremd blieb, wurde sein Werk, vor allem Za, zum Stichwortgeber. So hat er im Sinn der Rezeptionsgeschichte ungeheuer gewirkt, wohl mehr als jeder andere in einem vergleichbaren Zeitraum. Aber ›gehört‹ Nietzsche darum das Heute, das ›Übermorgen‹ von damals? Ist sein Denken angekommen? Seinem Werk wurde eine enorme Zahl bedeutsamer Forschungsbeiträge aus vielen wissenschaftlichen Disziplinen gewidmet, und so verstehen wir heute die inneren und äußeren Kontexte seines Denkens sehr viel besser als zu Nietzsches Zeit, als er fast ganz ohne Resonanz blieb. Aber wurde es auch weitergedacht, verstehen wir es auch so, dass wir es für unsere Zeit weiterdenken können? Das gilt sicherlich für eine ganze Reihe von Themen seines Philosophierens, ob nun direkt an ihn angeschlossen wurde oder nicht: das menschliche Geschlechtsleben (Freud), die Anthropologie (Scheler, Plessner, Gehlen), den Nihilismus (Heidegger, Löwith) und die Existenz im Nihilismus (Sartre, Camus, Jaspers), die Philosophie der Grammatik (Wittgenstein), die Wissenschaftsphilosophie (Quine, Putnam, Goodman, Davidson), die philosophische Desillusionierung (Ryle, Rorty, Feyerabend), die Metaphysikkritik (Deleuze, Derrida), den Diskurs der (Post-)Moderne (Vattimo, Habermas, Sloterdijk), die genealogische Erschließung von Moralen und Kulturen (Foucault), die Metaphorologie (Kofman, Blumenberg), den Perspektivismus (Kaulbach), die Moralkritik (Luhmann), die Ethik der Vornehmheit (Levinas), die Philosophie des Zeichens (Simon), die Philosophie der Interpretation (Lenk, Abel), die Philosophie der Orientierung (Stegmaier), die Gott-ist-tot-Theologie (Sölle), um nur die auffälligsten zu nennen. Aber all dies wurde nicht so sehr als Nietzsches Philosophie, sondern in mehr oder weniger großer Distanz zu ihr, manchmal sogar in mehr oder weniger gewollter Unkenntnis seiner Schriften im Einzelnen weiterentwickelt. Es kam zu keinem philosophisch produktiven Nietzscheanismus, so wie es weiterführende Schulen des Cartesianismus, Kantianismus und Hegelianismus oder gar des Platonismus und Aristotelismus und vor allem des Sokratismus gab, mit deren Urhebern sich Nietzsche gemessen hatte. Ausnahme war vielleicht der jüdische Nietzscheanismus (Werner Stegmaier/Daniel Krochmalnik (Hg.), Jüdischer Nietzscheanismus, Berlin/New York 1997).

Den Gedanken eines alles Geschehen bewegenden Willens zur Macht trieb man auf andere Weise und unter anderen Begriffen weiter, die mehr provozierenden als herausfordernden Lehren vom Übermenschen und von der ewigen Wiederkehr ließ man zurück. Nicht wieder erreicht, geschweige denn weiterentwickelt wurden die Kunst von Nietzsches Sprache und die Formen seiner philosophischen Schriftstellerei, seine ›fröhliche Wissenschaft‹; an sein Projekt einer Umwertung aller Werte und der neuen Rechtfertigung von Rangordnungen traute man sich nicht mehr heran. Lehrstühle zur Interpretation des Za wurden (bisher jedenfalls) nicht errichtet. Es ist inzwischen klar, dass der »normale« und »grundsätzlichste« Nihilismus nicht zu überwinden ist; zu klären ist noch, wie wir mit ihm leben (Stegmaier). Die europäische Moral hat an Selbstverständlichkeit und Selbstgerechtigkeit deutlich eingebüßt, zugleich aber sind die Ansprüche moralischer Korrektheit stark gestiegen. Dennoch hat sich durch Nietzsche der philosophische Horizont und die philosophische Orientierung im Ganzen deutlich verändert, die jüngste Philosophie kommt weniger erhaben und zusehends fröhlicher daher, rechnet kaum mehr mit letzten Wahrheiten und umso mehr mit unaufhebbaren Ungewissheiten. Aber noch haben wir nicht wie Nietzsche die rückhaltlose Desillusionierung unserer Orientierung mit der ganzen Kraft seiner Bejahungen verbinden können. Die extreme Spannung, unter die Nietzsche das Philosophieren gesetzt hat, dürfte in den kommenden Generationen noch manches Spannende freisetzen.

Die philosophische *Nietzsche-Forschung*, auf die ich mich hier beschränke, hat eine bewegte Geschichte hinter sich. Sie bestand zum großen Teil in der *Befreiung von einseitigen Festlegungen seines Philosophierens*. Sie hatten Nietzsches Leser(inne)n geholfen, mit dem unerhörten Reichtum seines Denkens fertig zu werden. Mit den Festlegungen war einhergegangen, dass man bei ihm überall Ambivalenzen und Widersprüche fand, die doch nur Anzeichen dafür waren, dass man sein Philosophieren nicht hinreichend in seinen Kontexten verstanden hatte und darum in Prokrustesbetten zwängte. Am nächsten lag, sich an die spektakulären unter den ›Lehren‹ zu halten, die Nietzsche seinem Zarathustra in den Mund gelegt hatte. Da Nietzsche ihren philosophischen Zusammenhang nicht nur in Za weitgehend offen ließ, sah man sich herausgefordert, aus ihnen, unter Verkürzung des Übrigen, ein ›System‹ zu konstruieren, das er sich selbst ausdrücklich verwehrte, weil er darin einen Mangel an philosophischer Rechtschaffenheit sah (GD, Sprüche und Pfeile 26; Stegmaier, Nietzsche an der Arbeit, 31-39). Für die Formen seiner philosophischen Schriftstellerei hatte man bis in die jüngste Zeit hinein kaum Sinn, zog sie nur selten zum Verständnis seiner Philosophie heran. Angesichts der inneren Vielfalt seines so anregenden Philosophierens musste es zu unzähligen Auslegungen kommen. Wer sich an Nietzsches Schriften wagte und wagt, war und ist sogleich geneigt, zu seiner eigenen Übersicht mit einer umfassenden Gesamtdeutung auf sie zu antworten, wie viel oder wenig er oder sie auch von ihnen gelesen haben mag. Von diesen Deutungen wurden die einen mehr, die andern weniger prominent, ohne dass man ein klares Kriterium für ihre Plausibilität hätte. Es zeigte sich, dass, was immer in Nietzsches Philosophieren festzustehen scheint, nur Festlegungen seiner Interpret(inn)en (oder die Festlegungen der einen Interpret(inn)en auf die anderer Interpret(inn)en) sind, denen sich seine Texte sogleich wieder entziehen – wie Nietzsche es angekündigt hatte. So sind in der kompetenteren Rezeption seines Philosophierens die Gewissheiten nach und nach gefallen (Werner Stegmaier, Rezeption und Wirkung von Nietzsches Philosophie, in NHB_2, im Erscheinen).

Im Rückblick wirkt die Geschichte seiner philosophischen Rezeption mitunter wie eine große Verwirrung und Verirrung. Sie begann mit *Polarisierung* – man begeisterte sich für sein Philosophieren oder wehrte es heftig ab – und mit einer ersten *Propagierung* seiner Moral- und Kulturkritik (Georg Brandes, Vorlesungen über Friedrich Nietzsche (1888), Aristokratischer Radicalismus (1889/1890)). Darauf folgte *Pathetisierung* und *Heroisierung* – bis dahin, dass man während des I. Weltkriegs gerne Za mit ins Feld mitnehmen wird. Mit Lou Andreas-Salomés *Friedrich Nietzsche in seinen Werken* von 1894 setzte die *Psychologisierung* seiner Persönlichkeit und die *Mystifizierung* seiner Gedanken, insbesondere des Wiederkunftsgedankens, ein. Dann *Überbietung* und *Pathologisierung*: man fand einerseits manches zu kurz gedacht (Rudolf Steiner), andererseits erklärte man Nietzsche dort, wo er zu weit gegangen schien, für wahnsinnig (Theodor Ziegler, Paul J. Möbius). Universitätsphilosophen suchten sein Denken nach ihren eigenen Vorstellungen zu disziplinieren und zu rubrizieren (Alois Riehl, Hans Vaihinger, Rudolf Eisler, Oscar Ewald, Raoul Richter, Karl Joël, Max Scheler). *Literarische Nachfolge* konnte zu *produktivem Weiterdenken* führen: Felix Hausdorff alias Paul Mongré, ein später hochbedeutender Mathematiker, folgte Nietzsche zunächst mit einem Aphorismenbuch *Gedanken aus der Landschaft Zarathustras* nach, lieferte darin aber auch eine mengentheoretische Widerlegung des Wiederkunftsgedankens und zog dann in *Das Chaos in kosmischer Auslese* von 1898 die stärkste Konsequenz aus Nietzsches Nihilismusgedanken: jede Ordnung, die Menschen dem Sein auferlegen, griechisch jeder Kosmos, ist eine ›Auslese‹ oder Selektion aus unbegrenzt vielen Möglichkeiten, also kontingent; innerhalb eines solchen Kosmos aber kann man von dieser Kontingenz nichts wissen, ist der Nihilismus also transzendent. Georg Simmel situierte Nietzsches Philosophieren methodisch in seiner Zeit, in der die Komplexität des menschlichen Lebens so gestiegen sei, dass sie nach neuen Deutungen verlangte, und betonte das ›Pathos der Distanz‹ und das ›Ideal der Vornehmheit‹ in Nietzsches Umgang mit Moralen (*Schopenhauer und Nietzsche*, 1907).

Die Katastrophe kam mit Elisabeth Förster-Nietzsches und Heinrich Köselitz' editionsphilologisch hochgradig fragwürdiger Nachlass-Kompilation *Der Wille zur Macht.* Man glaubte hier nun die ungeschönten Materialien zu Nietzsches ›System‹ zu haben, das schlicht ein System des ›Willens zur Macht‹ sein sollte, auch wenn es nur in Bruchstücken vorlag. Daran konnte die *nationalsozialistische Ideologisierung* von Nietzsches Philosophieren anschließen. Deren Grundkonzeption lieferte Alfred Baeumler, für den 1933 in der Reichshauptstadt eigens ein Lehrstuhl für Philosophie und Politische Pädagogik geschaffen wurde. Philosophie war nach Baeumler *nur* als System möglich, und Baeumler beschnitt Nietzsches Philosophieren konsequent darauf; den sperrigen Wiederkunftsgedanken, den er darin nicht unterbringen konnte, schloss er als belanglose religiöse Vision daraus aus. Vor allem aber sei Nietzsche ›Politiker‹ gewesen: Baeumler schwor ihn auf germanisch-völkische Gemeinschaft, das Führerprinzip und kriegerische Machtpolitik ein. Zugleich wollte er der *Mythisierung* Nietzsches durch den George-Kreis und insbesondere Ernst Bertrams entgegentreten, der 1918 aus seinen hochgestimmten Leseerlebnissen in weitschweifenden und sprachmächtigen Streifzügen bewusst ein verklärendes Gesamtbild, eine ›Legende‹, wie er es nannte, Nietzsches geschaffen hatte. Später begrüßte auch Bertram die ›Machtergreifung‹ Hitlers. Niemand hätte freilich den Nationalsozialismus mehr verachtet als der erklärte Anti-Nationalist, Anti-Sozialist und Anti-Antisemit Nietzsche. Und es waren immer wieder gebürtige Juden, die Nietzsches philosophische Innovationskraft erkannten. Dennoch wurde er immer neu des (Proto-)Faschismus verdächtigt.

Seit den 1930er Jahren war man bereit, Nietzsche unter die großen Philosophen zu rechnen. Der Preis dafür war die *Metaphysizierung*: Karl Löwith verstand Nietzsches Philosophie als eine große Metaphysik eben der ewigen Wiederkunft, die Baeumler hatte ignorieren wollen; es sollte Nietzsche um die Überwindung der Zeitlichkeit überhaupt, um die ›antichristliche Wiederholung der Antike auf der Spitze der Modernität‹ gegangen sein. Martin Heidegger, der als erster Führer-Rektor einer deutschen Universität dem Nationalsozialismus zunächst eng verbunden war, entwickelte Baeumlers (nicht Nietzsches) Gedanken des zuletzt nur sich selbst wollenden Willens zur Macht weiter, um Nietzsches Philosophie als höchsten und letzten Gipfel eben der Metaphysik darzustellen, gegen die Nietzsche mit aller Entschiedenheit angetreten war. So konnte Heidegger sich selbst einen ›anderen Anfang‹ des Philosophierens vorbehalten. Gleichwohl zeigte er eindrucksvoll, wie man *nach* Nietzsche wieder ›groß‹ philosophieren konnte, und fand und findet damit bis heute viele Bewunderer auf der ganzen Welt. Nach dem II. Weltkrieg wurde seine Nietzsche-Interpretation auf Jahrzehnte dominant.

Dem stand jedoch eine starke Bewegung der *Entmetaphysizierung* von Nietzsches Denken entgegen. Karl Jaspers ging gegen dessen ›dogmatische Verfestigung‹ zum ersten Mal methodisch an: Nietzsches Werk liege als ein ›Trümmerhaufen‹ vor, den man wohl selbst zu einem ›Bau‹ ordnen müsse. Das müsse aber so geschehen, dass man sorgfältig entlang der Texte, so wie Nietzsche sie hinterlassen hatte, seinem experimentierenden ›Philosophieren‹ folge und dabei auch seine vielfältigen ›Mitteilungsformen‹ und die jeweiligen Kontexte berücksichtige. Das ist bis heute wegweisend, wurde aber wenig beachtet. Den Blick dafür hatte Jaspers seine eigene Existenzphilosophie geöffnet; auch logische Paradoxien konnten dabei sinnvoll werden. Einen anderen

Vorstoß zur Entmetaphysizierung von Nietzsches Denken machten Max Horkheimer und Theodor W. Adorno in ihrer *Dialektik der Aufklärung*. Sie betrachteten de Sade und Nietzsche als Aufklärer der Aufklärung, deren so lange gepriesene Vernunft den totalitären Faschismus nicht nur nicht verhindert, sondern vielleicht sogar gefördert hatte. Nietzsche habe zwar die begriffliche Schulung gefehlt, so dass er in unvermittelte Extreme verfallen sei, habe aber auch befreiend und erneuernd auf die Dialektik gewirkt, indem er deren eigene Zweideutigkeit freisetzte, die die Extreme ineinander umschlagen lasse. Mit seiner »Schule des Verdachts« (MA I, Vorrede 1) habe er die scheinbare Objektivität der Naturwissenschaften und die konventionelle Moralität, die sich beide zu Herrschaftszwecken hergaben, schonungslos demontiert und die Metaphysik der Vernunft, wie Adorno später in seiner *Negativen Dialektik* formulierte, als ›universalen Verblendungszusammenhang‹ und Massenbetrug entlarvt. Wieder anders entzogen Georges Bataille und Pierre Klossowski der Metaphysizierung Nietzsches den Boden, indem sie aus dem Schenken und Schaffen, das er so stark herausgestellt hatte, eine Theorie rückhaltloser Verausgabung, in der sich keine Grenzen mehr festhalten ließen, machten. Auch sie zogen die Parallele zu de Sade. Nach dem Konzept des »souverainen Individuums« (GM II 2) sei es beiden um eine unbeschränkte authentische Sinnlichkeit und Leidenserfahrung, um ›unbedenklichen Überschwang‹ gegangen; ein freier Geist sei ein Geist mit freien Sinnen. Nun wurde gerade der (mehr oder weniger) wahnsinnige Nietzsche interessant.

Auch in den USA, die entscheidend zur Beendigung der beiden Weltkriege beigetragen hatten, zu deren Vordenker man Nietzsche erklärt hatte, entpolitisierte und entnazifierte man ihn nach 1945, indem man zur *Verwissenschaftlichung* des Nietzsche-Studiums überging: Walter Kaufmann, indem er nach sorgfältiger Text-Exegese und Differenzierung von Themenfeldern und Gesichtspunkten in Nietzsches Werk statt des konsistenten Systemdenkers den konsequenten Problemdenker entdeckte, der in der Nachfolge des Sokrates auf eine Ethik der Selbstüberwindung hinauswollte, Arthur C. Danto, indem er Nietzsches Philosophie mit dem Logischen Positivismus oder der Analytischen Philosophie kompatibel zu machen suchte, die in den USA neu erblüht war. Auch wenn er Nietzsche, wie es dort Standard war, immer noch als gefährlichen Feind der öffentlichen Moral betrachtete, schienen Danto seine Wissenschaftskritik, sein Perspektivismus, seine Wahrheitstheorie, seine Psychologisierung der Logik und seine Sprachanalyse es wert, argumentativ aufgearbeitet zu werden. Analytische Gesichtspunkte wurden weiterverfolgt, mit dem Ziel, Nietzsches Lehren auf ihren argumentativen Gehalt hin zu prüfen und unter dem Label einerseits des Perspektivismus, andererseits des Naturalismus auch bei ihm, unter anderem mit Hilfe der Unterscheidung von Exoterischem und Esoterischem (JGB 30), noch auf letzte Gewissheiten in Fragen der Wahrheit und der Werte zu stoßen, sie wieder in ein System zu bringen und für die Gegenwart geltend zu machen (Richard Schacht, Maudemarie Clark, John Richardson, Brian Leiter). Hier verbreitete sich die Methode, Nietzsches Lehren auf -ismen, Programme zur allgemeinen Durchsetzung einzelner Gesichtspunkte, zu ziehen und sie gegeneinander ins Feld zu führen. Die analytische Verwissenschaftlichung der Erforschung von Nietzsches Philosophie ermöglichte nichtsdestoweniger auch im englischen Sprachraum ihre Entideologisierung und ihre nüchterne Erschließung insbesondere für die Ethik und eine für Alternativen offene politische Philosophie. Aber man scheute sich auch nicht vor dem Postmodernismus. Nachdem Bernd Magnus nochmals an Heidegger, nun aber an die Zeitlichkeit des Daseins in *Sein und Zeit* angeschlossen und von dorther den notorisch umstrittenen Wiederkunfts-Gedanken als ›existential imperative‹ verstanden hatte, machte Alexander Nehamas, der zunächst mit Studien über Platon und Sokrates hervorgetreten war, in *Nietzsche. Life as Literature* die literarische Darstellung sokratischer Selbstsorge zum Angelpunkt von Nietzsches Philosophieren. Richard Rorty suchte in derselben Richtung bei Nietzsche den Raum für private Individualität und Lebenssteigerung inmitten der modernen Kultur berechenbarer Rationalität und auf Gleichheit ausgerichteter Demokratie. ›Kontingenz‹, ›Ironie‹ und ›Solidarität‹ wurden nun zu Leitbegriffen.

Anders als die angloamerikanische baute die kontinentaleuropäische Nietzsche-Forschung seit den 1970er Jahren auf der neuen, von den Italienern Giorgio Colli und Mazzino Montinari bewerkstelligten historisch-kritischen Edition von Nietzsches Schriften auf, die mit der Kompilation *Der Wille zur Macht*, auf die man sich im englischen Sprachraum weiterhin stützte, und dem von ihr insinuierten ›System‹ Schluss machte. Das brachte die *philologische Fundierung*, *Historisierung und Kommentierung* der Nietzsche-Lektüre in Gang, in der seither gründliche Arbeit geleistet wurde. Freihändige Deutung ging in textorientierte Forschung über; gute philosophische Nietzsche-Interpretation hat in Kontinentaleuropa seither philologisch und historisch grundiert zu sein. Den Durchbruch brachte hier Wolfgang Müller-Lauter, der eng mit Montinari zusammenarbeitete und mit ihm die international ausstrahlenden *Nietzsche-Studien* und *Monographien und Texte zur Nietzsche-Forschung* ins Leben rief. Er erwies Heideggers metaphysische Nietzsche-Interpretation als philologisch unhaltbar: Statt um *den* Willen zur Macht ging es Nietzsche, wie sich an den Texten nun klar zeigen ließ, um unnennbar *viele* Willen zur Macht, die sich in Auseinandersetzung miteinander unablässig neu formieren, als Antriebe von Interpretationen alles Übrigen wirken und jegliches metaphysische Sein als bloße Fabel entlarven. Zugleich legte Müller-Lauter eine wegweisende Quellenstudie vor, in der er zeigte, wie stark Nietzsche in der Konzeption des Willen-zur-Macht-Gedankens dem Evolutionsbiologen Wilhelm Roux verpflichtet war. In Italien, wo Montinari rasch Schule bildete, holte zugleich Gianni Vattimo die französische Postmoderne ein, indem er Nietzsche ein ›schwaches Denken‹ (*pensiero debole*) zuschrieb, das sich von allen metaphysischen Wahrheits- und Gewissheitsansprüchen ebenso wie von Authentizitätserwartungen in der Selbstfindung distanziert und in einer hermeneutischen Schwebe verbleibt, die für Vattimo den Nihilismus ausmachte.

Die französische Postmoderne ihrerseits, hier repräsentiert vor allem durch Gilles Deleuze, Michel Foucault und Jacques Derrida, drängte auf *philosophische Diversifizierung*. Danach war Nietzsche bahnbrechend gerade darin, dass er Unterscheidungen nicht mehr in eine höhere Einheit aufheben und systematisch verknüpfen wolle. Nach Deleuze setzt sein ›nomadisches‹ Philosophieren tiefer an als Frage nach der Entstehung von Sinn überhaupt, und ›Wille zur Macht‹ sei sein Name für die Kraft zur aktiven Sinngebung, die stets unter vielfältigen Bedingungen stehe und immer neue und viel verzweigte, nicht systematisch geordnete Differenzen schaffe. Alle begriffliche Dialektik sei schon Reaktion darauf und komme aus dem Ressentiment. Foucault nahm besonders den Topos der mehr oder weniger kontingenten Deutungsprozesse auf, die als Interpretations- auch Überwältigungs- und Machtprozesse sind (GM II 12 f.) und denen man ›archäologisch‹ nachgehen kann. Dem ›Tod Gottes‹ folge der ›Tod des Subjekts‹ und der ›Tod des Menschen‹, der nun selbst in ›absolute Zerstreuung‹ verfalle. Auch Autoren von Texten seien lediglich Mitspieler in einem von ihnen nur noch begrenzt übersehbaren und noch weniger beherrschbaren ›Diskurs‹, in dem sich einander interpretierende Willen zur Macht austauschen und die einen sich mehr, die anderen weniger durchsetzen. Nietzsche sei hier ein ›Orientierungszeichen‹ (*signe*) und ein ›Denkinstrument‹. Derrida führte Nietzsches ›Kriegs-Praxis‹ fort, indem er sich in die Texte anderer einschrieb, um sie kritisch zu ›dekonstruieren‹. Er übernahm den Ansatz bei den unendlichen Interpretationen von Interpretationen, ging nun aber auf die Zeichen und ihre Materialisierung und Beständigung in der Schrift (*écriture*) zurück und die über den Augenblick hinausreichende Kommunikation, die sie ermöglicht: Zeichen der Schrift bleiben auf Zeit stehen und können so immer wieder neu und anders gedeutet werden. Nietzsche sei zu einer »fröhlichen Bejahung des Spiels der Welt und der Unschuld der Zukunft, der Bejahung einer Welt aus Zeichen ohne Fehl, ohne Wahrheit, ohne Ursprung« durchgedrungen, die, ohne alle philosophischen Absicherungen, »einer tätigen Deutung offen ist« (Jacques Derrida, Die Schrift und die Differenz [1967], Frankfurt am Main 1972, 441). Dieses Spiel habe unendliche Kontexte, aber keinen Anfang und auch kein Ziel. In ihm verschöben sich laufend, aber kaum merklich die Bedeutungen der Begriffe (*différance*); diese säten sich in andere aus (*dissémination*), so dass jeder vermeintlich feste Halt in ihnen, jede zusammenhängende Struktur der Zeichen sich mit der Zeit wieder umstrukturiere (*déconstruction*). Statt als Schwäche Nietzsches wurde das nun als Tugend seines Schreibens erkennbar. All das nötigte schließlich Jürgen Habermas, der an einem herrschaftsfreien Diskurs aus bloßer Vernunft festhalten wollte, zu entschiedenem Einspruch: Nietzsche sei die ›Drehscheibe‹ hin zu allem Übel des postmodernen Irrationalismus geworden.

In der deutschsprachigen Nietzsche-Forschung aber ging man nun daran, *die scheinbaren Gewissheiten in der Philosophiegeschichte zu hinterfragen* und nun von Nietzsche aus auch Platon, Augustinus, Nikolaus von Kues, Descartes, Spinoza, Leibniz und vor allem Kant und Hegel neu zu verstehen, auch sie nicht als systematische Lehren, sondern als Experimente des Denkens in neuen historischen Situationen (Friedrich Kaulbach, Josef Simon, Volker Gerhardt, Günter Abel, Tilman Borsche und Werner Stegmaier). So entstand zugleich ein neues Nietzsche-Bild, geprägt durch die Begriffe des Perspektivismus, des Zeichens und der Abkürzung durch Zeichen, der Individualität, der Interpretation und der ›Fluktuanz‹, der Identität im Fluss. Man begriff Nietzsche mehr und mehr von der Ästhetik (Renate Reschke, Günter Figal) und der Inszenierung her (Peter Sloterdijk).

Das ließ zuletzt die *Besinnung auf eine methodische philosophische Nietzsche-Interpretation* reifen. Nach all den Versuchen, Nietzsches Denken zu systematisieren, mit dem Ergebnis, dass ihm überall dort, wo die Systeme nicht aufgingen, Ambivalenzen, Widersprüche und Unverständlichkeiten angelastet wurden, ist nun klar, dass man sich an seine *eigenen Texte* zu halten hat. Und statt des bisher gängigen Verfahrens, ›Stellen‹ aus seinen Schriften nach Belieben zu jenen Systemen zusammenzustellen, wird man von den Zusammenhängen der Texte selbst ausgehen: unter Beachtung der Arten von Nietzsches Texten, ihrer Kontexte, ihrer zeitlichen Abfolge und der Differenzen, die sich dabei zeigen. In einer *kontextuellen, chronologischen und differentiellen Interpretation*, die nun angezeigt ist, unterscheidet man, was zuvor kaum geschah, stets die *Werke*, die Nietzsche veröffentlichte oder zur Veröffentlichung bestimmte, von den *Aufzeichnungen*, die er zunächst für sich notierte, in Notiz- und Arbeitsheften und auf losen Blättern, und von den Briefen, in denen Nietzsche häufig über sein Philosophieren im Ganzen äußert. Denn ein Autor denkt anders, wenn er Gedanken für sich erwägt, als wenn er sie anderen kommuniziert, und er kommuniziert sie nochmals anders in Briefen an Verleger, Bekannte und Freunde als im Blick auf ein anonymes Publikum. Nietzsche schrieb sicherlich die meisten seine Gedanken nieder, um sie später zu veröffentlichen; aber manche hat er sich auch ausdrücklich selbst vorbehalten (vgl. Kap. IV.7-8). Auf dem Weg zur Veröffentlichung konnte bei einem Denker und Schriftsteller wie ihm sehr vieles mit den Gedanken geschehen. Er arbeitete seine Aufzeichnungen zum großen Teil immer wieder um, durchsetzte sie mit Streichungen, Einfügungen, neuen Streichungen und neuen Einfügungen, verband ihre Themen mit anderen und wieder anderen Themen, arbeitete an einer möglichst prägnanten literarischen, oft auch musikalischen Form und meist, ohne dass er dafür fertige Pläne hatte; machte er Pläne für Werke und ihre Kapitel, so überarbeitete er laufend auch sie. Sein Denken bewegte sich in unablässigen Variationen und Selektionen, mit einem Wort: evolutionär voran, und Nietzsche scheint zuweilen selbst überrascht gewesen zu sein, was aus diesem Prozess entstand. Auch was er veröffentlichte, war nie endgültig: Er nahm es oft in neuen Aufzeichnungen wieder auf und entwickelte es mit wieder neuen Überraschungen weiter, zum Teil für neue Veröffentlichungen, zum Teil nur für sich. Wir haben es bei Nietzsche mit einem *einzigen großen philosophischen Orientierungsprozess* zu tun, und gerade er, mit all seinen Neuorientierungen, könnte das Interessanteste an seinem Denken sein. Nicht die wahllose Vermischung, sondern das differenzierte Zusammenspiel von veröffentlichten Texten, nachgelassenen Aufzeichnungen und Briefen ist für sein Philosophieren besonders aufschlussreich.

Die *Kontexte eines Textes* sind einerseits die *internen*, die inhaltlichen und formalen Bezüge, die Nietzsche stets sehr sorgfältig in ihnen herstellte, und andererseits die *externen*, die unmittelbaren Umgebungen, in die Nietzsche die zu veröffentlichenden Texte stellte, die näher oder ferner benachbarten Sentenzen, Aphorismen oder Abhandlungen, dann die Hauptstücke und Werke, in die er sie einreihte, oder die Manuskripthefte, in die er sie eintrug, so wie sie ihm einfielen. Er benutze häufig verschiedene zur selben Zeit; konsequente thematische Aufteilungen haben sich hier jedoch kaum erkennen lassen. In jedem Kontext bekommt ein Text aber ein anderes Licht, einen anderen Sinn, und wenn man ihn seinen Kontexten entzieht, wird er unvermeidlich ambivalent, widersprüchlich und oft unverständlich, aber eben nur dann.

Für Nietzsches philosophischen Orientierungsprozess wird ferner die *zeitliche Abfolge* seiner Texte, ebenso der veröffentlichten wie der nicht veröffentlichten, ausschlaggebend: wer seine Gedanken weiterdenkt, wird schrittweise anders denken. So kann es nicht um eine einheitliche Philosophie Nietzsches gehen, sondern um ein work in progress, für das gerade die *Differenzen zwischen den einzelnen Gedankenschritten und ihrer schriftstellerischen Gestaltung* aussagekräftig sind und darum ein sorgfältiges Studium erfordern. Dabei wird kein vorbestimmtes Ziel erreicht, es sei denn, den ›Inhalt‹ in ›Form‹ aufgehen zu lassen, so dass er ohne weitere Erklärungen für sich selbst spricht. Daher waren gerade die *Umformungsprozesse*, die scheinbar inhaltlich bedeutungslos sind, für Nietzsche die bedeutsamsten (zu den Organisationsprinzipien der Themen, Texte und Gedanken vgl. Stegmaier, Nietzsche an der Arbeit, 51-59). Im Rückblick auf sein Jahrzehnte lang geübtes Formungshandwerk notierte er sich:

»Man ist um den Preis Künstler, daß man das, was alle Nichtkünstler ›Form‹ nennen, ~~umgekehrt~~ als Inhalt, als die Sache selbst empfindet, ~~dagegen den Inhalt bloß als Form (als relativ gleichgültig, willkürlich, zufällig)~~. Damit gehört man freilich {~~gründlich~~} in ~~die~~ {eine} verkehrte Welt: denn nunmehr wird einem der Inhalt ~~relativ Gleichgültig, willkürlichem, Zufälligem, {bloß Formalem}~~ {zu etwas bloß Formalem, ~~also~~ – ~~das eigene~~ {unser} Leben eingerechnet}.« (N 1888, 11[3], KSA 13.9 f., KGW IX 7, W II 3, 198)

All dies wurde erst ganz deutlich durch die Neuedition des späten Nachlasses von 1885-1889 in ›diplomatischer Transkription‹, das heißt der Wiedergabe der (außerordentlich schwer lesbaren) Manuskripte in leicht lesbaren Druckschriften und zwar so, dass Nietzsches Eintragungen auf den Seiten seiner Hefte und Blätter wie im Original topologisch angeordnet und chronologisch unterscheidbar sind: man sieht nun, an welcher Stelle Nietzsche was in welcher relativen Abfolge eingetragen hat. Da er verschiedene Stifte und Tinten verwendete, kann man die Eintragungen auf einer Seite oft auch chronologisch differenzieren (Beat Röllin, Nietzsches Werkpläne vom Sommer 1885: eine Nachlass-Lektüre. Philologisch-chronologische Erschliessung der Manuskripte, Paderborn 2012). Die Edition wurde unter Leitung von Marie-Luise Haase, einer früheren Mitarbeiterin von Mazzino Montinari, und Michael Kohlenbach von Forschergruppen in Weimar und Basel in Jahrzehnte langer Arbeit in 14 Bänden zwischen 2001 und 2023 erstellt: die sogenannte KGW IX, die die Abteilung VIII (und Teile der Abteilung VII) der KGW ersetzte. Während die Colli-Montinari-Edition die nachgelassenen Aufzeichnungen noch als fertige Texte wiedergab, wird mit der manuskriptgetreuen Dokumentation von Nietzsches Arbeitsschritten nun endlich eine methodische Nietzsche-Interpretation möglich. Dabei kamen neue philologisch-philosophische Grundfragen auf nach dem Text überhaupt – was macht Geschriebenes oder Gesagtes zu einem Text (Axel Pichler)? –, nach der ›Autosubversion‹ der scheinbaren Lehren, die Nietzsche regelmäßig durch die Formung seiner Texte betrieb (Jakob Dellinger) und nach der ironischen Grundhaltung, die Nietzsche an den Tag legte und selbst das Pathos von Za entkräften könnte (Claus Zittel). Von der Vielfalt seiner schriftstellerischen Formen aus wurden auch die großen innovativen Formen der philosophischen Tradition in ihrer philosophischen Relevanz entdeckt (Stegmaier).

Und statt in einem System von Lehren, auf das man Nietzsche so lange festlegen wollte, scheinen sich seine philosophischen ›Grundbegriffe‹ eher als bloße Anhaltspunkte seines Philosophierens in einem alphabetischen, also nur zur leichten Übersicht geordneten Lexikon zusammenstellen zu lassen (Enrico Müller).

In Europa sind über Deutschland, Frankreich und Italien hinaus neue Nietzsche-Forschungszentren in den Niederlanden, Portugal und Spanien entstanden und über Europa hinaus in Lateinamerika, besonders in Brasilien, aber etwa auch in Südkorea. Die weltweite Faszination durch Nietzsches Philosophieren scheint ungebrochen, immer neue Generationen und Publikationsorgane widmen sich ihm. Wir haben noch einiges von Nietzsche zu erwarten. Lassen wir uns überraschen.

Anhang

Hilfsmittel zum wissenschaftlichen Nietzsche-Studium

A. Wissenschaftliche Standardausgabe

KGW Nietzsche, Werke. Kritische Gesamtausgabe, hg. von Giorgio Colli und Mazzino Montinari, Berlin/New York (De Gruyter) 1967 ff. [Abteilung I-VIII: Werke und Nachlass].

KSA Friedrich Nietzsche, Sämtliche Werke. Kritische Studienausgabe in 15 Bänden, hg. von Giorgio Colli und Mazzino Montinari, München/Berlin/New York (De Gruyter/dtv) 1980 [text-, aber nicht seitengleich mit der KGW].

Bd. 1-6: Von Nietzsche veröffentlichte und zur Veröffentlichung bestimmte Werke.

Bd. 7-13: Nachgelassene Fragmente [Aufzeichnungen].

Bd. 14: Einführung, Siglenverzeichnis, Kommentar zu Band 1-13 (M. Montinari).

Bd. 15: Chronik zu Nietzsches Leben, Konkordanz zur Kritischen Gesamtausgabe, Verzeichnis der Gedichte, Gesamtregister [Namen].

Nachberichte zur KGW, hg. von Mazzino Montinari, Marie-Luise Haase u.a. [textkritischer Apparat, nur bis Za und zum Nachlass bis 1885].

KGW IX Bd. 1-13 Der handschriftliche Nachlass von Frühjahr 1885 bis Januar 1889 in differenzierter Transkription, hg. von Marie-Luise Haase u.a., Berlin/New York (De Gruyter) 2022 [Neuedition des späten Nachlasses, ersetzt KGW VIII].

KGB Nietzsche, Briefwechsel. Kritische Gesamtausgabe, hg. von Giorgio Colli und Mazzino Montinari, fortgeführt von Norbert Miller und Annemarie Pieper, Berlin/New York (De Gruyter) 1975-2004.

KSB Friedrich Nietzsche, Sämtliche Briefe. Kritische Studienausgabe in 8 Bänden, hg. von Giorgio Colli und Mazzino Montinari, München/Berlin/New York (De Gruyter/dtv) 1986 [text- und seitengleich mit der KGB, aber nur die Briefe Nietzsches].

in Bd. 8: Verzeichnis der Adressaten, Gesamtregister der Namen.

B. Nachschlagewerke

NHB Henning Ottmann (Hg.), Nietzsche-Handbuch. Leben – Werk – Wirkung, Stuttgart/Weimar (Metzler) 2000, 2. Aufl. 2024, hg. von Katharina Grätz, Sebastian Kaufmann, Robert Krause und Andreas Urs Sommer.

Darin: Werner Stegmaier, Art. Rezeption und Wirkung von Nietzsches Philosophie (im Erscheinen).

NLN Christian Niemeyer (Hg.), Nietzsche-Lexikon, Darmstadt (Wissenschaftliche Buchgesellschaft) 2009, 2., durchgesehene und erweiterte Auflage 2011.

NLM Enrico Müller, Nietzsche-Lexikon, UTB 5015, Paderborn (Fink) 2020.

NWB Nietzsche Research Group (Nijmegen) unter Leitung von Paul van Tongeren, Gerd Schank und Herman Siemens (Hg.), Nietzsche-Wörterbuch, Berlin/New York (de Gruyter) 2004 ff. Im Druck bisher erschienen Bd. 1: Abbreviatur – einfach; weitere Artikel online in: Nietzsche-Online, Nietzsche-Portal des Verlags De Gruyter.

NK Heidelberger Akademie der Wissenschaften (Hg.), Historischer und kritischer Kommentar zu Friedrich Nietzsches Werken, 6 Bände in 16 Teilbänden, Berlin/Boston (De Gruyter) 2012–2023.

ZGL Hauke Reich, Nietzsche-Zeitgenossenlexikon. Verwandte und Vorfahren, Freunde und Feinde, Verehrer und Kritiker von Friedrich Nietzsche (Beiträge zu Friedrich Nietzsche, Bd. 7), Basel (Schwabe) 2004.

BN Nietzsches persönliche Bibliothek, hg. von Giuliano Campioni, Paolo D'Iorio, Maria Cristina Fornari, Francesco Fronterotta, Andrea Orsucci unter Mitarbeit von Renate Müller-Buck (Supplementa Nietzscheana, Bd. 6), Berlin/New York (de Gruyter) 2003.

C. Biographie, Chronik, Publikationsgeschichte, Quellenforschung, Werkgeschichte, Rezeptionsgeschichte

CPJ Curt Paul Janz, Friedrich Nietzsche. Biographie, 3 Bde., München (Hanser) 1978-79.

CBT Raymond Benders und Stephan Ottermann unter Mitarbeit von Hauke Reich und Sibylle Spiegel, Friedrich Nietzsche. Chronik in Bildern und Texten, hg. im Auftrag der Stiftung Weimarer Klassik, München/Wien (Hanser) 2000.

SPG William H. Schaberg, Nietzsches Werke. Eine Publikationsgeschichte und kommentierte Bibliographie [am. Or. 1995], aus dem Amer. v. Michael Leuenberger (Beiträge zu Friedrich Nietzsche, Bd. 4), Basel (Schwabe) 2002.

HGNA David Marc Hoffmann, Zur Geschichte des Nietzsche-Archivs. Elisabeth Förster-Nietzsche, Fritz Koegel, Rudolf Steiner, Gustav Naumann, Josef Hofmiller. Chronik, Studien und Dokumente (Supplementa Nietzscheana, Bd. 2), Berlin/New York (de Gruyter) 1991.

BNPC Thomas H. Brobjer, Nietzsche's Philosophical Context. An Intellectual Biography, Urbana and Chicago (University of Illinois Press) 2008.

BNE Thomas H. Brobjer, Nietzsche and the »English.« The Influence of British and American Thinking on His Philosophy, Amherst, NY (Humanity Books) 2008.

KNG Richard Frank Krummel unter Mitwirkung von Evelyn Krummel, Nietzsche und der deutsche Geist, 4 Bde. (Monographien und Texte zur Nietzsche-Forschung, Bd. 3, 9, 40, 51), Berlin/New York (De Gruyter) 1998-2006.

RLN Alfons Reckermann, Lesarten der Philosophie Nietzsches. Ihre Rezeption und Diskussion in Frankreich, Italien und der angelsächsischen Welt 1960-2000 (Monographien und Texte zur Nietzsche-Forschung, Bd. 45), Berlin/New York (De Gruyter) 2003.

D. Nietzsche-Forschung

WNB Weimarer Nietzsche-Bibliographie, hg. von der Stiftung Weimarer Klassik – Herzogin Anna Amalia Bibliothek, bearbeitet von Susanne Jung, Frank Simon-Ritz, Clemens Wahle, Erdmann von Wilamowitz-Moellendorf, Wolfram Wojtecki, 5 Bde., Stuttgart/Weimar (Metzler) 2000-2002; jetzt www.opac.lbs-weimar.gbv.de [laufend aktualisiert].

NSt	Nietzsche-Studien. Internationales Jahrbuch für die Nietzsche-Forschung, begründet 1972 von Mazzino Montinari, Wolfgang Müller-Lauter, Heinz Wenzel, 1999-2017 hg. von Günter Abel, Werner Stegmaier, seit 2018 hg. v. Christian Emden, Helmut Heit, Vanessa Lemm, Claus Zittel, Berlin/New York (de Gruyter).
NF	Nietzscheforschung. Jahrbuch der Nietzsche-Gesellschaft, 1993-2012 hg. von Volker Gerhardt und Renate Reschke, 2013-2018 von Renate Reschke, seit 2019 hg. von Enrico Müller, Berlin/Boston (De Gruyter).
JNS	The Journal of Nietzsche Studies, begründet 1991 von Howard Caygill, z.Z. hg. von Jessica N. Berry, z.Z. University Park, PA (Penn State Press).
NNSt	New Nietzsche Studies. The Journal of the Nietzsche Society, begründet und hg. von David B. Allison und Babette Babich, hg. von Babette Babich, New York (Fordham University) 1996 ff.
MTNF	Monographien und Texte zur Nietzsche-Forschung, begründet 1972 von Mazzino Montinari, Wolfgang Müller-Lauter, Heinz Wenzel, 1999-2017 hg. von Günter Abel, Werner Stegmaier, seit 2018 hg. v. Christian Emden, Helmut Heit, Vanessa Lemm, Claus Zittel, Berlin/New York/Boston (de Gruyter).
SN	Supplementa Nietzscheana, begründet von Wolfgang Müller-Lauter, Karl Pestalozzi, hg. von Karl Pestalozzi, Berlin/New York/Boston (de Gruyter).
ND	Nietzsche in der Diskussion [Monographien und Sammelbände], Würzburg (Königshausen & Neumann) 1984 ff.
BFN	Beiträge zu Friedrich Nietzsche. Quellen, Studien und Texte zu Leben, Werk und Wirkung Friedrich Nietzsches, begründet von David Marc Hoffmann, seit 2014 hg. von Andreas Urs Sommer, Basel (Schwabe) 1999 ff.

E. Internet-Quellen

www.nietzschesource.org: Nietzsches Werke und Briefe nach KGW und KGB, korr. nach KGW IX.

www.nietzsche-news.org: Informationsportal zu Publikationen, Konferenzen, Veranstaltungen zu Nietzsche.

www.degruyter.com/database/nietzsche

www.thenietzschechannel.com
www.nietzschecircle.com: Informationsportal zu Nietzsche mit zahlreichen weiteren Links und eigener Zeitschrift (The Agonist).

Werksiglen (nach KSA)

AC	*Der Antichrist*
BA	*Über die Zukunft unserer Bildungsanstalten*
CV	*Fünf Vorreden zu fünf ungeschriebenen Büchern*
DD	*Dionysos-Dithyramben*
DS	*David Strauss der Bekenner und der Schriftsteller (UB I)*
DW	*Die dionysische Weltanschauung*
EH	*Ecce homo*
FW	*Die fröhliche Wissenschaft*
FWP	*Die fröhliche Wissenschaft. Lieder des Prinzen Vogelfrei*
FWS	*Die fröhliche Wissenschaft. »Scherz, List und Rache«*
GD	*Götzen-Dämmerung*
GG	*Die Geburt des tragischen Gedankens*
GM	*Zur Genealogie der Moral*
GMD	*Das griechische Musikdrama*
GT	*Die Geburt der Tragödie*
HL	*Vom Nutzen und Nachtheil der Historie für das Leben (UB II)*
HW	*Homers Wettkampf*
IM	*Idyllen aus Messina*
JGB	*Jenseits von Gut und Böse*
M	*Morgenröthe*
MA	*Menschliches, Allzumenschliches*
MD	*Mahnruf an die Deutschen*
N	*Nachlass* (Jahr, Nr. des Notiz- bzw. Arbeitshefts oder der Mappe, Nr. der Aufzeichnung, Band und Seite der KSA, Korrekturen nach KGW IX)
NJ	*Ein Neujahrswort*
NW	*Nietzsche contra Wagner*
PHG	*Die Philosophie im tragischen Zeitalter der Griechen*
SE	*Schopenhauer als Erzieher (UB III)*
SGT	*Sokrates und die griechische Tragödie*
ST	*Sokrates und die Tragödie*

UB	*Unzeitgemässe Betrachtungen*
VM	*Menschliches, Allzumenschliches II: Vermischte Meinungen und Sprüche*
WA	*Der Fall Wagner*
WB	*Richard Wagner in Bayreuth (UB IV)*
WL	*Ueber Wahrheit und Lüge im aussermoralischen Sinne*
WS	*Menschliches, Allzumenschliches II: Der Wanderer und sein Schatten*
Za	*Also sprach Zarathustra*

Personenregister

Begriffsregister

Werner Stegmaier, geb. 1946, war bis 2011 Professor für Philosophie an der Universität Greifswald. Er ist Autor zahlreicher Monographien und Aufsätze, u.a. zu Nietzsches *Genealogie der Moral*. Er leitete 18 Jahre lang die *Nietzsche-Studien* und *Monographien und Texte zur Nietzsche-Forschung*, gab Sammelbände zu Zeichen und Interpretation, zur Europa-Philosophie und zur philosophischen Aktualität der jüdischen Tradition heraus. 2008 erschien sein Hauptwerk *Philosophie der Orientierung*, 2012 seine kontextuelle Interpretation des V. Buchs der *Fröhlichen Wissenschaft* unter dem Titel *Nietzsches Befreiung der Philosophie*, 2016 *Luhmann meets Nietzsche. Orientierung im Nihilismus*, 2021 *Formen philosophischer Schriften zur Einführung* und 2022 *Nietzsche an der Arbeit. Das Gewicht seiner nachgelassenen Aufzeichnungen für sein Philosophieren*. Im Junius Verlag erschien außerdem *Levinas zur Einführung* (1. Aufl. 2009, 3. Aufl. 2019). 2019 wurde in Nashville, Tennessee, eine *Foundation for Philosophical Orientation* gegründet. Weiteres s. www.stegmaier-orientierung.de und www.hfpo.com.